D0945710

Mme Vera
Danylik,

With my best
regards,

Mai Pros

LE BLANCHIMENT DE L'ARGENT AU CANADA

MARIO POSSAMAI

LE BLANCHIMENT DE L'ARGENT AU CANADA

Duvalier

Ceausescu

Marcos

Carlos

et les autres

Guy Saint-Jean
ÉDITEUR

Données de catalogage avant publication (Canada)

Possamai, Mario
Le blanchiment de l'argent au Canada : Duvalier, Ceausescu, Marcos et les autres

Traduction de: Money on the run.
Comprend des réf. bibliogr. et un index.

ISBN 2-920340-81-6
1. Blanchiment de l'argent -Canada. 2. Infractions économiques - Canada. I.Titre.

HV6771.C3P7814 1994   364.1'68   C94-940717-8

Copyright © Mario Possamai 1992. Originalement publié par Penguin Books Canada Limited, 1992, sous le titre: «Money on the Run».

© Guy Saint-Jean Éditeur Inc. 1994 pour l'édition en langue française.

Conception graphique: Christiane Séguin

Dépôt légal 3e trimestre 1994
Bibliothèques nationales du Québec et du Canada
ISBN 2-920340-81-6

DIFFUSION AMÉRIQUE
Diffusion Prologue Inc.
1650, boul. Lionel-Bertrand
Boisbriand (Québec) Canada
J7H 1N7
(514) 434-0306

Pour des raisons pratiques et afin de ne pas alourdir indûment le texte, les autorisations de reproduire des documents se retrouvent à la page 287.

Tous droits de traduction et d'adaptation réservés. Toute reproduction d'un extrait quelconque de ce livre par quelque procédé que ce soit, et notamment par photocopie ou microfilm, est strictement interdite sans l'autorisation écrite de l'éditeur.

GUY SAINT-JEAN ÉDITEUR INC.
674, Place Publique, bureau 200B
LAVAL (Québec) CANADA H7X 1G1
(514) 689-6402

Imprimé et relié au Canada

Dedica

Ai miei genitori Rosa e Luigi, il mio fratello Alec e il mio defunto zio Mario: con coràggio, onore e dignità hanno costruito una nuova vita in una terra straniera.

Remerciements

Dans le milieu des années 80, alors que je travaillais pour la Presse Canadienne, j'ai décidé d'écrire un article sur le blanchiment de l'argent. Je croyais qu'il serait terminé rapidement. Après tout, cela me semblait un sujet clair et facile à analyser. J'étais dans l'erreur. Je réalisais peu à peu qu'il prendrait les allures d'un projet de recherche — impliquant des centaines d'entrevues menées dans plus de dix pays — qui dura jusqu'à la décennie suivante pour se retrouver dans un livre. Celui-ci n'aurait pu être achevé sans l'aide et l'encouragement de plusieurs personnes incluant un des experts les plus réputés que j'ai interviewé en 1986, Rod Stamler, alors directeur en chef à la Gendarmerie royale du Canada.

J'aimerais souligner l'appui important d'un certain nombre de personnes désirant que leur identité demeure secrète. Leur assistance fut essentielle dans la recherche des chapitres concernant Duvalier et Ceausescu. J'espère que ce livre répond à la confiance qu'ils m'ont témoignée.

J'aimerais aussi exprimer mes remerciements:

Particulièrement à Susan Teskey, Linden MacIntyre et Oleh Rumak travaillant à la série télévisée *The Fifth Estate* au réseau anglais de Radio-Canada. J'aimerais témoigner toute ma gratitude à Liviu Turcu et Mircea Raceanu à Washington et à Petre Bacanu à Bucarest pour leur support et leur générosité. J'espère que leur courage sera un jour récompensé par l'émergence d'une Roumanie libre et démocratique. Merci à la réalisatrice Kelly Crichton et au réalisateur en chef de l'émission *The Fifth Estate* David Nayman.

À Brian Sargent, qui m'a confié ses expériences et ses observations sur le blanchiment de l'argent, d'une valeur inestimable, recueillies lors de sa carrière impressionnante au sein de la GRC.

À l'avocat Colin Campbell, dont la pondération en a sauvé plus d'un.

À Paul McGrath, de l'émission télévisée *The Jounal* sur le réseau anglais de Radio-Canada, qui me donna accès aux dossiers bien documentés et à la bibliothèque, me conseilla et m'encouragea.

À James Dubro qui fut le premier à scruter les activités de John Pullman dans la série «Connections» en 1970. Il partagea avec moi de l'information de première importance au sujet de ce dernier et me suggéra d'examiner les activités des Bronfman lors de la prohibition.

À la Gendarmerie royale du Canada, au commissaire-adjoint Norm Doucette et à l'inspecteur Bruce Bowie qui généreusement donnèrent de leur temps afin de répondre à nos multiples demandes et questions. Merci aussi à l'analyste en chef du service de renseignements Robert Fahlman et Helen Booth, bibliothécaire en chef au Collège canadien de la police. Au sergent Pierre Bélanger et au caporal Andy Baird de la division de l'accès à l'information de la GRC.

Aux forces policières du Toronto métropolitain, au défunt sergent Craig Law, à l'inspecteur Bill Blair, aux sergents Chuck Konkel et Don Denley et aux détectives Frank Besenthal, Ken Yates, Dave Caravella et Bill Henderson.

À Michael Bliss, Neil Brooks et David Perry qui ont révisé certains chapitres et m'ont fait part de leurs précieux conseils.

À la Presse Canadienne, à Jim Poling, vice-président à l'éditorial et à Ian Donaldson, rédacteur aux informations générales qui encouragèrent ma recherche concernant Jean-Claude Duvalier même dans les moments où tout semblait exalté. Toujours à la Presse Canadienne, je désire remercier Gordon Grant, Paul Mooney, Roberto Russo, John Ward, Dean Beeby, Clyde Graham, Peter Buckley, Paul Woods et Gord McIntosh.

Au *Toronto Star*, merci à Shawn McCarthy et Tony Van Alphen, à la Presse Canadienne à cette époque, qui endossèrent mes fonctions afin que je puisse continuer mes recherches concernant Carlos Lehder. Au *Ottawa Citizen* à Jim Coyle. Au *Globe and Mail* à Graham Fraser.

À Toronto, merci à Don Blakeman qui accepta de parler d'une époque difficile de sa vie; Andrew Mitrovica; Catherine Wismer; Stevie Cameron; Chris Anderson, Sonny Saunders et Jack Burnett de la Banque Royale du Canada; Rick Marshall de la Banque de Nouvelle-Écosse; Pat Adams de Probe International; Mihaela Antanea; Ben Eng et Cynthia Reed.

À Montréal, merci au sergent Marc Bourque de la GRC, à Michel C. Auger du *Journal de Montréal* pour son aide durant les séries sur Duvalier, à Normand Lester de la Société Radio-Canada et à Tom Naylor.

À Ottawa, merci aux membres libéraux du Parlement Sheila Copps et Don Boudria, aux sénateurs Norm Atkins, Fred Gorbet, Dalton Camp, Frank Kirkwood, aux professeurs Blair Neatby, Geoffrey Pearson, Margaret Beare et Richard Clippingdale. Aux Archives nationales du Canada, merci à Antonio Lechasseur.

À Washington, merci à Jack Blum, Bill Ruzzamenti, Nestor Ratesh, Jerris Leonard, Chuck Saphos, David Funderburk, Michael Orndorff, David Wilson, David McKean et Vladimir Tismaneau. En Floride, à Ernst Mueller et Wendel Wellman. À New York, à James Harmon, Greg Wallance, Robert Morgenthau et Daniel Cotton. En Californie, à Tom Perdue et William Cassidy. Au Michigan, à Art Langeveld et William Cunningham.

En Australie, à Hans Pretterebner, Dennis Silvestri et George Jahn. En Suisse, à Suzanne Wolfe, Dumitru Mazilu, Mario Casella, Jorg Kistler, Mihai Lupoi, Daniel Zuberbuhler, Jean Ziegler et Stefan Weber. En Italie, à Paola Biocca, au Dott. Silvano Montanaro et au Dott. Ivano Nelson Salvarani. En Allemagne, à Manfred Engelmann, au Dr Heinz Gunther Husch, Peter Rothen et au Dr Klaus Rose. En France, à Philippe Madelin et Alexandra Laignel-Levastine. En Roumanie, à Octavian Brenzai, Dan Bada, Eugen Serbanescu, Adrian Gaspar et Cornel Nistorescu. En Israël, à Yossi Melman.

J'aimerais aussi remercier les reporters qui ont les premiers sondé certains des éléments clés traités dans ce volume: William Marsden à *The Gazette* de Montréal; Philip Mathias du *Financial Post*; Peter Moon du *Globe and Mail*; Robert Hutchison, antérieurement du *Financial Post* et Richard Cleroux, auparavant au *Globe and Mail*.

Un grand merci à l'édritice du livre, Meg Masters chez Penguin Book et à Kathryn Dean pour avoir modelé et poli un manuscrit un peu gauche et guidé un auteur souvent entêté. Toujours chez Penguin, merci à Cynthia Good, Brad Martin, Scott Sellers, Karen Cossar et Lori Ledingham pour leur appui. Jamais un nouvel auteur ne pourra se sentir si bien accueilli.

Je suis spécialement reconnaissant à Iris Skeoch. Sans sa perspicacité et sa confiance, ce livre n'aurait jamais été écrit.

Deborah fut d'un support incomparable grâce à ses suggestions et à ses commentaires judicieux tout au long de la progression de cet ouvrage. Elle démontra, de plus, une patience surhumaine en vivant aux côtés d'un auteur souvent hargneux. Mes parents Rosa et Luigi et mon frère Alec n'ont jamais cessé de m'encourager. Et Deborah Black fournit la tasse de café «spéciale».

Enfin, j'aimerais m'excuser envers toutes les personnes que, par inadvertance, j'aurais omis de mentionner.

Mario Possamai
Juin 1992
Toronto, Ontario

Table des matières

Chapitre 1
BÉBÉ DOC FAIT
SON «LAVAGE»

Le 23 septembre 1986, l'un des associés d'une firme juridique suisse réputée, pénétra dans les bureaux très huppés du siège social de la Banque Royale du Canada du district financier de Toronto. Il s'appelait Alain Le Fort. À 33 ans, il avait la particularité d'être le plus jeune associé du cabinet d'avocats Patry, Junet, Simon et Le Fort, une firme prospère de Genève dont les services ont déjà été retenus par, au moins, une des grandes banques canadiennes. Pour parfaire sa formation, il avait fait un court séjour à la prestigieuse Chase Manhattan Bank de New York. Peu de choses différenciaient le parfait bilingue Le Fort des autres clients qui complétaient chaque jour des transactions de plusieurs millions de dollars au siège social de la Banque Royale. Sauf une petite différence qui tenait au caractère confidentiel de sa mission ainsi qu'à l'intégrité douteuse du client qu'il représentait alors. Le Fort, et bien d'autres avocats, font figure de proue dans le processus de blanchiment de l'argent. Ces manoeuvres, qui écourtent les nuits de beaucoup de banquiers et d'agents de police sont virtuellement non décelables, pratiquement illimitées et complètement légales, malgré la loi de 1989 tentant de mettre fin à ces pratiques. Embarrassante pour les Canadiens, cette opération mettait aussi à jour le rôle dérangeant et, espérons-le, inconscient que notre pays et ses institutions bancaires peuvent jouer dans le monde effervescent de l'argent «blanchi». Pour saisir la pleine importance de la visite de Le Fort et la complexité des événements qui en découlèrent, nous devons nous reporter sept mois plus tôt, dans l'un des pays les plus pauvres du monde, l'endroit que Graham Greene a déjà qualifié de «La république du cauchemar»[1].

Une BMW argentée, escortée par un convoi d'officiers de l'armée filait dans la nuit de Port-au-Prince, la triste capitale d'Haïti, aux premières heures de ce 7 février 1986. Le conducteur, un homme corpulent de race noire, cachait mal son étrange lividité. Assise à ses côtés était une femme impressionnante à la peau plus pâle et coiffée d'un turban blanc, le visage figé dans son habituelle arrogance. Peu d'haïtiens ne peuvent les reconnaître: il s'agit de Jean-Claude Duvalier, rapace président à vie du pays et de sa désagréable épouse Michele, les deux personnages les plus détestés de la nation la plus pauvre de l'hémisphère occidental.

En ce soir de février, un événement crucial se dessinait. Loin de prendre part à une promenade du dimanche, le couple filait en droite ligne vers l'aéroport. Plus tôt dans la soirée, un avion-cargo décollait, rempli de joyaux, d'antiquités inestimables et d'oeuvres d'art provenant du palais présidentiel. Un avion à réaction de l'armée américaine complètement illuminé attendait maintenant sur une piste de l'aéroport, prêt à mener le triste couple, accompagné de sa proche famille et de son escorte personnelle, vers l'exil. Les vingt-neuf ans du règne sanglant du Clan Duvalier, qui avaient coûté la vie à plus de cinquante mille personnes, venaient de prendre fin. Le chapitre final se jouait maintenant à l'aéroport. Cela était approprié puisqu'il portait le nom du fondateur de ce régime de terreur érigé en dynastie, le propre père de Jean-Claude, François «Papa Doc» Duvalier.

Depuis des mois Haïti, pays aride occupant le tiers ouest de l'île Hispaniola des Caraïbes, avait été tout sauf calme. Vers la fin de 1985, après des années de terreur et de misère, les Haïtiens commencèrent à se rebeller. Les manifestations antigouvernementales violentes se multipliaient comme des champignons, rappelant à un correspondant étranger: «Les rues de Téhéran les semaines précédant la révolution de 1979 menant à l'abdication du Shah»[2]. Les célèbres forces de sécurité haïtiennes répliquaient de leur façon coutumière en tuant des douzaines d'habitants de l'île. À un moment donné, le gouvernement perdit graduellement le contrôle et ferma les écoles, privant ainsi plusieurs enfants de leur seul repas quotidien. Espérant étouffer le mécontentement grandissant, cette mesure eut plutôt l'effet opposé. Les protestations s'accentuèrent, les vivres manquant de plus en plus.

Le régime de terreur si consciencieusement mis en place par Papa Doc Duvalier commençait à perdre sa poigne. Les tontons macoutes, la violente milice du régime dont les membres se reconnaissaient facilement à leurs verres fumés, leurs foulards rouges et leurs uniformes de denim bleu, échouaient dans leurs efforts pour rétablir l'ordre. Les tentatives pour cacher au reste du monde cette situation alarmante s'avéraient tout aussi inutiles. On tenta même, en vain, d'améliorer la réputation internationale d'Haïti en engageant, à grands frais (on parle de 7 millions de dollars*), une firme américaine de relations publiques[3]. Finalement, même les États-Unis, autrefois farouches alliés du régime anticommuniste des Duvalier ne pouvaient supporter plus longtemps un régime si brutal.

Les pressions américaines visant le départ de Jean-Claude Duvalier s'accentuèrent et, le 6 février 1986, ce dernier capitula enfin. Des plans secrets de départ furent rapidement mis en place, mais il n'était pas facile de leur trouver une terre d'asile. La Grèce, l'Espagne et la Suisse opposèrent des non catégoriques. La France accepta finalement à contrecoeur de les héberger, spécifiant qu'il ne s'agissait que d'un abri temporaire. Michele, l'épouse de Jean-Claude, quant à elle, s'occupait des préparatifs de départ, supervisant personnellement l'accumulation des biens de valeur dans une myriade de valises Louis Vuitton[4]. Duvalier s'assura d'avoir suffisamment d'argent de poche en encaissant 100 000$ US à la National Credit Bank[5]. Cette nuit-là, ils firent leurs adieux à leur pays appauvri d'une façon qui leur était bien caractéristique: par une réception extravagante pour leurs amis intimes au palais présidentiel. Duvalier prit même le temps de rédiger trois chèques à son nom, tirés sur des comptes bancaires gouvernementaux. Le montant total se chiffrait à 169 000$ US[6].

Quelques heures plus tard, ils quittèrent pour l'aéroport. «Un groupe de journalistes étrangers et de cameramen furent les seuls témoins du départ de la famille pour la piste de décollage... dans un défilé d'une demi-douzaine de voitures et de quatre camions militaires transportant bagages et soldats armés», écrit le reporter Phil Davison. «D'autres bagages étaient aussi entassés dans un petit taxi occupé par un seul homme»[7]. La prose de *People Magazine* a aussi immortalisé la scène: «Les Duvalier traversèrent une armée de photographes. Bébé Doc, au volant, était stoïque comme à son habitude. Michele, exhibant un chic turban blanc porta une cigarette à sa bouche de ses longs doigts et exhala langoureusement dans un geste théâtral s'adressant aux paparazzi»[8]. Le 7 février, aux environs de 3h45, l'avion à réaction C-141 de l'armée de l'air américaine décolla de l'aéroport, menant les riches Duvalier vers leur terre d'exil. Malgré le fait que les États-Unis aient imposé une limite de deux valises, Michele en apporta tout de même dix-huit et son époux dix![9] Jean-Claude et Michele semblaient calmes. Peut-être était-ce un des effets du champagne consommé lors de leur réception de minuit? Plus vraisemblablement, avaient-ils la

---

*Les montants sont en dollars canadiens sauf lorsque autrement précisé.

paix dans l'âme sachant qu'ils auraient bien peu de problèmes financiers dans leur nouvelle vie[10].

Ce matin là, des Haïtiens jubilants sortirent dans les rues par millions pour fêter le départ de leurs tortionnaires. Voici comment un journaliste le décrit: «Le départ des Duvalier fut une explosion spontanée, une célébration de carnaval dans les rues. Des jeunes se tenaient sur leur tête, tremblants d'allégresse, pendant que d'autres, bondissant et frémissant, partageaient ainsi ce moment de délice collectif. Automobiles et camions coursaient dans les rues de la ville, remplies d'hommes et de femmes saluant et exhibant fièrement le V de la victoire»[11].

Des responsables du gouvernement haïtien qui analysaient les dommages causés par les trois décennies de prodigalité des Duvalier, découvraient alors qu'il y avait moins de raisons de festoyer. Les coffres de l'État étaient alors si dégarnis qu'il y avait tout juste assez d'argent pour couvrir les dépenses de l'armée pour une semaine![12] Selon certaines sources, le compte bancaire gouvernemental indiquait la somme dérisoire de 500 000$ US. On suspectait Jean-Claude Duvalier de piger délibérément dans les goussets de l'État mais personne n'imaginait que l'homme fort à l'esprit lent, surnommé «Tête-Panier» dans sa jeunesse, ait fait table rase de façon si absolue. Le peuple, dont le salaire annuel moyen était inférieur à 100$ US, demanda où étaient passés les dizaines de millions de dollars qui entraient dans les coffres de l'État chaque année. Le gouvernement provisoire, qui succéda au régime Duvalier, s'est aussi interrogé sur cette question. Cette instance gouvernementale avait alors la tâche ingrate de rebâtir ce pays principalement agricole, mais dont le tiers des terres avait été rendu infertile à cause de l'érosion du sol et des piètres méthodes d'exploitation[13].

De plus, le pays fut forcé de négocier le remboursement d'une dette de Duvalier envers la République dominicaine le 17 mars 1986. En vertu d'un accord entre les deux pays, tous les ans, Bébé Doc recevait une prime pour chaque Haïtien envoyé dans les plantations de canne à sucre de la république voisine, couvrant les deux tiers de l'île Hispaniola. Quelques 19 000 Haïtiens y vivaient alors dans des conditions si déplorables que des groupes de défense des droits de la personne dénoncèrent cette pratique esclavagiste. Pour l'année 1986, Bébé Doc avait empoché à l'avance 2 millions US. Aussitôt l'argent reçu, on l'expédia à l'étranger par un courrier sûr. Cet accord entre les deux pays fut suspendu suite à la fuite des Duvalier et aucun Haïtien ne travailla cette année-là dans les champs de canne à sucre de la République dominicaine. La dette demeurait cependant entière...[14]

En avril 1986 le gouvernement provisoire, en partie alarmé par l'épisode de la dette dominicaine, décida de faire enquête sur l'état des finances des Duvalier, formant une commission composée de sept membres. Un bureau d'avocats américain, Stroock and Stroock and Lavan fut engagé pour coordonner cette recherche internationale des fonds disparus. Une petite armée d'enquêteurs de la célèbre firme new-yorkaise Kroll and Associates sillonna alors les deux rives de l'Atlantique. Les premiers résultats furent prometteurs. En se basant sur les calculs initiaux, le Conseil constata que plus de 360 millions US avaient été volés et détournés, soit l'équivalent de plus du double du budget annuel du gouvernement. Quelques-uns estimaient les gains des Duvalier au chiffre impressionnant de 900 millions US. Parmi les irrégularités constatées on retrouvait: des dettes douteuses que Duvalier a contractées auprès de la National Credit Bank totalisant 5,6 millions US, 6 millions US de dépôts manquants à la Régie de l'assurance-automobile de l'État ainsi qu'un nébuleux paiement mensuel de 60 000$ US alloué au palais présidentiel pour des «dépenses militaires inexpliquées»[15]. Les cinq comptes bancaires du palais des Duvalier étaient aussi particulièrement intéressants. Selon le *Washington Post*: «Au cours des cinq dernières années, les ministres des Finances émirent des chèques sur ces comptes pouvant totaliser la somme de 600 000$ US par mois». Quelques-uns étaient étrangement classés sous la rubrique: «Sans explication» dans les archives gouvernementales. L'un d'eux équivalait à la somme de 90 000$ US[16]. Il était maintenant clair qu'on ne touchait là que la pointe de l'iceberg. Alors commença la chasse à la fortune des Duvalier...

On ne peut affirmer que Jean-Claude Duvalier brillait particulièrement par son intelligence. Il possédait tout de même une machiavélique habileté, héritée sûrement des gènes paternels, celle de tirer du sang d'une pierre. D'autres dictateurs tels Ferdinand Marcos des Philippines, déchu en 1986, ou Nicolae Ceausescu de Roumanie détrôné et exécuté trois ans plus tard, ont assurément détourné des sommes plus substantielles. Aucun d'eux n'aura cependant réussi à voler autant d'un pays possédant si peu de ressources. Pour bien comprendre l'état de privation sévissant en Haïti, suggère le journal anglais *The Economist*, il faut comparer avec l'autre côté de la frontière, la République dominicaine: «Du côté dominicain, la végétation tropicale est verte et luxuriante. Du côté haïtien, le sol est brun et totalement infertile». En effet, de grandes étendues sont jonchées de souches rappelant les forêts qui jadis recouvraient Haïti. Plus de 90% de ces forêts ont été rasées afin de produire le charbon utilisé pour combler les besoins énergétiques du pays. L'érosion en résultant conduit directement vers ce que l'on peut appeler: «Un désastre écologique irréversible»[17]. De fait, les estimations scientifiques les plus pessimistes prévoient la désertification complète d'Haïti d'ici 25 ans[18]. Les statistiques concernant la santé de ce pays de sept millions d'habitants sont tout aussi sombres. Le taux de mortalité infantile est évalué au chiffre astronomique de 110 décès par 1000, dont 7 à 15% meurent avant huit semaines du tétanos ombilical. Le résultat final: un tiers des enfants haïtiens décèdent avant leur cinquième anniversaire[19]. Les perspectives sont un peu meilleures pour ceux qui atteignent l'âge adulte. Quatre personnes sur cinq sont illettrées et l'espérance de vie dépasse légèrement cinquante ans[20]. Quelque soit le point de vue, Haïti demeure toujours l'une des nations les plus pauvres de la planète.

Cela n'a pas toujours été le cas. Même s'il peut être difficile de l'imaginer, ce pays désespéré a déjà été considéré comme le luxuriant joyau de la couronne de l'Empire français. Saint-Domingue (c'est ainsi qu'était connu Haïti à l'époque) était aussi surnommé «La perle des Antilles», titre bien mérité pour la colonie la plus rentable du monde. D'après certaines évaluations, un citoyen français sur cinq tirait sa survie des échanges avec la colonie dans la deuxième moitié du XVIIe siècle[21]. On estime également qu'Haïti contribuait aux deux tiers des revenus coloniaux de la France en 1780[22].

C'est la plus brutale des entreprises qui rendit tout cela possible: Le lucratif commerce du coton, du sucre et du café, était entretenu par 500 000 esclaves récoltant ces produits dans des conditions barbares sur les 8 500 plantations de l'île. «Saint-Domingue était l'un des plus grands marchés du monde pour les esclaves africains», a écrit la journaliste Elizabeth Abbott. Les planteurs trouvaient plus économique de faire travailler leurs esclaves jusqu'à ce que mort s'en suive et d'en acheter des nouveaux par la suite plutôt que de «les laisser survivre et qu'ils se reproduisent naturellement»[23]. L'esclavage fut par la suite aboli à la suite d'une série de sanglantes rébellions menant à l'indépendance de la Nation en 1804. Le nouveau pays demeura relativement prospère. On évalue qu'alors, Haïti, sous sa nouvelle appellation, bénéficiait du plus haut niveau de vie dans l'hémisphère occidental, après les États-Unis. Il y avait alors assez de nourriture pour tous et les bases de l'industrie manufacturière commençaient à se développer[24].

Cette période constitue l'une des rares accalmies de l'histoire troublée d'Haïti. Car alors les despotes succédèrent aux despotes, malgré quelques périodes de répit entre chacun. Les cycles de violence et de chaos politique se répétèrent sans relâche. Les paysans s'appauvrissaient inexorablement. Peu importe leur ardeur au travail, ils recevaient de moins en moins. Cette devise d'un ancien dirigeant haïtien illustre bien le climat social et politique du pays: «Plumez le poulet, mais ne le faites pas crier!» Les paysans l'adaptèrent ainsi en créole: «Si travay te bon bagay, moun rich ta pranl' lontan» (si le travail était une bonne chose, les riches nous l'auraient pris depuis longtemps!)[25].

Malgré ce lourd héritage, rien ne préparait Haïti aux temps difficiles qui allaient s'amorcer en 1957. Papa Doc, avec l'aide de l'armée, remporta la victoire aux élections présidentielles. Sous le règne des Duvalier la corruption, la cupidité et les vices administratifs atteignirent de nouveaux sommets. Les enfants, en particulier, en payèrent le prix. En 1958, un enfant sur cinq souffrait de malnutrition. En 1977 le ratio était grimpé à sept sur dix, allant même jusqu'à neuf sur dix trois ans plus tard. Les six dernières années du régime de Jean-Claude virent l'économie décliner d'environ 15%[26].

Pour assouvir leur faim, du moins pour un moment, les pauvres étaient réduits à manger un curieux biscuit composé principalement de sable. Pourtant tout le monde ne souffrait pas également! Alors qu'Haïti était contrôlée par les membres de quelques trente familles en 1957, leur nombre augmenta, selon la Banque Mondiale à 200 familles millionnaires 25 ans plus tard, en 1982[27]. Ces familles tirèrent profit, surtout, de l'entrée en scène des pays riches dans l'économie haïtienne, attirés sur l'île par l'un des coûts de main-d'oeuvre les plus bas de l'hémisphère.

Au cours de cette élection, François Duvalier prit le temps de mettre en place une «kleptocracie». Les gens d'affaires apprirent vite à contribuer aux fonds secrets de Papa Doc lorsqu'ils voulaient acheter de lucratives franchises ou des permis d'importation. Le dictateur ne s'arrêtait cependant pas là; il pigeait aussi régulièrement dans la caisse de la Régie du tabac, le monopole d'État du tabac. Son fils poursuivit d'ailleurs son oeuvre pendant des années. La Régie contrôlait aussi les taxes sur les importations et les exportations des produits de base: tout, du sucre jusqu'au coton. Comme dans la plupart des pays du tiers monde, cette agence était l'une des principales sources de revenus intérieurs. Et en raison des agissements de la Régie, les Haïtiens étaient perdants dans tous les cas! Les lourdes taxes faisaient en sorte de diminuer leurs revenus provenant de leurs exportations et elles augmentaient leurs dépenses pour les biens de consommation importés. Ces tarifs prohibitifs portaient le nom évocateur de «Peze-suce» que l'on pourrait traduire par «presser et sucer»[28]. Les poches des visiteurs étaient aussi soigneusement vidées. Comme le célèbre écrivain anglais Graham Greene l'a découvert durant une visite en 1963, les étrangers devaient payer deux fois plus cher leur visa de sortie que celui d'entrée au pays. Ce profit allait aussi directement dans les poches du président[29].

Quand vint le temps d'analyser les registres comptables laissés par les Duvalier après toutes ces années de pillage systématique, les enquêteurs se rendirent compte que Bébé Doc n'avait rien à envier à la main agile de Papa Doc. C'est probablement le seul domaine où Bébé Doc fit mieux que de ressembler à son père, il le dépassa allègrement! Car dans tout autre domaine, Jean-Claude était bien loin d'être génial. Le gros François, en complet sombre avec ses lunettes noires et son chapeau guindé, s'imposait un horaire très chargé en dépit de sa santé fragile. Quand il n'était pas occupé dans quelque passage secret à surveiller les affreux supplices imposés dans ses nombreuses chambres de torture, il supervisait personnellement toutes les facettes de la vie haïtienne. Aucun détail n'était insignifiant pour ce célèbre médecin de campagne qui s'était fait connaître en soignant les paysans atteints de cette maladie tropicale connue sous le nom de pian.

Son fils, à l'opposé, personnifiait l'indolence. Si ses professeurs avaient pu écrire vraiment ce qu'ils pensaient de lui dans son carnet de notes, on aurait pu lire: «Ne fait absolument aucun effort pour s'appliquer». Évidemment, aucun ne l'a fait. S'ils l'avaient fait, ils l'auraient probablement payé de leur vie. Jean-Claude, obèse et tristement stupide, se traîna tout le long de ses études. «Il n'a excellé qu'une fois», note la journaliste Elizabeth Abbott: «Quand le ministère de l'Éducation a fourni à l'avance les copies de l'examen final d'études secondaires»[30]. Il s'entendait bien avec ses confrères de classe même s'ils le prenaient souvent comme souffre-douleur. À l'adolescence, Bébé Doc s'était constitué un cercle de parasites, et avait accumulé les conquêtes féminines ainsi qu'un tas d'habitudes très onéreuses... Tel était le curriculum vitae de ce fils de 19 ans qui succédait à son père en avril 1971, devenant, ce que les médias clamèrent, le plus jeune chef d'État du monde.

À titre de président, la propension de Bébé Doc à dépenser égala rapidement son tour de taille. Son salaire annuel de 24 000$ US ne lui suffisait pas, même si cela représente la somme dépensée par le gouvernement chaque année pour les soins de santé de 8 000 Haïtiens[31]. Pas plus que le

1,5 million US reçu pour défrayer ses dépenses personnelles. En effet, son penchant pour les automobiles (de grand luxe), les montres-bracelets (hors de prix) et les réceptions (fastueuses) en vinrent rapidement à bout. Lorsque le train de vie extravagant de ce célibataire coûtait cher à l'État, cela n'était rien en comparaison de sa vie d'homme marié. Les coffres d'Haïti défrayèrent, en mai 1980, les coûts du mariage somptueux de Bébé Doc et de Michele, un séduisant mannequin divorcée. Le coût de ces réjouissances a été estimé à 3 millions US, incluant 100 000$ US pour les feux d'artifices seulement. On chuchote même que la facture finale aurait atteint les 10 millions US! Le livre des records Guinness a d'ailleurs considéré cette cérémonie comme l'une des plus dispendieuses au monde! Cette extravagance n'a même pas généré de revenus pour Haïti, très peu d'argent ayant été investi localement. Le principal fournisseur de la noce fut la France, de la robe blanche Givenchy de la mariée et la coiffe de soie Alexandre jusqu'à la nourriture et aux fleurs. Jean-Claude s'est aussi offert un petit cadeau prénuptial en se faisant venir d'Europe, une semaine avant les noces, une rutilante Ferrari payée 100 000$ US à même un compte gouvernemental à la banque centrale. Les pauvres d'Haïti n'ont pas été négligés: ils ont reçu des t-shirts exhibant l'heureux couple, ainsi qu'une ration de soupe et de rhum distribuée gratuitement! Les tourtereaux ont poussé le mauvais goût jusqu'à installer des écrans de télévision dans les bidonvilles afin que tous puissent suivre les somptueuses cérémonies. «C'était tout à fait merveilleux» affirma Michele à un reporter[32].

La noce venait de donner le ton à ce que serait l'union. Ils habitaient dans un immense appartement de deux étages, entièrement isolé, dans le lumineux palais présidentiel. On y trouvait des plafonds hauts de trente pieds, des fixtures en or et une voûte géante pour ranger la joaillerie du couple. Pour y ajouter une petite touche de couleur, des arrangements floraux furent importés. La flore haïtienne, luxuriante comme partout sous les tropiques, n'était pas assez bien pour les Duvalier, ironise l'un des enquêteurs familier avec le style de vie du couple. On organisait aussi des expéditions de magasinage à Paris dont la dernière fut probablement la plus extravagante. Vers la fin de 1985, alors que le régime commençait à décliner, les Duvalier ont dépensé approximativement 2 millions US lors de leur dernière virée. Se payer pareille opulence n'avait rien de sorcier pour un homme qui considérait Haïti comme sa vaste propriété privée. Comme au temps de l'esclavage à Saint-Domingue, le pays était saigné à blanc.

Duvalier, dictateur absolu, pouvait tirer un chèque de n'importe lequel des comptes bancaires gouvernementaux. De fait, il gardait toujours sur lui des chèques en blanc provenant de huit comptes gouvernementaux à la Banque centrale de la République d'Haïti. Qui oserait dire que cette pratique était illégale? N'était-il pas celui qui faisait toutes les lois dans son pays? Peu de fonctionnaires du gouvernement se doutaient même des retraits importants effectués dans les comptes gouvernementaux pour toutes sortes de choses, de la défense nationale à l'assurance-automobile. L'argent allait et venait «sous l'égide de Son Excellence Jean-Claude Duvalier, président à vie de la République». Évidemment aucune trace tangible, intelligible ou vérifiée ne subsistait dans les registres comptables officiels concernant ces transactions douteuses. Les enquêteurs ont par la suite évalué à 39 millions US les sommes ainsi détournées dans les années 80. De la même façon, on découvrit une brèche de 31 millions US supplémentaires dans les comptes du ministère des Finances.

Lorsque Duvalier, alors en exil, réfuta les allégations de détournement de fonds du Trésor national, il affirma que sa famille finançait personnellement 90% des mesures sociales en Haïti. «Tous les ministres de mon pays possédaient un certain montant d'argent à leur disposition afin de mettre en oeuvre les politiques» dit-il à un reporter en 1987. L'état révoltant de la situation des soins de la santé en Haïti constitue le lugubre testament de ce principe de «Mise en oeuvre des politiques». Les patients admis à l'hôpital, par exemple, devaient y apporter leurs propres vêtements, seringues et médicaments. Les fourberies de Duvalier étaient même souvent encore plus odieuses: On a pu croire, un temps, qu'il avait des sursauts d'esprit philanthropique lorsqu'il émettait des chèques gouvernementaux pour: les «Oeuvres sociales de la présidence». Cependant, lors de l'enquête officielle, on découvrit et on répertoria soigneusement une kyrielle de ces chèques, annulés, qui permirent de découvrir alors que d'énormes sommes avaient été utilisées à toutes les sauces sauf, évidemment, pour assurer le bien-être des Haïtiens. Vers la fin de 1982, par exemple, Duvalier signa deux chèques totalisant 35 000$ US pour les «Oeuvres sociales de la présidence». Pas un sou ne se rendit dans les poches des pauvres Haïtiens. Le premier chèque, de 15 000$ US et portant le numéro 764 a été tiré le 17 novembre 1982 du compte de la loterie d'État haïtienne. Huit jours plus tard, cette dernière émit un second chèque de 20 000$ US portant le numéro 852. Les deux furent endossés par la Maison Boucheron, les joailliers parisiens favoris de Michele. En résumé, les enquêteurs ont découvert que les «Oeuvres sociales de la Présidence» de Duvalier n'avaient, en fait, qu'un bénéficiaire: sa propre famille! Personne ne sait comment Duvalier mit en place ce simulacre. Tout ce que l'on sait c'est qu'il avait eu de bien tristes prédécesseurs dans ce domaine: Dans l'Allemagne nazie des années trente le «Deutsche Winterhelfe» se cachait sous les apparences d'un organisme de charité. C'était, en réalité, un fonds secret contrôlé par Hermann Goering[33].

Michele Duvalier n'avait guère plus de scrupules que son mari lorsque venait le temps de soutirer de l'argent des organismes normalement voués à des buts humanitaires. Tout comme la mère de Jean-Claude, «Mama Doc», elle possédait son propre fonds de charité bidon. Encore une fois, Michele alla plus loin que ses prédécesseurs. La journaliste Marie Brenner a mis à jour le cas de l'hôpital Bon Repos, une petite clinique de maternité que Michele avait fondée. Pour une femme qui se comparait à Evita, l'épouse du dictateur argentin Juan Peron et amie légendaire des pauvres des bidonvilles, Bon Repos était une source de joie et de fierté. Officiellement instauré comme un exemple de la prodigalité de Michele à l'égard des pauvres d'Haïti, l'hôpital avait, dans les faits, un tout autre rôle. Selon les recherches de Madame Brenner, le gouvernement haïtien devait verser 70 000$ US chaque mois à l'hôpital. Un chèque était scrupuleusement émis au nom de Michele Duvalier au soin de l'hôpital Bon Repos, tiré sur le compte numéro 950 G du ministère des Finances à la banque centrale. Pourtant, tous les chèques furent déposés au compte-chèques de Michèle, le numéro 6251. C'était celui qu'elle utilisait pour ses dépenses personnelles. Bien peu d'argent, si jamais il y en eut, se rendit au compte numéro 7485 de l'hôpital Bon Repos[34].

Duvalier ne prenait pas toujours soin de camoufler ces «petits retraits personnels» derrière le paravent des oeuvres de charité, et ce, particulièrement lorsqu'il était pressé. Les enquêteurs découvrirent qu'en décembre 1982, par exemple, il tira un chèque de 100 000$ US du compte courant du ministère des Finances. Ce chèque, signé de la main de Jean-Claude Duvalier, sûrement emporté par l'euphorie du temps des fêtes, était simplement inscrit «Comptant». Il fut par la suite endossé par la Maison Boucheron. Les Duvalier utilisèrent une approche tout aussi cavalière pour régler une facture substantielle, en décembre 1980, à la célèbre bijouterie Spritzer and Fuhrmann aux Antilles néerlandaises. Deux chèques réglèrent la facture. Le premier, émis le 2 décembre 1980, totalisait approximativement 143 000$ US et le second, daté du 26 décembre 1980, d'environ 414 000$ US. Les deux avaient été tirés sur le compte de la Défense nationale sur ordre du «président à vie». Le montant total représente l'équivalent du quart de ce que dépense mensuellement Haïti dans le domaine de l'éducation.

Mois après mois, année après année, les Duvalier dépensaient à grande échelle. Et aussi mois après mois, année après année, Bébé Doc et sa charmante épouse réglaient les factures à même les différents comptes bancaires du gouvernement. Pendant la même période, leurs «fonds (étrangers) pour les jours plus sombres» prenait de l'expansion. Pendant les trois dernières années du règne Duvalier, au moins 86 millions US quittèrent le pays à destination de banques étrangères. Cette razzia dans le capital de l'État paralysait le pays. Comme le mentionnait Felix Gaston, gouverneur de la Banque de la République d'Haïti, dans une déclaration assermentée datée de 1986: «Jean-Claude Duvalier et sa femme Michele ont personnellement ordonné le transfert de millions de dollars des comptes du gouvernement vers leurs comptes personnels, ceux de leurs amis ou de leur famille». Aucun de ces transferts d'argent n'ont été approuvés par quelque autorité gouvernementale ou effectués dans l'intérêt national. «Tous ont été faits en résultat du pouvoir de Duvalier à titre de dictateur absolu d'Haïti», d'ajouter le gouverneur.

Même les fonds provenant de l'aide étrangère n'étaient pas épargnés. «En 1980, le Fonds monétaire international accorda une aide de 22 millions US à Haïti pour supporter le budget national. 20 millions US disparurent purement et simplement»[35]. Les Duvalier s'adjugeaient même une part des millions de dollars d'aide alimentaire que les États-Unis consentaient au pays chaque année. Une surtaxe de 93% prélevée sur chaque sac de farine reçu de l'étranger se retrouvait directement dans les poches des Duvalier[36]. Les enquêteurs furent en mesure de prouver que les Duvalier avaient ainsi empoché 4,5 millions US.

Lorsque vint le moment de quitter pour l'exil, il est évident que les Duvalier ne sont pas partis dans l'indigence. Au début, la France leur accordait un visa de séjour temporaire de huit jours, le temps de trouver une nouvelle terre d'asile permanente, ce qui s'avéra par la suite infructueux. Aucun pays ne voulait d'eux, pas même le pauvre Libéria en Afrique[37]. Dans leurs déclarations publiques, les autorités françaises gardaient la même position, répétant que la situation n'était que temporaire. Cependant, plus les semaines et les mois passaient, plus il devenait clair que ce n'était qu'une façade et ayant pour but peut-être de calmer l'opinion publique ameutée par l'arrivée d'un autre despote en vacances sur la Riviera française – On se rappellera le tollé de protestations engendré par l'arrivée du dictateur de la République centre-africaine, Jean Bedel Bokassa, en 1983 -– En réalité, les Duvalier avaient trouvé une nouvelle demeure en France et y vivaient dans l'opulence[38].

Exilés sur la superbe côte d'Azur, à quelques pas de Cannes, les Duvalier se la coulèrent douce. Leur villa, sise dans le village de Mougins, un haut lieu du «jet set» international, se voulait peut-être moins grandiose que leur palais haïtien mais possédait tout de même son propre jardin d'oliviers, une piscine et une impressionnante grille d'entrée. Le propriétaire de la villa Mohamedia n'était nul autre que le fils de Adnan Khashoggi, le célèbre marchand d'armes d'Arabie saoudite. L'emplacement était parfait. La côte méditerranéenne était truffée de boutiques d'antiquités de grand luxe, de galeries d'art et de boutiques à la mode, toutes essentielles pour meubler les heures de loisirs de Michele. Et dans l'éventualité où les goûts onéreux de Michele ne pouvaient plus être satisfaits localement, Paris demeurait toujours très accessible. On l'a d'ailleurs souvent aperçue chez ses amis: le joaillier Boucheron ou le célèbre couturier Givenchy. Il en est de même pour Jean-Claude qui, lorsqu'il voulait goûter aux joies de la table, n'avait qu'à faire un saut pour rejoindre un restaurant à la hauteur de ses aspirations: Le Moulin de Mougins du célèbre chef Roger Verge. Le président déchu y fut d'ailleurs reçu à bras ouverts. Verge a déjà affirmé à un reporter: «Le président Duvalier aime bien manger, il a une passion pour la table, ce qui pour moi est une des plus grandes expressions de la civilisation»[39]. Comme l'a cyniquement fait remarquer l'un des enquêteurs: «Les Duvalier vivent probablement mieux dans l'exil que s'ils étaient demeurés à Port-au-Prince; ils possèdent les avantages du trésor haïtien sans avoir le problème de gouverner le pays».

Le maintien d'un train de vie si élevé coûte cher, ce qui pouvait représenter un problème pour les conseillers financiers des Duvalier. Duvalier avait certes amassé une fortune considérable dans ses comptes de banque à l'étranger avant sa chute. Presque jusqu'à la fin de sa dictature, des courriers transportaient des fonds vers l'étranger pendant que les institutions financières locales viraient aussi des fonds dans d'autres banques tout aussi étrangères. Le problème consistait en ce que la plupart de ces fonds n'étaient pas facilement accessibles. Cela n'avait jamais été un problème tant que les Duvalier étaient au pouvoir: ils n'avaient qu'à piger directement dans le coopérant trésor public pour satisfaire leur besoin d'argent liquide.

En exil cependant, pour répondre à leurs besoins de liquidités, il leur fallait un système sans faille pour avoir accès à leur fortune bien dissimulée. Leur situation juridique devenait de plus en plus compromettante, ce qui compliquait les choses. Des poursuites criminelles à grande échelle pour détournement de fonds avaient été engagées contre les Duvalier en Haïti. Les tribunaux suisses avaient gelé leurs comptes de banque en avril 1986[40]. Les avocats américains, représentant Haïti, avaient aussi lancé une vaste offensive. En juin, ils se présentèrent en cour pour saisir leur condominium de 2,5 millions US situé dans les Tours Trump à Manhattan. D'autres propriétés étaient aussi sur le point d'être saisies. En conséquence, les Duvalier devaient trouver des moyens de se procurer des liquidités sans alerter les enquêteurs et, surtout, sans leur donner la piste qui les conduiraient jusqu'à leur réserve monétaire centrale.

À elles seules, les procédures judiciaires de Suisse, d'Haïti ou des États-Unis n'étaient pas particulièrement préoccupantes pour les Duvalier. L'histoire nous apprend, en effet, que les dictateurs déchus ont rarement eu à rembourser le butin qu'ils avaient accumulé. Les procédures suisses, par exemple, bien que largement médiatisées, n'ont pas eu les résultats escomptés. La législation suisse interdisait aux banques de divulguer les montants des comptes détenus par les Duvalier, du moins tant qu'il n'était pas prouvé que les montants obtenus l'avaient été de manière illégale en vertu de la loi haïtienne[41]. Tâche encore plus ardue, les avocats haïtiens devaient prouver que les fonds gelés en Suisse avaient été acquis illégalement, en vertu de la législation suisse. Mais les progrès des enquêteurs engagés par Stroock and, Stroock and Lavan, la firme américaine représentant Haïti, constituaient la principale préoccupation du clan Duvalier. Fouillant dans des documents bancaires et des registres comptables remontant jusqu'au milieu des années 70, ils compilèrent un dossier exhaustif. Le document totalisa bientôt 20 000 pages regroupées en 17 volumes: un récit clair et précis des larcins de Bébé Doc. Qui sait si ces informations ne pouvaient pas mener les enquêteurs à la cachette du trésor des Duvalier?

Selon une reconstitution effectuée par les enquêteurs, quelque part durant l'été 1986, personne ne sait précisément quand, les conseillers financiers des Duvalier élaborèrent une stratégie qui couronna le tout. Il s'agissait de blanchir assez d'argent, à même la fortune accumulée, de façon à assurer au couple quelques années de répit ou du moins une accalmie jusqu'à ce que les problèmes juridiques se soient réglés. En pratique, cela impliquait de transformer un actif difficile à dépenser, 41,8 millions en bons du Trésor canadien garantis par l'État, en un magot d'utilisation facile sans faire transparaître la provenance des fonds. Cela se fait couramment par de riches compagnies ou individus qui résident (officiellement du moins) dans des «paradis fiscaux» ou qui y font des affaires.

De nombreux pays dans le monde se sont érigés en paradis fiscaux. C'est le cas des îles Cayman qui connaissent maintenant la prospérité et font l'envie de leurs voisins. En imposant peu ou pas d'impôts, ces paradis fiscaux comblent parfaitement les besoins des bien nantis des pays à haut niveau d'impôt comme le Canada et les États-Unis. Les habitants les plus pauvres de ces pays peuvent toujours tenter de payer moins d'impôts en organisant des mouvements de protestation, leurs compatriotes plus fortunés possèdent une meilleure option: ils créent une enveloppe corporative (*shell corporation*) et chargent des avocats et des comptables de la gérer à l'étranger dans les paradis fiscaux. Ainsi, ils évitent de payer de gros impôts en déposant leurs revenus dans ces paradis fiscaux ou, tout au moins, en y aiguillant certaines transactions particulièrement lucratives. Ce genre d'évitement fiscal n'est pas illégal, mais l'évitement fiscal dans certains paradis fiscaux peut constituer une évasion fiscale sous d'autres juridictions. Tout ceci a le don d'exaspérer les pays à haut niveau d'impôt qui considèrent, à juste titre, que les paradis fiscaux détournent des capitaux de leur revenu national. Les paradis fiscaux abritent aussi les fonds des riches résidents du tiers monde qui y trouvent un milieu financier stable et sûr pour dissimuler leur butin, au désespoir de leurs gouvernements respectifs souvent insolvables.

Les paradis fiscaux tiennent jalousement au caractère privé des comptes de leurs clients de manière à décourager les regards indiscrets que pourraient y jeter les pays riches ou pauvres. Cette particularité est tout aussi attrayante pour les trafiquants de drogue ou les dictateurs déchus qui ont un grand besoin de discrétion. Il est donc pratique pour les blanchisseurs d'argent de traverser un dédale de paradis fiscaux préservant la confidentialité pour légitimer les sommes obtenues illégalement. Par exemple, si un blanchisseur veut que les fonds qu'il gère aboutissent aux îles Cayman, il les fera d'abord passer par le Luxembourg et le Liechtenstein. Pour le cas Duvalier, une technique hybride fut retenue. Les 41,8 millions aboutirent dans un compte de banque de Jersey, un paradis fiscal fort prisé des résidents anglais et situé dans les îles Anglo-normandes. Naturellement, c'est à un avocat anglais que l'on confia de s'occuper des détails techniques de l'affaire. Pour se rendre à Jersey, le pécule haïtien suivit le cycle normal du blanchiment, avec une variante importante cependant: Avant de s'y rendre, car les Duvalier tenaient à ce que leur argent se retrouve à Jersey, l'argent passa par le Canada et ses institutions financières. Même s'il était moins spectaculaire, cet itinéraire s'avéra tout aussi sûr et efficace.

«Essentiellement, le Canada joua le rôle d'un gardien, s'assurant de brouiller la piste administrative qui aurait pu mener aux 41,8 millions des Duvalier», nous affirma, sous le couvert de l'anonymat, une personne très au fait des finances du dictateur. «Quand le facteur risque devenait trop élevé les fonds étaient envoyés au Canada, transférés à quelques reprises pour brouiller la piste, et retournés par la suite à leur point de départ, dans un blanchiment nouveau et amélioré».

Pourquoi avoir choisi le Canada? On trouve des éléments de réponse, partiellement du moins, dans un rapport conjoint et confidentiel préparé par la Gendarmerie royale du Canada et le U.S. Drug Enforcement Administration. Cette étude portant sur les transactions reliées à la drogue, indiquait les critères recherchés par tout bon blanchisseur d'argent: «Le Canada possède un climat politique stable, une devise relativement forte et un système bancaire bien développé, ce qui le rend attrayant comme plaque tournante ou comme abri lors de transferts de fonds». (Ce rapport a cependant été rédigé avant les débats constitutionnels du début des années 90 qui contribuèrent à ternir l'image du Canada comme garantie de stabilité financière).

Pour mettre leur stratégie en oeuvre, les Duvalier se tournèrent vers la firme juridique suisse Patry, Junet, Simon et Le Fort. Sur les conseils de la firme, ils retinrent les services de John Stephen Matlin, un avocat britannique discret d'un petit cabinet londonien, Turner and Co. Il agissait à titre de technicien, réglant les affaires courantes, ouvrant les comptes bancaires, créant des sociétés anonymes, effectuant des transferts de fonds et s'assurant enfin que les besoins des Duvalier en liquidités étaient comblés. L'associé principal de la firme suisse, Jean Patry, semblait préférer garder ses distances de ces clients. Cela ressort clairement d'une note de service émise par Matlin le 30 septembre 1986 lorsqu'on le présenta aux Duvalier. Le résumé que Matlin fit de cette rencontre à Nice indique ceci: «Quand je suis retourné à l'aéroport, J.P. (Jean Patry) m'indiqua que j'agissais maintenant seul. Sa firme n'aurait plus de contact avec les clients dans ce dossier».

Évidemment, aucune des actions des avocats n'était illégale. Après tout, les Duvalier n'avaient encore été accusés d'aucun crime, et aucun tribunal n'avait statué que les 41,8 millions avaient été obtenus illégalement. Cependant, l'arrangement décrit dans la note de service exposait davantage Matlin si jamais un pépin survenait.

Comme on aurait emballé de la précieuse porcelaine de Chine — et, bien sûr, les prudentes manipulations d'un fonds confidentiel — la véritable origine des 41,8 millions fut camouflée sous plusieurs couches de dis-simulations. Pour débuter, on fit entrer en scène deux bureaux d'avocats provenant de deux pays différents: la Suisse et l'Angleterre. Chacun d'eux est régi par ses propres réglementations quant au secret professionnel concernant les relations avec leurs clients. Les Duvalier, eux-mêmes, habitaient un troisième pays. Négocier avec trois juridictions différentes constituait déjà un obstacle majeur pour qui voudrait obtenir la permission de consulter des documents compromettants. Et ce, d'ailleurs, dans le cas improbable où quelqu'un découvrirait un commencement de preuve par écrit. Mais il y avait encore plus. Les banques allaient construire la partie la plus importante de la voûte protégeant le magot. Quatre différentes institutions furent mises à pied d'oeuvre, les deux principales étant canadiennes. Les fonds, quant à eux, étaient transportés à travers trois différentes autorités: le Canada, l'Angleterre et la petite île de Jersey.

La première étape fut d'introduire les 41,8 millions de bons du Trésor dans le système bancaire canadien sans éveiller les soupçons. Patry et Matlin en discutèrent apparemment au téléphone le 10 septembre 1986 pour la première fois. Alain Le Fort, nouvel associé de Patry, visita la Banque Royale du centre-ville de Toronto moins de deux semaines plus tard. Matlin résuma la conversation dans une note de service griffonnée à la main: «Où J.P. (Jean Patry) peut-il transférer les fonds? Par besoin de sécurité, au Canada».

C'était une tâche ardue car les grandes banques canadiennes sont prudentes lorsqu'elles transigent avec de nouveaux clients. En effet, une méthode de détection appelée «Connaître votre client» a été instaurée afin de déceler les blanchisseurs et implique plusieurs contrôles administratifs. Ce système n'empêcha toutefois pas l'entrée des fonds des Duvalier. En effet, la crédibilité et les références de l'avocat du couple étaient impeccables. La puissante Banque de Hong Kong et de Shanghaï avait recommandé Matlin à la Banque Royale. Cette dernière avait effectué des recherches indépendantes approfondies vérifiant les références et les antécédents de Le Fort et Matlin. «Je ne sais pas ce que nous pouvons faire de plus» a dit l'un des dirigeants de la Banque Royale. «Nous aurions certainement refusé ce compte si nous avions connu la provenance des fonds» ont même affirmé les responsables de la banque. Cette situation met en relief les limites de la méthode utilisée par le gouvernement fédéral et les banques canadiennes pour combattre le blanchiment d'argent. D'ailleurs, les fonds des Duvalier auraient pénétré toutes les banques canadiennes de la même façon. Finalement, rien ne distingue cette transaction d'une autre qui serait effectuée par l'un des gros clients de la Banque Royale. Morale de cette histoire: la méthode de détection «Connaître votre client» peut dissuader le menu fretin mais pas les puissants et les «bien-branchés» de ce monde.

Matlin avait lui-même des doutes quant à ses nouveaux clients et leur fortune, et leur en a fait part lors de sa première rencontre avec eux à Nice. Une brève note rapporte: «Je leur ai mentionné la position de ma firme quant à la légitimité de leurs actifs. Ils m'ont tous deux donné cette assurance. Ma requête a été expliquée à Monsieur D. (Jean-Claude Duvalier) en français et je crois qu'il savait de quoi je parlais». Malgré que Duvalier eut donné sa parole, certains doutes subsistaient dans l'esprit de Matlin. Il en fait d'ailleurs part dans une autre note écrite avant de quitter l'aéroport de Nice: «J'ai mentionné à J.P. (Jean Patry) mes appréhensions au sujet de la propriété des fonds mais il m'a assuré, qu'au meilleur de sa connaissance, les fonds étaient bel et bien la propriété de Monsieur et Madame D. Il me mentionna le fait que Monsieur D. avait reçu un héritage substantiel et que Madame D. était une dame très à l'aise financièrement bien avant son mariage». Cela sembla dissiper les doutes dans l'esprit de Matlin.

Peu à peu, le plan d'action émergeait. Le Fort allait personnellement livrer les 41,8 millions en bons du Trésor à Toronto. Pourquoi à cet endroit? Personne ne le sait vraiment. Des enquêteurs ont émis l'hypothèse que les bons du Trésor étaient peut-être déjà à Toronto et que l'on appréhendait un nouveau transport. Les enquêteurs haïtiens et les experts canadiens de la Gendarmerie royale ayant rédigé un rapport sur l'affaire n'ont jamais pu découvrir où avaient été achetés les bons du Trésor ni où ils étaient déposés avant leur livraison[42]. Cela n'a rien de surprenant quand on connaît la facilité avec laquelle on peut acheter et vendre les bons du Trésor canadiens. C'est à cause de leur anonymat qu'ils sont si populaires à travers le monde. Les bons des Duvalier ont pu être achetés n'importe où.

Environ huit mois après le départ des Duvalier, le 23 septembre 1986, Le Fort effectuait la livraison de 41,8 millions en bons du Trésor dans les coffres de la Royal Bank Plaza. Les détails avaient été préalablement réglés par Matlin à partir de la Banque de Hong Kong et de Shanghaï par l'entremise d'un de ses représentants. Une note confidentielle de la banque en date du 23 septembre 1986, décrit Le Fort comme un individu de nationalité suisse et le détenteur des bons. De Toronto, les bons furent transférés au siège social de la banque à Montréal et déposés dans le compte numéro 129-8827 au nom de la firme Matlin, Turner and Co. Le compte était détenu par la succursale de Jersey de la Banque de Hong Kong et de Shanghaï, qui confirma la transaction dans une note de service datée du 8 octobre 1986.

Les rusés comptables de la firme Turner and Co. brouillèrent ensuite la piste administrative: les titres de propriété des bons du Trésor furent séparés des obligations elles-mêmes. Cette opération est une tactique couramment utilisée dans le monde de la haute finance, généralement pour des raisons fiscales. Par exemple, imaginons que vous soyez inscrit comme contribuable en Suisse mais que vous ayez des obligations au Canada. Les titres de propriété seront déclarés, pour fins d'impôt, dans la juridiction qui vous couvre, soit la Suisse. Mais pour éviter les dépenses et tracas d'un transport à l'étranger vous déposerez les obligations bien en sécurité dans un coffre bancaire au Canada. C'est un peu la même chose que ferait le propriétaire montréalais d'une voiture à Paris: il garderait les certificats d'immatriculation dans son bureau mais entreposerait la voiture dans un endroit sûr à Paris. La firme Turner and Co. ne retirait aucun intérêt ou avantage fiscal à diviser les obligations. Cela ne servait qu'à rendre la piste encore plus confuse. Les titres de propriété aboutirent dans un compte de la Banque Royale de Londres au nom de Turner and Co. tandis que les bons du Trésor furent envoyés dans les coffres de la Banque Royale à Montréal. Un bordereau daté du 30 octobre 1986 confirme cette transaction.

Le 24 octobre 1986, à Nice, les Duvalier approuvèrent cette procédure lors d'une longue rencontre avec Matlin qui nota les détails de cet entretien dans une brève note de service. Il y était mentionné qu'une partie de la somme totale, 30,507 millions, se retrouverait dans ce que Matlin appela le compte numéro 1; l'autre partie, 11,303 millions, serait déposée dans le compte numéro 2. Plus tard, les fonds canadiens seraient transformés en dollars américains. Matlin nota soigneusement l'adresse des Duvalier: villa Mohamedia, 204 chemin du Château, 06250 Mougins; leur numéro privé de téléphone: 38.16.32 et un numéro à rejoindre en cas d'urgence: 39.01.69 (celui de Franz Bennett, le frère de Michele). Des dispositions furent aussi prises en cas du décès de Jean-Claude ou de Michele. Leurs deux enfants, Nicholas et Anya, étaient ainsi bien protégés, tout comme l'étaient Alex et Sasha Pasquet, les enfants issus du premier mariage de Michele. La note stipulait de plus les besoins financiers personnels des Duvalier qui s'élevaient à 390 000$ US et qui seraient payés par mandats bancaires. Tout semblait être en ordre. Les Duvalier approuvèrent par une lettre adressée à

Boncardo Ltd., une enveloppe corporative (*shell corporation*) que leur avait créée Matlin à Jersey. (Frais d'incorporation: 1,599.05 livres sterling).

La prochaine étape du plan consistait à encaisser les bons du Trésor. Ce processus fut étalé sur quatre transactions vers la fin de 1986. Matlin donna ses instructions aux bureaux de la Banque Royale à Londres qui avisa, par lettre, avoir finalisé les transactions les 19 novembre, 8 décembre, 24 décembre et 29 décembre. La Banque exigeait de petits frais pour ces services, 84,50$ dans l'un des cas. Le dépôt de l'argent comptant, comme la plupart des opérations dans cette affaire, ne se fait pas directement. Cela ressemblait maintenant à une version bancaire des poupées russes s'emboîtant l'une dans l'autre. L'argent fut déposé dans un compte de type inhabituel portant le numéro 6001-101527-501 à la Royal Trust Bank, une filiale de Jersey contrôlée par la Canada's Royal Trust Co. Ce qui rendait ce compte différent c'est qu'il n'était pas autonome, il faisait plutôt partie d'un autre compte plus important contrôlé par une autre institution financière: la Manufacturers Hanover Bank of Canada. Cette institution n'a pas pignon sur rue là où on aurait pu l'imaginer, Londres, Jersey ou même Montréal. Non, elle était située à sa banque correspondante, à la Banque Royale à Toronto, à quelques minutes de marche de l'endroit où avaient été déposés les 41,8 millions le 23 septembre. Le système des banques correspondantes est un reliquat de l'époque où les banques n'avaient pas de succursale à l'étranger. Une banque d'un pays utilisait alors les services d'une autre à l'étranger (sa banque correspondante) pour ses fins. Ainsi la banque pouvait faire des affaires dans un pays étranger sans y avoir pied à terre.

Lorsque l'argent, totalisant 30,2 millions US, fut déposé dans le compte de la Royal Trust Bank à Toronto, on le transféra dans deux comptes de la Royal Trust Bank de Jersey. Ces opérations furent effectuées par la firme de Matlin au profit de Boncardo, l'enveloppe corporative des Duvalier. La rondelette somme généra alors rapidement de l'intérêt, amassant 178 000$ US entre le 31 octobre 1986 et le 12 janvier 1987, dans le compte 783617-841 seulement.

Un peu plus de trois mois après qu'Alain Le Fort ait effectué sa livraison spéciale à la Banque Royale à Toronto, l'opération était presque complétée. Il ne restait qu'à régler quelques détails techniques. En tête de liste venait l'omniprésent besoin de liquidités du couple. Matlin remédia à la situation en demandant à la Royal Trust Bank de Jersey d'émettre des chèques payables au porteur. La Royal Trust Bank émit des réserves car ces chèques sont aussi valides que de l'argent liquide. N'importe qui peut les encaisser et la banque se doit de les honorer. La Royal Trust Bank accepta seulement après que Matlin eut donné des garanties exonérant l'institution de tout blâme pouvant découler de la perte ou du vol de ces chèques. Les quatre premiers chèques au porteur d'un montant de 25 000$ US chacun furent rapidement tirés sur les deux comptes de la Royal Trust Bank. Le 22 janvier 1987, ils furent apportés personnellement à Mme Duvalier par Matlin. Quelques jours plus tard, elle signa deux lettres autorisant Boncardo Ltd. à effectuer deux paiements à la firme Patry, Junet, Simon et Le Fort. Le premier de 180 000$ US pour les «frais de scolarité des enfants» et le second de 20 000$ où il était simplement inscrit: «frais de notaires».

Quand arriva l'anniversaire de leur arrivée en France, le 7 février 1987, les Duvalier pouvaient enfin respirer plus à l'aise. Les avocats engagés par Haïti étaient occupés à rechercher les actifs disparus et à se débattre en cour des deux côtés de l'Atlantique, pendant que l'argent de poche des Duvalier avait été soigneusement dissimulé. Ils avaient engagé des avocats discrets dans deux pays et avaient camouflé d'énormes sommes d'argent dans un labyrinthe d'institutions et de comptes de banque, dont la plupart étaient canadiens. La filière de documents à suivre pour arriver à la source obligerait les meilleurs enquêteurs à mener une chasse éreintante. Et, finalement, la discrétion financière procurée par les lois de Jersey englobait les comptes bancaires des Duvalier ainsi que ceux de leur enveloppe corporative Boncardo. Pour ajouter à leur sérénité d'esprit, il y avait toujours les piètres résultats obtenus par les pays cherchant à récupérer les fonds détournés par tous ces dictateurs déchus.

Leurs problèmes étaient terminés, du moins pour l'instant...

Chapitre 2
POURQUOI EST-IL SI DIFFICILE D'ARRÊTER LE BLANCHIMENT DE L'ARGENT

Il y a moins d'une génération, l'expression «blanchiment de l'argent» était réservée au monde interlope du crime organisé ou à celui des intrigues internationales. Puis advint le Watergate et ses histoires juteuses de paiements secrets dans de mystérieux sacs de papier brun ou dans des valises bourrées d'argent à destination du Mexique. Le scandale américain de 1973-74 a vraiment contribué à rendre commun l'emploi de l'expression «blanchiment de l'argent»[1].

Les origines linguistiques de l'expression sont tout aussi nébuleuses que les processus et techniques employés pour blanchir l'argent. Dans le dictionnaire du monde interlope, l'origine du terme remonterait au temps de la prohibition lorsque les États-Unis, interdisant la vente d'alcool, firent du même coup la fortune du monde de la pègre. Ces «gangsters nouveaux riches» des années 20 réalisèrent rapidement que les énormes profits générés par l'alcool illégal entraînaient de lourds problèmes de camouflage. La police et les percepteurs d'impôts scrutaient de plus en plus leurs registres comptables; il leur fallait donc constituer de solides alibis pour expliquer les profits de leur contrebande d'alcool. Plusieurs solutions furent alors envisagées. À Chicago, plusieurs «entrepreneurs du crime», tel le flamboyant Al Capone, avaient une méthode bien simple pour «légaliser» leurs profits illicites: Ils les camouflaient sous les apparences de profits licites tirés de commerces de blanchisseries[2].

Il est plausible de penser que l'expression découle de ce genre d'activités! Joseph «Doc» Stacher fut l'un des seuls contemporains de Capone à avoir ouvertement parlé de cela. Ses souvenirs ne furent recueillis qu'en 1977, peu avant sa mort et à ce moment, le vieil homme ne pouvait se rappeler qui décida d'appeler ce système «blanchiment». L'explication de Stacher demeure cependant sans équivoque: «Par blanchir, nous voulons dire rendre légal»[3].

Sa définition tient toujours. À la base, le blanchiment d'argent consiste à aiguiller de l'argent vers un tamis très secret, telle une banque suisse, ou vers une multitude de transactions extraordinairement complexes qui en camouflent les véritables origines[4]. D'une certaine façon, le processus a l'effet d'un filtre financier. Les fonds à dissimuler pénètrent à un bout de la machine et en ressortent à l'autre bien propres et consciencieusement déguisés. La dissimulation ne suffit cependant pas. Le but ultime du processus est de rendre l'origine des fonds si obscure que l'on puisse utiliser l'argent sans susciter le moindre soupçon. Cela implique souvent le transfert des fonds dans un pays étranger et leur rapatriement, par la suite, de sources qui semblent légitimes dans ce pays ou dans un autre[5].

Toutes sortes de gens, dans différents pays et en diverses circonstances blanchissent leur argent. Les deux genres de blanchiment les plus répandus sont celui de «l'argent sale» (*dirty money*) et de «l'argent noir» (*black money*)[6]. «L'argent sale» est le résultat d'escroqueries parmi les plus odieuses que l'on puisse trouver. Des dictateurs ou des fonctionnaires corrompus des pays du tiers monde ou des anciens bastions communistes, par exemple, cachent des fonds qu'ils ont pris à même le Trésor public de leur pays. Le magazine français *Le Point* examina la situation et découvrit un étonnant (lire dérangeant) modèle d'exode de capitaux provenant des pays en voie de développement au cours des années 1975 à 1985. Rappelons qu'à cette époque les finances de plusieurs pays de l'Afrique et de l'Amérique latine étaient largement déficitaires. Durant cette décade, on estime à 150 milliards US les sommes détournées par ces dirigeants véreux des pays du tiers monde vers des comptes bancaires secrets à l'étranger[7]. Il y a aussi les barons de la drogue dans des pays comme la Colombie, la Sicile ou la Thaïlande qui y légitimisent les sales profits de la vente de cocaïne ou d'héroïne. Parmi les autres membres de cette confrérie peu recommandable on retrouve les agences d'espionnage et de renseignements (celles des anciens pays de l'Est, par exemple, qui constituaient un véritable pouvoir dans leurs pays), les groupes terroristes comme l'armée républicaine irlandaise (IRA) qui a rempli ses coffres à coups d'extorsions et d'escroqueries, et les criminels économiques qui manipulent le marché boursier et fraudent de diverses façons.

L'«argent noir» est, quant à lui, légalement accumulé et appartient à des individus autrement respectables. Il devient illégal par la façon dont il est blanchi et non en raison de sa provenance. On en distingue deux formes principales: l'argent qui est blanchi dans un autre pays par souci d'évasion fiscale (ceci explique pourquoi il y a tant d'argent italien en Suisse) et l'argent qui est secrètement sorti par des résidents de pays restreignant la sortie des capitaux — dont l'économie est souvent instable et qu'on retrouve la plupart du temps dans le tiers monde. Dans ce dernier cas, on ne doit pas négliger un effet secondaire bénéfique de cette manoeuvre: l'évasion fiscale. Cette sortie de capitaux (et l'évasion fiscale qui peut en découler) sont couramment désignées par le vocable de «fuite des capitaux». L'expression «fuite des capitaux» peut aussi faire référence à l'argent sortant légalement d'un pays pour des raisons reliées à l'incertitude du climat politique ou économique. Dans l'éventualité où le Québec, par exemple, se séparerait du Canada, les sommes d'argent que pourraient être tentés d'exporter certains Canadiens deviendraient de la fuite de capitaux. (Il serait alors intéressant de voir si Ottawa, confronté à une telle alternative, interviendrait sur le système pour freiner cet exode de capitaux. En aurait-il seulement la possibilité?)

La fuite des capitaux peut créer un trou énorme dans l'économie d'un pays. Durant les années 80, les dirigeants de plusieurs pays d'Amérique latine — particulièrement le Brésil, l'Argentine et le Mexique — perdirent la bataille visant à enrayer les sorties massives d'argent. Dans l'opération, plus de 400 milliards US quittèrent ces pays, exacerbant ainsi les problèmes financiers de cette région démunie. Au début des années 90 cependant, l'émergence de la démocratie et le retour de la stabilité politique aidant, on remarqua le retour de certains de ces capitaux vers leurs pays d'origine[8].

«L'argent noir» est, de façon générale, moins stigmatisé que «l'argent sale». Aucun pays n'est intéressé à voir son nom associé aux profits engendrés par la drogue ou à quelque fraude économique majeure. Pour ce qui est de l'attrayant «argent noir» c'est bien différent! La Suisse et le Luxembourg, pour ne nommer que ceux-là, n'ont pas de scrupules à encourager l'évasion fiscale sous d'autres compétences. On y excuse beaucoup plus facilement tout ce qui touche la fuite des capitaux. La plupart des banques occidentales hésitent peu avant d'accepter les capitaux en fuite que les dirigeants des pays dépouillés tentent tant bien que mal de conserver dans leurs pays afin d'alimenter leurs propres économies locales. Cela n'est pas surprenant. En effet, les gouvernements des pays riches croient fermement à la libre circulation de l'argent, et en profitent largement, même si les critiques les accusent de favoriser ainsi la misère dans des pays qui perdent des sommes colossales. Dans le monde de la haute finance internationale l'illicite fuite de capital de l'un constitue une injection d'argent frais chez l'autre.

Pour avoir un aperçu de l'ampleur des sommes blanchies dans le monde, il suffit d'examiner quelques fortunes spectaculaires constituées «d'argent sale». Selon le magazine *Forbes*, Pablo Escobar, la tête dirigeante du cartel de la cocaïne de Medellin, aurait amassé 3 milliards US[9]. Selon une estimation du Congrès américain, Mobutu Sese Seko, le soi-disant «président-citoyen» du riche Zaïre, aurait extrait, quant à lui, une somme de 2,5 milliards US de son pays[10]. Ce qui a fait dire à l'ex-enquêteur du Sénat américain, Jack Blum: «Il existe un énorme marché noir de l'argent».

Ce marché noir de l'argent est si vaste que certaines évaluations atteignent le chiffre faramineux de 1 trillion par année. On comprendra aisément qu'il est impossible d'obtenir le montant précis de ce marché. En effet, les convoyeurs d'argent clandestin ne publient jamais de rapport annuel! Leurs terrains de jeu préférés — les paradis fiscaux — sont également enveloppés d'un tel silence. Les paradis fiscaux existant sous des formes et des tailles différentes offrent toutes le même service légitime: permettre aux gens des pays fortement taxés d'éviter discrètement ces hauts niveaux d'imposition en effectuant certaines transactions ou en déclarant leurs impôts ailleurs que dans leur pays de résidence. Ces paradis fiscaux visent à satisfaire des clients qui ont comme principe de: «Faire le plus d'argent possible en payant le moins d'impôt possible — tout ceci en étant assuré que personne ne sait que vous l'avez fait»[11].

Une compagnie canadienne, par exemple, peut vendre à moindre prix un produit à une filiale située dans un paradis fiscal. On revendra ce produit ailleurs beaucoup plus cher et la marge de profit demeurera dans le paradis fiscal. Prenons aussi l'exemple d'un ingénieur canadien oeuvrant la plupart du temps à l'étranger. Il pourra créer une compagnie dans un paradis fiscal et y travailler. Les honoraires qu'il facturera seront payés directement à la compagnie. Il évitera ainsi les lourds impôts canadiens.

La popularité de ce système de dégrèvement fiscal parfaitement légal, explique pourquoi ces paradis fiscaux sont si utiles dans le blanchiment de l'argent noir et sale. Si ce n'était pas de cet opaque vernis de légitimité, rien dans les paradis fiscaux ne pourrait dissimuler certaines activités plus louches. La compagnie employant notre ingénieur canadien, par exemple, pourrait être un peu plus qu'une plaque de bronze sur un mur et un vague numéro dans un bureau d'enregistrement aux registres des corporations. Grâce à la loi du silence qui prévaut dans les paradis fiscaux il serait virtuellement impossible de découvrir qui est le véritable propriétaire de cette entreprise, quelles sont ses activités et le montant de ses comptes en banque. Tout ceci constitue un ensemble de facteurs très alléchants pour qui veut blanchir d'énormes sommes d'argent comme l'a fait le célèbre banquier de Wall Street, Dennis Levine. En 1980, il blanchit 10 millions US de profits tirés de transactions d'initiés par l'entremise d'une telle compagnie aux îles Cayman.

Les paradis fiscaux doivent maintenir un secret professionnel absolu afin de conserver la confiance et les affaires de leurs clients bien nantis. En l'absence d'un tel secret, il serait alors facile pour les pays respectifs de ces clients de retracer les transactions effectuées à l'étranger par leurs résidents et d'intenter des poursuites judiciaires, le cas échéant. Rappelons que les dégrèvements fiscaux consentis par les paradis fiscaux peuvent constituer des cas d'évasion fiscale dans d'autres territoires. Il en est de même pour la légitimité de la fuite des capitaux.

En dépit du secret entourant les fonds cachés dans les paradis fiscaux, des experts ont tenté de retracer certains mouvements «d'argent sale», spécialement ceux impliquant le trafic de drogue. Un rapport confidentiel de 1988 de la Gendarmerie royale du Canada et de la U.S. Drug Enforcement Administration par exemple, estime que «le montant relié au trafic de la drogue transitant entre le Canada et les États-Unis se chiffre probablement en centaines de millions de dollars chaque année». Toutefois, les résultats des efforts tentés pour évaluer les profits générés par le commerce de la drogue sont mitigés. Le «groupe des sept», instance regroupant les sept nations les plus favorisées de l'hémisphère occidental, incluant le Canada, a eu un mal fou pour en arriver à une somme totale à l'échelle planétaire. Selon l'un des participants, préférant garder l'anonymat, les discussions furent fréquemment très animées, plusieurs experts conseillant de ne pas mettre de chiffres précis sur un commerce aussi obscur. Les Américains prirent une autre voie et l'emportèrent. Le rapport final, publié en 1990 à Paris, reconnut que chaque année 85 milliards provenant des profits reliés au commerce de la drogue en Europe et en Amérique du Nord sont blanchis En comparaison, cette somme constitue environ le double du produit national brut de l'Irlande[12]! Selon notre participant qui refuse de mettre un chiffre précis sur ce trafic cette estimation est, dans le meilleur des cas, une approximation, dans le pire, sans aucune valeur.

Il est tout aussi difficile d'établir l'ampleur des fuites de capitaux dans le monde en se basant sur les énormes sommes qui transitent par des centres financiers à l'étranger. Ces paradis fiscaux spéciaux offrent un mélange de taux d'imposition particulièrement attrayants, une réglementation sur les institutions financières très permissive et des services bancaires modernes. Pour toutes ces raisons, un endroit comme les îles Cayman attire les banques les plus importantes du monde qui utilisent ce paradis fiscal pour enregistrer des prêts dans ce milieu à faible taxation. Toute la masse monétaire passant par ces centres étrangers n'est pas visible ni n'est nécessairement illicite. Toutefois, selon le journal britannique *The Economist*: «Plus de la moitié des 500 milliards circulant des paradis fiscaux vers les banques occidentales en 1989 était de l'argent sale, d'une espèce ou de l'autre»[13].

Cette estimation peut être exagérée: le trillion déjà mentionné l'était assurément. Corroborer un bilan si négatif est toujours sans espérance. Ainsi que l'a conclu une étude fédérale sur le blanchiment de l'argent en 1990: «Il n'existe aucune méthode probante afin de déterminer l'ampleur de l'économie illicite. Malgré des calculs savants, les estimations reliées aux produits de ces activités illégales demeurent des hypothèses. Une fois déclarées, elles prennent une ampleur non méritée[14].

Ne nous méprenons pas, les blanchisseurs d'argent ont indéniablement la balle dans leur camp. William Mulholland, ex-directeur de la Banque de Montréal, abondait d'ailleurs dans ce sens lorsqu'il se présenta devant le comité du Sénat sur les banques, en octobre 1985. L'irascible banquier aux cheveux blancs déclarait: «Vous pouvez maintenant transférer l'argent si rapidement, en des lieux si différents et sous des compétences si nombreuses, dont quelques-unes ont des lois très sévères concernant la divulgation bancaire, que c'en est devenu ridicule». Même s'il parlait en des termes généraux, il aurait pu facilement dépeindre les efforts accomplis, un an plus tôt, pour camoufler la fortune des Duvalier. «J'ai passé trente-trois ans de ma vie au sein de l'industrie de la finance, d'une façon ou de l'autre, et l'une des principales raisons pour laquelle les gens inventent des structures financières compliquées, c'est pour créer des paravents».

Deux assistants à ses côtés, Mulholland ajouta: «Je pourrais facilement faire disparaître de l'argent sous les yeux de n'importe quel limier pouvant enquêter sur le cas et le déplacer si loin de lui qu'il ne pourrait jamais espérer en retrouver la trace. Je ne vous fais pas marcher! La technologie d'aujourd'hui est telle que tout peut se faire par le biais de l'électronique. En une seule journée l'argent peut se déplacer de Winnipeg à Toronto, New York, Miami, les îles Cayman, les Bahamas et aboutir en Suisse et je défie quiconque d'en trouver la trace».

Mulholland n'en était pas à ses premières armes. Dans un anglais trahissant ses origines américaines, il décrivit un cas de fraude dans lequel il avait aidé les autorités dans leur tentative pour localiser une forte somme aux États-Unis: «Ce cas particulier impliquait des fonds venant de Chicago, allant vers New York, les îles Cayman, les Bahamas et finalement la Suisse, en un rien de temps. C'était sans espoir! Les autorités des îles Cayman bloquèrent les enquêteurs, les autorités des Bahamas firent de même et les Suisses ne leur adressèrent même pas la parole!»[15] (Le secret bancaire est si important pour la viabilité des paradis fiscaux comme les Bahamas ou les îles Cayman que ces derniers ne le trahissent que dans des circonstances exceptionnelles).

Les systèmes de blanchiment d'argent n'ont pas à être si complexes pour être efficaces. Dans les faits, leur complexité varie selon les besoins du moment. Un petit trafiquant de drogue n'aura pas besoin d'une enveloppe corporative (*shell corporation*) à l'étranger ou d'un compte bancaire aux îles Cayman. Tout ce dont il a besoin c'est un moyen simple pour cacher ses gains hebdomadaires de 2 000$, généralement obtenus en coupures de 10$ et 20$. La solution peut être aussi rudimentaire que d'ouvrir dix comptes bancaires différents, sous dix identités différentes et dans dix institutions financières distinctes. La principale difficulté réside dans l'obtention de dix identités différentes. Cela n'est pas insurmontable pour une personne qui a des contacts dans «le milieu» et qui peut y mettre le prix. Tranquillement, chaque jour, notre trafiquant fera un petit dépôt dans chacun de ses dix comptes, disons 20$ ou 40$ par jour, ce qui totalisera 200$ par compte à la fin de la semaine. Qui pourrait remarquer des transferts de fonds si anodins?

À l'autre extrémité de la chaîne on trouve des techniques plus sophistiquées impliquant l'achat et la vente de biens et de services. Rod Stamler, ex-commissaire adjoint à la Gendarmerie royale du Canada, maintenant enquêteur judiciaire à Toronto, affirme: «Il existe tellement d'occasions favorables au transfert de l'argent lors d'une transaction commerciale qu'il est presque impossible de discerner ce qui est légal de ce qui ne l'est pas. Si quelqu'un se donne la peine de maquiller la transaction, il devient virtuellement impossible de la détecter».

L'un des moyens les plus populaires pour transférer rapidement des fonds douteux demeure la «fausse facturation»: Vous n'avez qu'à payer une compagnie étrangère pour des services habituels qui n'ont jamais été dispensés.

On peut également utiliser la technique dite de «surfacturation». Dans un scénario type, vous demanderez à l'un de vos associés étrangers de vous surfacturer (vous êtes le blanchisseur) pour une marchandise ou un service quelconque. Pour masquer le fait que vous blanchissez des fonds illicites, vous pourrez dire à votre associé que vous cherchez ainsi à éviter des impôts, un alibi courant depuis que tricher l'impôt est devenu presque un sport, qu'on le fasse légalement ou pas! De plus l'évasion fiscale entraîne une plus petite peine que le blanchiment de fonds illicites. Vous pouvez encore, de plus, jouer sur la corde sensible de votre associé en lui faisant croire que vous effectuez ce transfert monétaire à l'étranger afin de protéger votre famille de la faillite en raison de l'économie instable de votre pays.

Prenons l'exemple d'une livraison de tracteurs importés au Canada et qui serait facturée 2 millions au lieu du 1,5 million qui est leur valeur réelle (ou des frais de gestion pourraient être facturés 200 000$ plutôt que 100 000$). La différence — 500 000$ dans le premier cas et 100 000$ dans le deuxième — incluera une commission pour l'associé qui est à l'étranger et l'argent que vous désirez blanchir à l'étranger. Comme le mentionnait Stamler, détecter une telle manoeuvre est très difficile. Qui peut affirmer, par exemple, que les tracteurs ne valaient pas 2 millions (ou que les frais de gestion ne valaient pas 200 000$)? Si votre associé à l'étranger est interrogé il pourra toujours alléguer, en dernier recours, que vous avez été roulé par un vendeur particulièrement rusé.

Dans certains cas, les mêmes techniques de blanchiment peuvent être appliquées à plusieurs sortes d'argent «noir» ou «sale». Javier Gonzalez Fraga, ex-président de la banque centrale d'Argentine, a déjà affirmé: «Toutes les banques argentines sont impliquées dans la circulation d'argent «noir» et utilisent les mêmes canaux que les blanchisseurs d'argent provenant des profits reliés à la drogue»[16]. Un homme politique péruvien, un trafiquant de drogues colombien, un terroriste brésilien ou un homme d'affaires vénézuelien se souciant de l'agitation dans leur pays, peuvent effectuer le même genre de manoeuvre pour blanchir leurs fonds secrets.

Ils peuvent, par exemple, choisir l'un des systèmes décrits précédemment qui permettent aux grandes corporations multinationales de réduire leurs impôts en acheminant leurs profits vers des paradis fiscaux. Une compagnie internationale ayant une filiale en Colombie, au Canada et dans un paradis fiscal pourrait vouloir exporter des jouets de la Colombie vers le Canada en ne payant aucun impôt sur le profit obtenu au Canada. Supposons que les jouets coûtent 100 000$ et que la compagnie espère en retirer 100 000$ d'argent «noir», elle vendra alors les jouets 100 000$ à la filiale située au paradis fiscal. Cette filiale, à son tour, les revendra à la filiale canadienne au prix coûtant plus les profits de la compagnie, soit 200 000$, et les mettra en marché à ce même prix. De cette façon, la filiale canadienne couvrira ses frais, mais ne pourra déclarer aucun profit dans son rapport d'impôt annuel pour cette transaction. Car le profit, 100 000$, sera généré et empoché, sur papier du moins, par la filiale située dans le paradis fiscal.

De plus, il est aussi très simple de cacher de l'argent «sale» ou «noir», dans une telle transaction, par une technique appelée la «sousfacturation». Comme son nom l'indique, il s'agit ici de l'opposée de la technique précédente de surfacturation. Pour faire sortir 10 000$ de Colombie, que ce soit à titre de fuite de capitaux ou de profits reliés au trafic de drogues, cette même compagnie ajoutera à sa commande régulière à destination du Canada des jouets additionnels ayant une valeur marchande de 10 000$. Ces derniers ne seront jamais comptabilisés en Colombie, les factures indiquant toujours des exportations d'une valeur de 100 000$. Pendant ce temps, la filiale canadienne recevra une facture de 210 000$ de sa filiale située dans le paradis fiscal, ce qui inclut le 10 000$ de profit des jouets supplémentaires. Cet argent ne sera jamais déclaré en Colombie. Il demeurera dans le paradis fiscal, les autorités de Bogota n'y ayant vu que du feu.

Ces pratiques peuvent entraîner des distorsions incroyables dans les prix des biens de consommation. Deux chercheurs américains ont analysé le coût moyen, en 1990, des biens vendus entre les États-Unis et les autres pays. Ils ont découvert que des sommes énormes sont souvent dissimulées dans les transactions commerciales. En 1990, par exemple, la Colombie a vendu des lames de rasoir aux États-Unis au coût moyen de 34,81$ par lame; on est loin de la norme mondiale de neuf cents par lame! Or, il s'agit, sans l'ombre d'un doute, d'un autre cas de surfacturation qui augmente le coût des exportations colombiennes pour masquer le flot imposant d'argent provenant des États-Unis. Eu égard à la taille du marché illicite de la cocaïne, on peut facilement imaginer l'ampleur des profits que ces exportateurs de lames de rasoir aident à camoufler. De l'autre côté de la médaille, les chercheurs de l'Université internationale de Floride ont analysé les ventes d'antibiotiques américains à la Colombie. Ils ont découvert un écart de 10 254% dans les prix avec la moyenne mondiale. On voit là l'indication claire que la même technique est utilisée dans le sens inverse, pour éviter le contrôle colombien concernant l'exportation des devises. Fuite de capital peut-être?[17]

Plusieurs facteurs contribuent à rendre le processus de blanchiment d'argent difficile à saisir. «C'est comme essayer de clouer de la gelée au mur» se lamentait un responsable de la sécurité d'une banque canadienne. D'une part, aussi nébuleuse que puisse être l'origine des fonds, aussi complexe que puisse être le processus de blanchiment ces transactions ne sont pas nécessairement illégales, même si elles demeurent, sans l'ombre d'un doute, immorales. Les 41,8 millions de Jean-Claude Bébé Doc Duvalier en sont un exemple. Rien, dans cette opération, n'était illégal: ni les transactions financières, l'usage d'enveloppes corporatives (*shell corporation*) légalement constituées ou l'utilisation de firmes d'avocat connues, pas plus que les 41,8 millions eux-mêmes! Même s'il était clair qu'il s'agissait de fonds volés, cela n'a jamais été prouvé devant un tribunal. Néanmoins, il ne fait pas de doute que Duvalier a fait transiter ses fonds par le Canada à la seule fin d'en cacher les origines afin d'en jouir librement plus tard.

Un autre facteur complique les choses: le monde moderne est régi par un amalgame de lois et de règles différents et de politiques inéquitables. Une transaction jugée illégale dans un territoire peut être autorisée dans un autre. Cela rend la poursuite des contrevenants très difficile. Par exemple, Marc Rich, un financier international suisse, fait face à de nombreuses accusations de fraude, d'escroquerie et d'évasion fiscale aux États-Unis. Toutefois, la Suisse refuse son extradition prétextant que les accusations «sont reliées à des infractions ne touchant que des lois fiscales, économiques et monétaires»[18]. Sous la compétence suisse, de telles infractions commises à l'étranger ne sont pas sujettes à l'extradition.

Il en résulte une situation paradisiaque pour les blanchisseurs d'argent reliés au commerce de la drogue. «Les grands trafiquants tirent profit de ces différences dans les lois et les règlements internationaux pour amorcer des opérations de blanchiment à l'échelle de la planète» conclut un rapport publié en 1991 par la Gendarmerie royale du Canada. «Les différentes politiques régissant le secret des banques et les normes comptables rendent difficiles la vérification des comptes et le suivi de la filière administrative pendant que les obstacles diplomatiques et les différences entre les systèmes judiciaires nationaux sont une entrave aux enquêtes criminelles»[19].

Ces différences rendent extrêmement difficile la distinction entre les transactions légales et celles qui ne le sont pas, ainsi que l'a découvert la police du Toronto métropolitain lors d'une enquête sur une petite agence de voyages torontoise. Leur enquête commença lorsqu'on constata que l'agence avait déclaré un chiffre d'affaires de $16 millions pour une période d'opération de deux mois seulement. Cette somme représente huit fois le chiffre d'affaires annuel d'une agence comparable. Ce n'était pas là le seul fait louche. Les 16 millions étaient parvenus à l'agence en argent liquide, ce qui n'est pas le mode de paiement usuel de la majorité des gens que ce soit pour leurs billets d'avion ou leurs forfaits en Floride. La curieuse destination de l'argent suscitait également des coupçons. De Toronto, l'argent fut transféré à New York, en Argentine pour finalement aboutir en Colombie, le fief des plus importants exportateurs de cocaïne.

Si l'idée que cette agence masquait des profits de cocaïne vous a traversé l'esprit, vous n'êtes pas seul à y avoir pensé! Craig Law, sergent-détective aux services de renseignements de la police métropolitaine de Toronto, avait de tels soupçons. Ce policier costaud d'âge moyen était aussi l'expert en blanchiment d'argent de la police de Toronto.

«Nous avons examiné les sommes d'argent transitant dans cette agence», nous dit-il. «Il y en avait pour des dizaines de millions... cela ne représentait pas du tout le nombre de billets d'avion vendus.»

Nous avons parlé à Craig Law dans son bureau sans fenêtre du quartier général en mars 1992, quelques semaines avant son décès. Dans les bureaux adjacents décorés de photos de criminels, de cartes géographiques, de rapports étranges portant sur des opérations secrètes, d'autres enquêteurs travaillaient sans relâche sur des dossiers volumineux ou tapaient laborieusement sur le clavier de leur ordinateur. Law a consacré plusieurs années de sa vie à tenter de cerner les méandres empruntés par les blanchisseurs. C'était presqu'une obsession et, comme il l'expliqua dans le cas de la petite agence, discerner le légal de l'illégal devint une source permanente de frustration.

«J'ai investi un temps fou et beaucoup de ressources humaines dans cette opération et tout cela ne nous a menés nulle part!» nous dit-il, une pointe d'exaspération dans la voix. Après plusieurs cafés noir, il expliqua comment ses nombreuses demandes d'information aux banques sud-américaines pour découvrir la destination ultime des fonds s'étaient heurtées à un mur d'obstruction. Les registres comptables de la petite agence s'avérèrent tout aussi frustrants: on avait ventilé les 16 millions dans d'autres activités économiques plus «acceptables». «Dans ces cas d'argent entremêlé, il est virtuellement impossible de discerner l'argent acquis légalement de celui qui ne l'est pas», nous dit-il.

En résumé, les résultats furent maigres. Il n'y eut que des soupçons de «tenue de livres imaginative», ce qui n'est pas un acte criminel en soi, et une «vague explication» de la provenance des fonds —un curieux procédé visant à profiter du commerce international. Bref, il n'y avait aucune preuve tangible. «Peu importe l'angle par lequel j'abordais ce cas, je n'arrivais pas à identifier un chef d'accusation relié à la drogue ni même à un crime économique». Law fit une pause et ferma les yeux lentement. Cette affaire l'affligeait visiblement. «Et on a toujours une petite agence de voyages multimillionaire, et en liquide s'il vous plaît!» dit-il en haussant la voix. Secouant la tête il murmura: «Le blanchiment est extrêmement difficile à prouver».

Le facteur qui facilite, en fin de compte, le blanchiment de toutes sortes — et entrave ses tentatives de mise à jour — est l'une des qualités particulières de l'argent. Cette qualité qui est tout aussi utile et indispensable au commerce d'aujourd'hui: L'argent peut, bien sûr, prendre plusieurs formes. C'est un moyen pratique d'échange et une source sûre et impérissable de bien-être. «Grâce à l'argent, on n'a plus besoin de traîner un cheval pour aller acheter quelques tonneaux de vin et craindre qu'il ne se casse une patte pendant le transport»[20]. Aussi important pour les marchands que pour les blanchisseurs, l'argent préserve l'anonymat, est facile à transporter et constitue une réserve que seuls l'inflation et les bouleversements économiques peuvent atteindre. Le dollar qui aura acheté une bière le matin pourra acheter un livre dans l'après-midi. Le dollar acquis par un acte criminel ne sera pas différent de celui qui a été gagné honnêtement. Il conserve sa valeur quelle que soit la façon dont il est utilisé ou acquis, ou indépendamment de celui qui le possède.

L'empereur romain Vespasien a probablement été le premier à identifier cete particularité de l'argent. Un jour, il décida d'augmenter ses revenus en taxant les toilettes publiques. Les Romains s'opposèrent, particulièrement son fils mortifié Titus qui se plaignait que l'argent sentait mauvais. Il n'en est rien, répliqua l'empereur. Pour prouver ses dires, il porta une pièce au nez de son fils et lui demanda quelle odeur il percevait. Le chaste Titus avoua ne rien sentir. Et pourtant, lui dit son père, maintenant l'argent est fait d'urine et de matière fécale[21]. Ceci explique l'adage: «Pecunia non olet» qui peut se traduire ainsi: «L'argent n'a pas d'odeur». Cet adage était si vrai qu'il subsista jusqu'à nos jours, longtemps après la mort de Vespasien en 79 avant Jésus-Christ.

Le message que Vespasien nous a légué est avant tout pratique. La principale caractéristique de l'argent n'est pas d'être propre, sale ou noir. Ce n'est pas non plus sa provenance ni la façon dont on l'utilise. Elle découle plutôt d'un agencement de plusieurs autres facteurs: Puis-je l'utiliser partout dans le monde ou simplement dans ma cour? Vaudra-t-il moins demain qu'aujourd'hui ou, dans le cas d'inflation galopante comme en Amérique du Sud, sa valeur sera-t-elle la même cet après-midi que ce matin? Vaut-il mieux l'épargner ou l'échanger rapidement contre des biens de consommation comme l'essence, le pain ou du bétail?

Le système financier international est tout aussi anonyme. Ses mérites ne résident pas dans la pureté relative du flot monétaire qui alimente ses artères. Il a d'autres préoccupations: répartir facilement et efficacement le capital, honorer rapidement les chèques et supporter adéquatement le flot international d'argent nécessaire pour combler nos besoins en biens et services. Il n'y a qu'un pas à faire pour entrevoir la curieuse symbiose existant entre cette caractéristique fondamentale de l'économie mondiale qui nous assure une prospérité collective, et ce qui facilite, par le fait même, le blanchiment de l'argent. Il y a près de deux mille ans, c'est cette essentielle neutralité qui permit à Vespasien d'imposer sa taxe.

Il aurait certainement été émerveillé par les formes multiples que peut prendre l'argent aujourd'hui, quoiqu'il aurait probablement été moins surpris de la facilité avec laquelle les fonds légitimement acquis et les fonds «sales» fraient ensemble. Si la célèbre pièce de monnaie de l'histoire n'avait pas d'odeur les puces informatiques, elles, pivot central du système bancaire moderne, ont franchi un pas de plus. Elles sont non seulement inodores, mais elles sont intangibles et invisibles! Une petite fraction seulement de la masse monétaire mondiale existe sous la forme tangible de billets et de pièces de monnaie. La majeure partie réside dans ces puces de silicone qui forment les registres informatiques comptables enfouis au fond des bases de données des banques.

Confirmant ce concept, un juge canadien décida en 1985, dans l'affaire Pinto (du nom de Luis Pinto, un important blanchisseur américain), que: «Une balance de crédit est intangible et prouve simplement que la banque a reçu une certaine somme en dépôt». Une inscription aux registres comptables, écrit-il, ne constitue pas, par conséquent, une preuve tangible. Ce jugement empêcha la police de saisir des fonds douteux que Pinto avait déposés dans une banque montréalaise. Tout ceci entraîna une vague de protestations dans la communauté policière canadienne et l'adoption de la loi sur le blanchiment de l'argent qui entra en vigueur en 1989.

Malgré l'entrée en vigueur de cette nouvelle loi, il est toujours ardu d'amasser des preuves incriminant les blanchisseurs qui utilisent à leur avantage le système financier international. En quelques minutes et pour quelques dollars, il est possible d'envoyer un million de dollars à l'autre bout du monde. À chaque jour ouvrable, des dizaines de milliers de transactions, impliquant des centaines de milliards de dollars voyagent à dos de puces électroniques. Au Canada seulement, les transferts monétaires électroniques dépassent le trillion annuellement. Tous les jours, la Banque Royale manipule entre 3,5 et 4 milliards de dollars en devises étrangères et plus d'un milliard en obligations.

Toutes ces transactions respectent l'adage de notre ami Vespasien. Toutes tendent à se ressembler, comme un dollar ressemble à un autre. L'argent est utilisé pour payer des importations et des exportations, pour acheter de l'aluminium de Jamaïque ou pour vendre du papier journal québécois à l'Espagne par exemple. L'argent peut aussi être prêté ou investi dans un autre pays: pour mettre sur pied une usine d'embouteillage au Zimbabwe ou pour ouvrir un restaurant «fast food» en Pologne. Il y a des spéculateurs d'argent partout à travers le monde espérant tirer profit des petites différences entre la valeur des devises sur différents marchés. Sur le marché du commerce international seulement, on peut facilement calculer des transactions totalisant 600 milliards US chaque jour. Finalement, il y a aussi l'argent impliqué dans l'activité incessante des places boursières à travers le monde. Repérer l'argent «sale» ou «noir» dans ce vaste torrent monétaire est pratiquement impossible.

Le blanchiment offre un rendement financier intéressant pour qui peut se permettre d'y mettre le prix et de supporter d'être associé à une entreprise de mauvais goût. «Il est évident que le fait de procurer des services financiers clandestins à ceux qui en ont besoin peut s'avérer extrêmement lucratif» nous affirme l'économiste américain Ingo Walter[22]. Les hauts frais exigés pour ce genre de services constituent la principale raison pour laquelle les petits revendeurs de drogue et les truands de deuxième ordre sont tentés de cacher eux-mêmes leurs profits. «Ces «petits» ne possèdent pas l'expertise ni les contacts nécessaires pour s'engager dans une opération de blanchiment sophistiquée», conclut un rapport de la GRC en 1990[23]. Des truands américains, par exemple, ont tout simplement enterré leur argent plutôt que de le blanchir. Selon le magazine *Forbes*: «Un agent du FBI, maintenant à la retraite, se souvient encore de l'odeur de moisi que dégageait l'argent reçu d'un membre de la mafia afin de payer un cautionnement. L'argent avait été enterré pendant une longue période de temps»[24].

Les plus gros auront plutôt tendance à se fier à des spécialistes pour fournir un alibi à leurs profits douteux. Plusieurs sont des professionnels, le droit et la comptabilité étant des atouts pour qui veut se joindre à la confrérie des blanchisseurs. Un rapport fédéral a établi une liste des qualités recherchées chez les membres de ces deux professions par les blanchisseurs: «Grande expertise, haut niveau dans l'échelle sociale, crédibilité au sein de la communauté financière, et, dans le cas des avocats, le caractère privilégié des communications qu'ils ont avec leurs clients est protégé par le système judiciaire»[25].

Prenons l'exemple de Gary Casilio, accusé en 1991 à Calgary d'avoir tenté de blanchir des millions de profits provenant de la drogue. Pas une tache au dossier de cet ancien associé d'un prestigieux bureau d'avocats de Vancouver. Comme l'a mentionné l'un de ses anciens associés au journal *Province* de Vancouver: «Il avait une forte constitution et une grande endurance. Il était très compétent dans tout ce qu'il entreprenait. C'était un homme charmant»[26]. Mais comme le montréalais William O'Bront l'a prouvé, vous n'avez pas besoin d'être avocat pour devenir un brillant blanchisseur d'argent. La Commission québécoise d'enquête sur le crime organisé, dans les années 70, découvrit que ce millionnaire, propriétaire de salaisons et de boîtes de nuit, avait blanchi plus de 83 millions d'argent «sale» par l'entremise d'un réseau de commerces et de compagnies fantoches[27].

Tous les Casilio et O'Bront du monde ne vendent ultimement qu'une chose: le secret financier. Walter, économiste américain et pionnier dans l'analyse du blanchiment, affirme que le coût du secret financier «dépend principalement de ce qu'il pourrait en coûter au client si les chiffres qu'il veut cacher étaient divulgués. Plus coût est élevé, plus le client veut payer»[28]. Dans les faits, ce coût est calculé selon un pourcentage de l'argent blanchi et est déterminé par deux facteurs: la difficulté de la tâche et la notoriété du client. Les cas les plus faciles de blanchiment entraîneront des frais de 3 ou 4%, les plus compliqués pourront coûter plus de 10% au requérant.

Les origines de ce secret financier sont aussi anciennes que le système bancaire lui-même. Dans l'ancienne Babylone, où on a trouvé les premiers vestiges d'activités bancaires, on y trouve également, quoique de façon indirecte, les premières références au secret financier. Le code de Hammourabi, célèbre roi babylonien ayant vécu en 1800 avant J.-C., précise les conditions strictes dans lesquelles un banquier peut divulguer ses dossiers: seulement en cas de conflit avec un client. Sinon, les archives doivent demeurer scellées[29].

Les raffinements commencèrent au seizième siècle avec la naissance du système bancaire moderne. En 1593, on voit apparaître les premières références écrites au sujet du secret bancaire. «Vous n'êtes pas autorisés à divulguer de l'information à des personnes autres que le «déposant», ses avocats ou sa famille immédiate, sous peine d'être démis de vos fonctions ou pénalité plus sévère». Cette affirmation apparaissait dans les statuts d'une très vieille banque italienne, qui sera au centre d'un immense scandale financier dans les années 80: La Banco Ambrosiano. En 1693, Louis XIII de France alla plus loin en émettant un décret royal stipulant: «Le secret bancaire est absolument nécessaire dans les transactions impliquant les banques, l'échange d'argent, le commerce ou les finances»[30].

Mais ce sont les Suisses qui se sont créés la plus grande réputation en matière de secret financier. Si l'on se fie à la version populaire de l'histoire, en 1934, la Suisse édicta une loi très sévère en matière de secret bancaire afin de protéger les déposants juifs des rapaces nazis. La vérité est cependant un peu moins glorieuse. Nicholas Faith, un journaliste anglais découvrit que l'acceptation de cette version tient davantage à une absence de curiosité historique. Il apporta des preuves établissant que la loi suisse avait été adoptée dans un but beaucoup moins noble: l'intérêt commercial du pays[31]. Toujours selon Faith, le principal facteur de motivation des Suisses fut le fait que plusieurs de leurs grandes banques étaient acculées à la faillite en raison du retrait massif des fonds étrangers. La plus grande cause de l'inquiétude des déposants étrangers étaient les efforts constants du gouvernement français pour briser le secret bancaire suisse et inspecter les comptes bancaires de ses citoyens. Comme il le précise : «Le cas de la Banque d'escompte Suisse — qui tomba en 1934 — illustre que la situation se serait détériorée beaucoup plus rapidement si la confiance des investisseurs étrangers envers l'imperméabilité du secret bancaire suisse n'avait pas été restaurée par des mesures positives»[32].

Le secret bancaire a d'autres effets secondaires beaucoup moins évidents. Il peut y avoir des gains importants ou de lourdes pertes, par exemple, selon le côté du guichet bancaire où vous vous retrouvez lors du décès d'un détenteur de compte secret. Et parmi l'héritage des deux grandes guerres du vingtième siècle, un grand nombre de comptes secrets non réclamés «gonflèrent les coffres de plusieurs banques européennes... La révolution russe ruina quelques-unes des plus riches familles, la plupart possédant des comptes secrets»[33]. Si un détenteur de «compte à numéro» décède et qu'aucun membre de sa famille ne connaisse le lieu, le numéro, ni même l'existence de ce compte, personne ne pourra réclamer l'argent. Dans des cas semblables, la banque est censée tenter de retracer les bénéficiaires. Cependant, si eux aussi ont été tués, comme ce fut le cas de beaucoup d'aristocrates russes en 1917 ou des victimes de l'Holocauste, l'argent revient à la banque ou au pays d'origine du détenteur du compte.

Le secret bancaire n'est pas une mauvaise chose en soi. Après tout, qui a envie que le reste de la planète connaisse son histoire financière en détail? Quelle compagnie voudrait que son concurrent puisse avoir accès à ses transactions financières? La difficulté réside dans la différenciation entre le secret que nous désirons tous et celui qui protège les profits d'un baron de la drogue ou d'un dictateur. La tâche n'est pas facile et constitue le principal problème rencontré par les banques qui veulent faire échec aux blanchisseurs.

Le consultant Chuck Morley, ex-enquêteur au Internal Revenue Service américain en sait quelque chose. Un de ses clients, une banque multinationale qu'il refuse d'identifier, décida d'entreprendre un exercice draconien touchant tous ses comptes afin de s'assurer qu'il n'y avait pas de «pommes pourries» dans le panier parmi ses clients. L'envergure de l'opération était colossale: elle impliquait le criblage de milliers d'individus et de firmes et de dizaines de milliers de transactions complexes. De fait, l'enquête s'avéra être, et ce bien involontairement, un test révélateur sur les différentes politiques mises en place pour identifier l'argent sale. Les enquêteurs de Morley utilisaient les techniques et critères les plus récents pour attester la probité des clients de la banque. Plusieurs de ces techniques furent développées par des agences gouvernementales et des banques, tentant de mettre à jour le blanchiment, en faisant le maximum d'efforts pour découvrir l'identité de leurs clients. Les résultats de cette opération furent mitigés, ne faisant que soulever des doutes concernant l'utilité potentielle de l'approche: «Connaître son client».

Morley affirma à un sous-comité du Sénat américain: «Il était incroyablement compliqué de séparer le bon grain de l'ivraie. Et nous connaissions les clients dans plusieurs cas... Dans un cas de commerce international, par exemple, nous verrions défiler des millions de dollars, arrivant au pays et le quittant par les différentes ramifications d'une compagnie. Comment affirmer que cet argent était légitime ou plutôt qu'il provenait de profits reliés à la drogue? Comment faire la différence? Nous avons éprouvé beaucoup de difficultés à répondre à cette question»[34].

Alors, pourquoi investir tant de temps à l'identification des pommes pourries? Pourquoi se soucier du blanchiment d'argent, finalement? Pour l'unique raison que ces échanges camouflés constituent un point de vulnérabilité dans le système, puisque essentiel à ceux qui tirent profit des nombreux maux qui affligent notre monde.

Que serait-il arrivé si des dictateurs tels Jean-Claude Duvalier d'Haïti ou Ferdinand Marcos des Philippines n'avaient pu blanchir leur butin en toute sécurité? Imaginez toute la nourriture, le logement, les soins médicaux que les fortunes des Duvalier et Marcos auraient pu procurer aux millions d'habitants des fétides bidonvilles de Port-au-Prince ou de Manille.

Dans le même ordre d'idée, le commerce international des narcotiques serait grandement perturbé si les milliards de dollars que rapporte annuellement ce trafic, ne pouvaient plus être blanchis. Il fut un temps où l'on mesurait les progrès de la lutte antidrogue à la quantité de stupéfiants saisis. On s'apercevait que les quantités de cocaïne ou d'héroïne saisies faisaient rarement grimper les prix: Il y a toujours eu suffisamment de stock pour rencontrer la demande.

C'est pourquoi les policiers des brigades des stupéfiants concentrent maintenant leurs efforts sur les systèmes permettant aux barons de la cocaïne ou aux magnats de l'héroïne d'amasser leurs fortunes et d'en profiter. Les paiements aux revendeurs, en échange de doses de cocaïne ou d'héroïne, constituent la partie vitale du commerce de la drogue. Comme l'a déjà affirmé Jack Blum, ancien enquêteur du Sénat américain, se concentrer seulement sur les petits revendeurs et les consommateurs équivaut à essayer de fermer les portes de la General Motors en arrêtant les vendeurs d'automobiles.

Les bénéfices potentiels qu'il y a à s'attaquer à ceux qui tirent le plus de profits du commerce de la drogue sont alléchants. Nous n'avons qu'à considérer le coût social que représentent les dizaines de milliers de consommateurs de narcotiques qui vivent dans la misère de nos grandes villes, de Miami à Montréal, de Venise à Vancouver. Il faut aussi prendre en considération les millions de personnes touchées par le problème social engendré par ce trafic odieux. Les pertes économiques créées par la consommation illicite des drogues au Canada sont estimées à 4,6 milliards par année, si l'on se fie aux chiffres de la Fondation sur la recherche en toxicomanie. Bien sûr, ce sont les contribuables qui défraient la facture des corps policiers qui luttent contre la drogue et celle des rares programmes de réhabilitation tentant laborieusement d'aider les victimes de ce fléau. Les payeurs de taxe sont encore mis à contribution, d'une façon: En effet, ils paient aussi la note quand des revenus potentiels d'impôts obtenus légalement ou non sont aspirés à l'étranger, ou quand des fraudeurs ferment boutique, aiguillant secrètement leurs profits à l'extérieur du pays ou, finalement, lorsque les banques doivent imposer les coûteuses mesures antiblanchiment.

Les politiciens semblent sensibles à ce problème. Depuis que le blanchiment d'argent provenant de la drogue est devenu un sujet qui reçoit beaucoup d'attention dans les médias, les politiciens se prononçant contre sont assurés d'obtenir des votes. L'engagement de s'attaquer au blanchiment des profits de la drogue était au centre des discussions du Sommet des sept grands pays industrialisés qui a eu lieu à Toronto en 1988. (Mentionnons toutefois que la bataille contre d'autres types de blanchiment, incluant celui qui emplit les poches des dictateurs, n'a jamais été envisagée! Telles sont les exigences de la politique internationale). À la fin de 1990, les ministres des Finances européens adoptèrent une réglementation commune concernant le blanchiment des profits de la drogue. Les Nations-Unies firent aussi des efforts en ce sens.

Ce sont les États-Unis, toutefois, qui donnèrent la charge. On discuta de cette question à de nombreuses audiences du Congrès. Des lois sévères ont été promulguées, de même qu'une réglementation forçant les institutions financières à consigner toute transaction en liquide de plus de 10 000$. Un essaim de forces de l'ordre sont en place et vigilantes. Les Américains comptent aussi sur leurs alliés. Le Canada, pour n'en nommer qu'un, a senti la soupe chaude, comme le prouvent certaines dépêches diplomatiques confidentielles de l'époque. Après que les Américains aient accusé le Canada d'être une «buanderie» pour l'argent de la drogue, l'ambassade canadienne à Washington s'empressa d'expédier une dépêche confidentielle à Ottawa le 6 octobre 1989 (rendue publique grâce à la Loi sur l'accès à l'information): «Les États-Unis se tournent vers leurs amis et alliés pour qu'ils se joignent à la bataille et fournissent toute l'aide morale et matérielle dont ils sont capables... Dans l'intérêt général, il est important que les États-Unis perçoivent que nous faisons vraiment notre part».

Comme cela est si souvent arrivé dans le passé, les États-Unis ne se soucièrent pas de leur voisin du nord. S'ils l'avaient fait, ils se seraient rapidement aperçus que le Canada retroussait ses manches. Le gouvernement canadien implantait de nouvelles normes, très strictes en matière comptable visant toutes les institutions financières et tous les professionnels, tels les avocats, qui agissent comme fiduciaires de l'argent de leurs clients. Cela facilitera le travail des policiers pour suivre les filières bancaires. Le 1er janvier 1989, en vertu du projet de loi C-61, le blanchiment de l'argent devint un crime. Malgré ses faiblesses, ce projet de loi connut certains succès, incluant le fait que plus de gains monétaires reliés au commerce de la drogue furent saisis qu'avant sa promulgation. 38 millions furent saisis en 1989 comparativement à 2,7 millions en 1984. Durant les trois premières années de la loi, 60 millions d'actifs furent saisis. Dans un cas bien précis, en mai 1990, la GRC mit la main sur un centre de ski, quatre copropriétés, deux maisons et de nombreux véhicules automobiles incluant une Mercedes-Benz estimée à 100 000$. Tout ce butin, totalisant 6 millions, appartenait à un prospère caïd de la drogue exerçant ses activités à partir de sa base de North Hatley, dans les Cantons de l'Est.

Les banques canadiennes emboîtèrent le pas, elles aussi, en implantant des mesures internes plus sévères visant l'argent obtenu grâce au commerce de la drogue. Elles dénoncent maintenant, chaque mois, des douzaines de clients suspects aux autorités policières, leur donnant ainsi un précieux coup de main.

À l'heure actuelle, cependant, les résultats obtenus au Canada sont loin d'être spectaculaires. La Gendarmerie royale du Canada a découvert cependant qu'il est beaucoup plus facile de saisir des sommes acquises illégalement que de les gérer. Les actifs saisis doivent être gérés adéquatement dans l'attente de la décision du tribunal, laquelle peut entraîner la perte de jouissance des biens. Citons comme exemple le cas du centre de ski de l'Estrie qui, en dépit de sa vue imprenable et de son confortable chalet, s'est avéré un cauchemar à gérer. De plus, malgré l'augmentation du nombre de transactions douteuses déclarées aux autorités, trop peu de procureurs et d'officiers de police ont été adéquatement formés pour faire face à ces situations. Localiser l'argent blanchi implique une quantité de travail colossale, un obstacle majeur en une période où le gouvernement est plutôt près de ses sous. Comme l'a déploré cet officier de la GRC débordé: «Ce qu'un blanchisseur «lave» en un après-midi peut prendre un mois pour un enquêteur à démêler».

La principale faiblesse du projet de loi C-61 est son aspect territorial. En effet, contrairement à la législation adoptée aux États-Unis, elle ne couvre pas les mouvements d'argent trans-frontalier. Les criminels peuvent continuer d'expédier d'énormes sommes à l'extérieur du pays et en faire pénétrer tout autant, pratiquement à leur guise. De plus, les forces policières affirment que le fardeau de la preuve nécessaire pour geler les fonds est si exigeant que les criminels ont suffisamment de temps pour en disposer avant que la «paperasserie» légale ne soit complétée. Il en est de même pour les profits de certaines sortes d'activités illicites qui, paradoxalement, sont permises au Canada. La police torontoise l'a appris durement à ses dépens. Vers la fin des années 80, elle démantela une impressionnante opération visant à faire entrer au pays des immigrants asiatiques illégaux. Pendant que le réseau était démantelé, des millions de dollars de profits de contrebande dormaient paisiblement dans les coffres des banques de Hong Kong. Cet argent ne pouvait être saisi parce qu'il s'agissait d'infractions à la législation relative à l'immigration n'entrant pas dans le cadre très strict du projet de loi C-61. «La loi est très imparfaite» conclut Craig Law, ex-directeur de la division des produits du crime de la police de Toronto.

Même si, comme l'ont avancé certains critiques, ces mesures n'auront servi qu'à identifier les petits revendeurs de drogues, existe-t-il de meilleures solutions? «Dans un système bancaire électronique, les banques serviront toujours à blanchir l'argent» nous dit le journal The Economist. Ce même journal suggère en dernier ressort une solution draconienne: l'abolition de toute forme d'argent comptant[35]. Cette solution n'est peut-être pas très pratique mais quelques leaders financiers dont Richard Thompson, président influent de la Banque Toronto-Dominion, soutient l'idée de se défaire d'au moins certaines formes d'argent comptant. Il existe de sérieux soupçons à l'effet que les blanchisseurs utilisent les coupures canadiennes de 1 000$. Il circulerait actuellement 1,38 million de telles coupures soit 1,38 milliard de dollars, quatre fois plus qu'il y a dix ans. La coupure de 1 000$ est fréquemment utilisée dans le commerce de la drogue[36]. Il semble donc logique de bannir cette coupure de la circulation. Des fonctionnaires du ministère des Finances affirment, sous le couvert de l'anonymat, que leurs comités consultatifs, composés entre autres de policiers et de banquiers sont réfractaires à poser un tel geste. Si l'on en croit leur expertise, certains groupes économiques seraient véritablement affectés par l'élimination de cette coupure. Les pêcheurs des côtes de l'Atlantique et du Pacifique, par exemple, utilisent fréquemment les coupures de 1 000$ lorsqu'ils vendent de grosses prises. Il semble que l'argent liquide est là pour rester, et pour longtemps!

D'autres difficultés, apparemment insurmontables, sont apparues aux banquiers et aux fonctionnaires du gouvernement qui étudiaient le moyen d'empêcher l'argent «sale» d'entrer dans le pipeline du monde de la finance électronique. «Comment diable pouvez-vous vous occuper d'un pareil volume de transactions sans arrêter le système au complet?» demandait un banquier expérimenté préférant garder l'anonymat. «99,9 % des transactions effectuées sont absolument légales, ce sont des transactions honnêtes. Peut-être y a t-il de petites évasions fiscales, mais nous ne pouvons intervenir dans ce domaine, tout est légal!» Il ajouta que le volume d'argent et les nombreuses voies qu'il peut emprunter partout dans le monde sont si grands «qu'une fois qu'il a pénétré le système électronique, l'identification de l'argent illégal devient très difficile, voire même impossible».

Que faire alors d'un monde financier si apparemment vulnérable au blanchiment de fonds illicites? Les secteurs de l'argent «sale» et de l'argent «propre» ne sont-ils, finalement, que les deux côtés de la même médaille? Les deux n'utilisent-ils pas les mêmes techniques et les mêmes instruments? Le journal *The Economist* nous répond par l'affirmative. Bien que référant aux profits générés par le commerce de la drogue, la conclusion du journal anglais pourrait s'appliquer à l'argent «sale» et «noir» de façon générale: «L'entreprise est trop vaste pour être isolée. Elle est devenue une composante du système financier»[37].

Extrapolez cet argument et vous entendrez bientôt les banquiers se comparer à des gestionnaires de services publics. Cedric Ritchie, par exemple, ex-président de la Banque de Nouvelle-Écosse à la retraite depuis peu, a déjà décrit les banques en ces termes: «Des véhicules d'argent au même titre que les bureaux de poste et les compagnies de télécommunication sont les véhicules quotidiens de l'information»[38]. Ce point de vue fut cité par des banquiers, pendant un certain temps, pour justifier leur inaction face au blanchiment de l'argent. La tâche principale d'une banque n'est-elle pas de manipuler de l'argent et ce, sans égard à sa légalité ou à ses vertus morales? Mais cela a changé, Dieu merci, grâce aux Canadiens qui ont été choqués par l'idée que leurs banques pouvaient être utilisées pour blanchir les profits du commerce de la drogue. «Nous ne pouvons plus nous fermer les yeux face à une telle situation et nous concevoir comme un service public servant à transporter de l'argent», nous dit un banquier ayant demandé de conserver l'anonymat. «La collectivité n'est pas prête à l'accepter».

En réponse à toutes ces pressions, les banques canadiennes ont tenté de réduire leur vulnérabilité. Ritchie affirme: «Nous acceptons sans réserve notre responsabilité quant à aider à briser la chaîne financière qui soutient le commerce de la drogue». Un délicat procédé d'équilibre financier est au coeur de leur stratégie. Il est important de traiter cette question «de manière à ne pas embourber le système sans que les gens aient l'impression qu'on viole leurs secrets financiers» nous dit Helen Sinclair, présidente de l'Association des banquiers canadiens[39].

Mais en agissant prudemment leurs efforts ne vont peut-être pas assez loin. En plus des failles dans l'approche des banques, incluant la technique

«Connaître votre client», les banques à travers le monde adoptent des standards différents. Si la Banque X de n'importe quel pays décide qu'elle accepte les profits du commerce de la drogue et l'intègre au système bancaire mondial, il n'y a pas grand-chose que puisse faire une banque canadienne lorsqu'elle reçoit les fonds. Le temps qu'on complète la transaction et il est déjà trop tard! Grâce à la Banque X, l'argent sale est devenu virtuellement impossible à différencier des fonds légitimes. «Tant qu'il n'y aura pas de standards universels, il sera toujours difficile d'attraper les blanchisseurs» nous dit notre banquier anonyme.

Aujourd'hui, les conditions semblent idéales pour mettre en place de telles mesures à une échelle internationale. La tendance mondiale à libéraliser les mouvements d'argent et de biens s'accentue. L'accord de libre-échange entre le Canada et les États-Unis en est un exemple. L'harmonisation au sein de la Communauté européenne et l'accord possible de libre-échange nord-américain en sont d'autres. Dans plusieurs régions du monde, les frontières ont tendance à disparaître et l'argent, les compagnies et les emplois se déplacent de plus en plus d'un pays à l'autre. Le pouvoir, nous disent plusieurs économistes, est transféré des États individuels à la mondialisation des marchés. Que ce soit bon ou mauvais, il est peu probable que ce mouvement s'arrête. Les implications du débat sur le blanchiment vont beaucoup plus loin. Comme nous informait un rapport fédéral fait en 1990: «La libéralisation des barrières commerciales et les limites aux règlements gouvernementaux rendront le blanchiment beaucoup plus facile en éliminant des barrières, et en donnant aux transactions une apparence encore plus banale»[40].

Finalement, l'arrêt de l'hémorragie de l'argent de la drogue et d'autres types de fonds douteux peut vouloir dire bloquer les artères du système bancaire international. En imaginant qu'on puisse effectuer cette manoeuvre, on se rend compte que le coût en serait astronomique et aurait des conséquences désastreuses sur les mouvements des capitaux «propres», en les restreignant. Entre autres choses, la libre circulation de l'argent dans le monde fait en sorte que les exportateurs et les importateurs sont payés promptement. C'est là une des clés du commerce et des échanges internationaux. À l'autre bout de la lorgnette, les consommateurs ont grand intérêt à ce que les transaction électroniques de l'argent puissent bien se développer. Sinon il ne sera plus possible de retirer de l'argent jour et nuit, n'importe où dans le monde des guichets automatiques des banques. (La prochaine génération de ces machines bancaires permettra au consommateur d'échanger des devises étrangères automatiquement. Imaginez le cauchemar pour les corps policiers rattachés à la lutte contre la drogue!) Le prix à payer en vaut-il la peine? Les moyens entrepris fourniront-ils des résultats? Les réponses à ces deux questions demeurent entre les mains des politiciens et de leurs électeurs.

Chapitre 3
LES TRUCS DU MÉTIER

«J'ai probablement manipulé plus de coupures de 1 000$ que n'importe qui d'autres au pays». Voilà l'étrange affirmation que nous fit notre aimable interlocuteur en croisant les jambes, bien installé dans sa confortable demeure de style victorien au centre-ville de Toronto. Et ce n'est pas de la vantardise; simplement un état de fait. Il y aurait, en effet, beaucoup plus à dire de cet homme rondelet et bronzé, au comportement avenant, que ce que les apparences nous révèlent. Jusqu'en juin 1987, Donovan Blakeman fut l'administrateur (non pas le propriétaire s'empresse-t-il de nous préciser) d'une entreprise immobilière prospère impliquée dans des projets immobiliers à Barrie, au nord de Toronto ainsi qu'à Kitchener en Ontario. Cette entreprise avait également des intérêts en Floride de même qu'à St-Kitts, dans les Caraïbes, où elle y avait d'importantes parts dans la First Trust Corp. Cette entreprise, certes très prospère, était cependant d'un type assez inhabituel amenant régulièrement Blakeman à visiter quelques-uns des paradis fiscaux les plus secrets du monde. Le financement de ses projets se faisait également de façon pour le moins non conventionnelle: de fortes sommes sous forme de chèques au porteur, pouvant être encaissés par n'importe qui les avait en sa possession, atterrissaient dans la boîte aux lettres de sa maison de Toronto. Il n'a jamais su qui en faisait la livraison. Il ramassait aussi, tranquillement, d'énormes quantités d'argent liquide, contenues dans des valises ou des sacs de papier brun, dans des bars ou dans quelque autre endroit,

Pendant près de cinq ans, Donovan Blakeman, le prospère investisseur immobilier et avocat à la retraite de 47 ans, fut aussi Donovan Blakeman l'expert-blanchisseur. Il contribua ainsi au blanchiment des profits du commerce international de la drogue pour des sommes atteignant 100 millions entre 1982 et 1987, l'année où il fut arrêté. Il n'était pas qu'un simple artisan de cette escroquerie. Il était le maître d'oeuvre d'une structure de blanchiment de l'argent qui fut la plus complexe à jamais être complètement mise à jour au Canada. Et aux dires des agents de la brigade des stupéfiants reliés à l'affaire, il n'aurait jamais été découvert si les fins pour lesquelles elle avait été mise sur pied n'avaient pas été elles-mêmes compromises. «L'escroquerie aurait pu se poursuivre éternellement», nous affirma Blakeman lui-même.

Elle impressionna tellement la GRC que celle-ci utilise ce complexe enchevêtrement corporatif qu'on a appelé «Spaghetti Jungle», comme modèle pour la formation de ses agents. Car il s'agissait ici de l'un des dossiers les plus importants de blanchiment d'argent relié à la drogue au Canada. Une étude fédérale conclut que le cas Blakeman: «...mérite une attention spéciale compte tenu du nombre impressionnant de compagnies utilisées, de la diversité des méthodes de blanchiment employées par ces entreprises et de la somme blanchie par cette structure»[1].

«Je m'occupais de tout», admit Blakeman. «Je dirigeais l'affaire, je transportais l'argent, j'effectuais les transactions. Peut-être est-ce la raison pour laquelle mon cas est si spécial». Pour son travail, Blakeman recevait des honoraires de 1 000$ par semaine, une part anticipée des profits de 1 000$ par semaine, et une allocation pour ses dépenses. Il devait, de plus, recevoir 25% de tous les profits que généreraient les investissements qu'il gérait. Hélas, le travail de la police fit en sorte qu'il n'y eut, finalement, aucun bénéfice.

Examinons maintenant l'ampleur de cette structure. On y trouvait une multitude «d'enveloppes corporatives» (*shell companies*). Onze de ces entités anonymes — qui n'étaient qu'un peu plus qu'un simple numéro d'enregistrement — étaient établies dans les îles Anglo-normandes. Quinze autres se trouvaient dans différents paradis fiscaux: le Libéria, les îles Vierges britanniques, les Cayman, les Antilles néerlandaises et la Suisse. Pour équilibrer tout cela, Blakeman constitua quatorze compagnies actives au Canada et contrôla une myriade de comptes bancaires internationaux. Cette impressionnante et nébuleuse structure corporative embrouillerait quiconque tenterait de la mettre à jour. Le système servait parfaitement l'employeur de Blakeman, Timothy Neeb, pour blanchir ses nouveaux profits. Neeb, qui fut auparavant un agent immobilier de London aux allures juvéniles, était à la tête d'une organisation qui contrôlait le marché lucratif du haschich et de la marijuana dans le sud de l'Ontario; et Blakeman était son conseiller en gestion. Neeb aurait simplement pu blanchir ses profits illicites à l'étranger. Mais ce n'est pas ce qu'il voulait. Car il désirait plutôt se forger une image légitime d'homme d'affaires prospère au Canada. Cela nécessitait, cependant, des opérations beaucoup plus difficiles et compliquées.

«Ces composantes sont comme les pièces d'un casse-tête; vous placez les pièces une à une pour satisfaire les exigences de votre client» nous dit Blakeman, qui s'est retiré de la pratique du droit en 1979 et fut radié définitivement du Barreau en 1990.

L'organisation de Neeb importait la marijuana, à pleins camions, de la région de Guadalajara au Mexique. Quelques-uns allaient vers la Colombie-Britannique mais la plupart se rendaient en Ontario en traversant la frontière américaine, la drogue cachée dans des compartiments secrets. La majeure partie de la marijuana était distribuée à partir d'un entrepôt de ferme situé au nord de Toronto. Pour payer les fournisseurs, les courriers transportaient des millions de dollars en liquide, parfois cousus dans des chandails, à destination du Mexique. Pendant quatre mois en 1986 seulement, 35 000 livres de marijuana furent achetées et payées 22 millions US en argent comptant. La GRC mit cette affaire à jour lors d'une opération appelée *Outrage*, grâce à un ancien associé de Neeb qui devint informateur après avoir été arrêté en 1986. Neeb fut condamné à treize ans de prison en 1990.

Son administrateur, Blakeman, fut arrêté en Angleterre en juin 1987 et plaida coupable à des accusations de blanchiment en 1989. Pendant ce temps, un coffre-fort à l'hôtel de Blakeman contenait 250 000$ en liquide, pour couvrir ses honoraires judiciaires. La Couronne recommanda une réduction de peine suite à son «aide substantielle» pendant l'enquête. Même s'il fut condamné à deux ans de prison, Blakeman n'y séjourna que 10 mois, en raison de son état de santé précaire. Blakeman affirma qu'il ne connaissait pas la provenance de l'argent: «Je n'ai jamais posé de questions, c'est là que réside mon crime. Je n'ai jamais demandé. J'aurais dû!»

Blakeman ne supervisait pas tous les aspects des opérations de blanchiment d'argent. D'autres prenaient en main l'énorme manipulation d'argent liquide généré par les transactions reliées directement à la drogue. Disposer physiquement de ces sommes prodigieuses d'argent liquide est un problème commun dans le monde de la drogue, même pour les plus grands trafiquants. On appelle cette étape du blanchiment: l'étape du placement ou «le cycle de lavage» (*wash cycle*). Selon une déclaration faite sous serment devant un tribunal américain en 1989, l'un des fondateurs du cartel de la cocaïne de Medellin, Pablo Escobar, avait tellement de problèmes à exporter son argent, qu'une fois, 400 millions en argent liquide ont pourri dans une cave, en Californie. Cette anecdote, racontée par un informateur du gouvernement américain, ne fut cependant jamais vérifiée, mais montre bien la difficulté de ce problème.

«L'argent liquide est lourd et requiert un très grand espace de range-ment», nous dit Peter Djinis, procureur au département de la Justice améri-cain. «Et, contrairement à la drogue, qui peut être remplacée à moindre coût, dès que l'argent liquide est saisi par les autorités, tous les profits des trafiquants sont perdus d'un seul coup»[2].

Tous les petits vendeurs du coin reçoivent de l'argent comptant pour leur marchandise, généralement en petites coupures. De la même façon, les revendeurs paient leurs acomptes aux fournisseurs comptant, souvent en petites coupures provenant aussi des ventes de la rue. Ces profits de la rue, provenant de petites transactions, se multiplient de façon exponen-tielle et deviennent des torrents d'argent canalisés par des spécialistes comme Blakeman.

Le dollar américain est l'unité monétaire privilégiée dans le com-merce de la drogue. Selon une estimation, les petites coupures générées annuellement par les ventes de drogues aux États-Unis pèseraient approxi-mativement 26 millions de livres[3]. Le fait qu'il existe un vaste trafic de devises américaines non contrôlé est largement responsable de l'écoule-ment de cette énorme quantité d'argent. Selon la Federal Reserve Board (la banque centrale américaine), plus de 100 milliards US sont exportés hors des frontières américaines et deviennent, de ce fait, hors de son con-trôle. Une des principales causes à ce trafic vient surtout du fait que, depuis quatre décennies, le dollar américain vaut plus que la monnaie locale dans plusieurs régions du monde. De fait, dans de nombreux pays, les marchands préfèrent se faire payer en dollars américains. C'est avec une grande appré-hension qu'ils accepteront d'être payés en monnaie locale légale mais pra-tiquement sans valeur comme le rouble, le leu ou la gourde. Pour les habi-tants de plusieurs pays les dollars américains, remplissant les matelas ou empilés dans des boîtes de métal, constituent la meilleure assurance contre les aléas de la vie courante. Si vous avez besoin d'un médecin spé-cialiste à Bucarest ou êtes désespéré au point de vouloir quitter le Vietnam en chaloupe, les dollars américains feront l'affaire.

Il n'est pas surprenant qu'un système financier souterrain ou paral-lèle ait vu le jour afin de blanchir et recycler ces douteux dollars améri-cains. En Amérique latine, par exemple, vous trouverez sans peine une horde de *cambios*, ces bureaux de change de monnaies non officielles. Ils sont très populaires parce que plusieurs gouvernements d'Amérique latine contrôlent sévèrement les exportations de devises étrangères. Les expor-tateurs colombiens, par exemple, doivent convertir leurs dollars américains en obligations du gouvernement d'un terme de douze mois. Ils subiront une très lourde pénalité financière si les obligations sont encaissées avant terme[4]. C'est ce qui explique pourquoi les commerçants qui achètent des biens et services étrangers préfèrent échanger l'argent local contre des devises américaines au marché noir des cambios. Ils utiliseront le même moyen s'ils désirent sortir de l'argent du pays, advenant une détérioration du climat économique local. Grâce à ce marché noir, il n'y a pas de preuves sur papier et les fonctionnaires du fisc n'en sauront jamais rien. Cette logique commerciale s'applique évidemment à merveille aux trafiquants de drogue. On soupçonne, d'ailleurs, ces derniers d'être les principaux fournisseurs de devises américaines aux louches cambios ce qui leur fournit, par la même occasion, une façon pratique de se départir des énormes quantités de dollars US amassés dans le gigantesque marché américain de la cocaïne[5].

Au Canada, les blanchisseurs encombrés ne peuvent avoir recours aux services des pratiques cambios du voisinage. Tôt ou tard, il doivent plonger et injecter leurs liasses de billets soigneusement accumulées dans le réseau financier conventionnel. La route la plus rapide entre deux points étant souvent la ligne droite, c'est celle qu'un trafiquant américain fort insolent emprunta, un jour. Le 26 juin 1986, il entra dans une banque de Vancouver en transportant trois boîtes de carton remplies d'argent comptant. Il y avait 806 000$ US incluant 25 700 coupures de vingt dollars. Il avait aussi 4 000$ de plus dans l'une des poches de son pantalon[6]. Peu de trafiquants ont les nerfs aussi solides aujourd'hui, surtout depuis que les banques sont plus méfiantes envers les gros dépôts d'argent liquide.

Pour contourner le problème, les trafiquants engagent maintenant un grand nombre de courriers inoffensifs pour effectuer plusieurs petites transactions. On appelle cette technique le «schtroumpfing» (*smurfing*), faisant référence aux petits bonhommes bleus des bandes dessinées. Des dames âgées sont aussi employées à l'occasion. Mais personne n'a été aussi inventif que Gary Hendin, un avocat de St-Catherines maintenant radié du Barreau de l'Ontario. L'un des courriers de Hendin était un jeune garçon de quinze ans, qui livrait ses colis d'argent à bicyclette. Il effectua ainsi des dépôts bancaires totalisant 250 000$. Un ex-blanchisseur d'argent colombien m'a déjà affirmé que son escouade de «Schtroumpfs» travaillait sans relâche de neuf heures à cinq heures, du lundi au vendredi, effectuant de petits dépôts dans divers comptes de la région de Toronto.

Les entreprises recevant beaucoup d'argent liquide comme les stations d'essence ou les lave-autos constituent aussi des véhicules très efficaces pour camoufler l'argent de la drogue. Une augmentation des dépôts en argent liquide peut facilement se justifier par un plus grand acha-landage, tant et aussi longtemps que les impôts sont payés en conséquence.

Quelle a été la solution choisie par l'organisation de Neeb? Des femmes très ordinaires ramassaient les fonds que d'autres avaient trans-portés, habituellement dans les centres commerciaux du Toronto métro-politain ou dans des centres industriels. Elles apportaient ensuite leurs sacs de sport remplis de coupures de dix et de vingt dollars à un innocent bureau de change du quartier financier de Toronto, Friedberg and Co., sur la rue Bay. L'argent était alors transformé en chèques au porteur, beaucoup plus faciles à manipuler, en coupures de 1 000$ canadien et de 100$ américain. On appelle cette étape «le raffinage» (*refining*) puisqu'elle consiste à réduire le volume d'argent liquide recueilli sur la rue. Puis Blakeman fina-lisait le tout.

Comment Blakeman a-t-il pu acquérir cette expertise? Aucune faculté de droit n'offrant encore le cours «Introduction au camouflage de fonds illicites», Blakeman nous dit: «Vous ne faites que suivre votre ins-tinct dans tout cela». Les principes de base sont, de fait, fort simples. «Il n'y a que quelques façons de se procurer de l'argent: vous pouvez le gagner, ou le recevoir sous forme de prêt ou de don. Alors si quelqu'un a des fonds illicites à blanchir, il doit s'arranger pour qu'ils aient l'air d'avoir été ga-gnés de l'une de ces façons: gagné, emprunté ou reçu sous forme de don, d'héritage ou quelque chose du genre. Cette dernière option n'est pas nécessairement la plus facile. En ce qui concerne la forme de l'emprunt ou le gain en salaire, vous devez créer une société de prêt ou une entre-prise. Toutes les entreprises utilisent les services d'une banque. Vous devez alors trouver une banque qui acceptera vos dépôts d'argent liquide... C'est la partie la plus facile de l'opération: les gens entrent dans les banques par-tout dans le monde et y déposent leur argent...»

Blakeman transportait lui-même les chèques au porteur et les grosses coupures pour les déposer dans des comptes de banques situées dans des endroits comme l'île de Jersey, les îles Cayman et St-Kitts. Quatorze comptes étaient ouverts à la Brown Shipley (Jersey) Ltd., une banque de commerce de Jersey. «Pourquoi de l'argent liquide?» me demanda le direc-teur de la banque, intrigué et suspicieux. Blakeman lui fournit une expli-cation très simple: plusieurs investisseurs immobiliers faisant affaire avec lui préféraient transiger en argent liquide. Le directeur de la banque parut apaisé de cette explication, mais il exigea tout de même que Blakeman lui fournisse des références. Blakeman lui en fournit deux de Toronto: son avocat et son directeur de banque, ce qui fut jugé satisfaisant par le directeur de la Brown Shipley Ltd. Tout ceci étant réglé, on put faire les énormes dépôts d'argent comptant.

(Une conversation similaire eut lieu entre un avocat de Vancouver, blanchisseur d'argent, et le directeur d'une succursale de la Bank of Credit and Commerce Canada. Selon une déclaration sous serment de la GRC, le directeur de la banque, Irshad Karim, interrogea l'avocat sur des transactions douteuses impliquant de l'argent liquide américain. Son interlocuteur lui répondit: «Je suis avocat, j'effectue des transactions pour mes clients». La banque décida de ne plus poser de questions, de crainte «de perdre un gros client qui échangeait de fortes sommes en devises étrangères»[7].)

Blakeman nous fait remarquer qu'il était un visiteur comme les autres dans les paradis fiscaux: «Je me souviens être allé aux îles Cayman, un jour... Je faisais la file à la banque, il y avait six personnes devant moi, toutes transportant des sacs de plastique ou de papier brun. Elles effectuaient toutes des dépôts d'argent liquide. Un autre jour, je m'envolais vers les îles Anglo-normandes. Deux Africains étaient à mes côtés, chacun transportant une valise. Ils gardaient leur valise à portée de la main et avaient même acheté un billet d'avion supplémentaire pour pouvoir la déposer près d'eux. Je suis certain qu'ils sont descendus de l'avion et sont entrés dans une banque qui accepta leurs dépôts».

Blakeman utilisait la voie la plus sûre pour transférer l'argent et des outils financiers facilement convertibles lors de ses transactions à l'étranger, nous précise Rod Stamler, ex-commissaire adjoint à la GRC: «Ce système ne laisse pas de preuve documentaire derrière lui au Canada». Ce qui rend ce système si efficace est le fait que, contrairement aux États-Unis, il n'y a aucune obligation légale, au Canada, de déclarer à la douane des sorties de capitaux en argent liquide du pays. Blakeman se rappelle être souvent passé sous le nez des douaniers de l'aéroport et de leur détecteur à rayons X avec une mallette remplie d'argent liquide. Les gardiens de sécurité étaient souvent surpris de voir tout cet argent, mais le laissaient tout de même passer: «pas de bombe ni d'arme à feu, tout est en règle! Il n'y a aucune formalité douanière relativement à la sortie d'argent liquide».

Une fois déposés, les fonds étaient séparés et canalisés vers différents comptes appartenant à une multitude d'enveloppes corporatives (*shell companies*). Les profits de la drogue acquéraient alors une nouvelle identité. Les policiers de la brigade des stupéfiants nomment cette opération du blanchiment: «la stratification» (*layering*). Cette opération consiste à «transférer les fonds dans différents comptes par une série de transactions complexes, dans le but de brouiller les pistes de ce procédé illégal»[8].

Cacher les origines de ces profits criminels n'est qu'une partie du cycle du blanchiment d'argent. «L'étape suivante consiste à faire revenir les fonds du paradis fiscal et à les maquiller afin qu'ils aient une apparence de gain légitime» nous dit Stamler. Sinon, les trafiquants de drogue ne pourraient jouir des fruits de leur labeur. Et c'est dans ce but que Blakeman mit en place sa complexe structure corporative: il en profita également pour initier une autre technique. Celle-ci, couramment utilisée et difficile à détecter, pourrait être qualifiée de «blanchiment par remboursement de prêt» (*loan-back laundering*). L'argent déposé à l'étranger est recanalisé au Canada et aux États-Unis par une combinaison de prêts et d'investissements effectués par diverses compagnies, réelles ou fictives. Les deux principales entités corporatives utilisées par Neeb étaient Erintree Inc. au Canada et Greenbrook aux États-Unis. Toutefois, aucun des prêts n'était directement relié à Neeb ou à Blakeman même si l'argent prêté appartenait à cette organisation de la drogue. L'idée maîtresse de ce plan était de créer l'impression que Neeb, le caïd de la drogue, dépendait d'investisseurs étrangers pour le financement de ses projets immobiliers.

«Lorsque vous créez des compagnies, vous essayez d'en cacher les propriétaires» nous dit Blakeman. Pour atteindre ce but, Blakeman rechercha des territoires permettant aux propriétaires d'entreprises de conserver l'anonymat. Ce sont des endroits où les compagnies peuvent être incorporées et les actions détenues par un prête-nom, ou, plus simplement, des endroits autorisant la propriété d'une entreprise par des titres au porteur. Beaucoup de paradis fiscaux offrent de tels services.

«Une fois que vous avez établi une telle compagnie, l'entreprise vous prêtera de l'argent ou le mettra à votre disposition sous forme de garantie sur prêt bancaire. Ou vous la rendrez active et la dirigerez; donc vous recevrez un salaire pour vos services. Une fois ces paramètres établis, vous n'avez plus qu'à trouver des banquiers coopératifs. Ils sont payés pour recevoir vos dépôts en liquide; ils fermeront donc les yeux. Ceux qui créeront les entreprises pour vous ou ceux qui les vendront fermeront aussi les yeux. Et ceux qui tiennent vos actions en fiducie pour vous, eux aussi fermeront les yeux.»

Cette forme particulière d'affection oculaire est commune dans les paradis fiscaux, nous dit Blakeman. «Rendez-vous dans un paradis fiscal, chez l'une de ces firmes de gestion qui répond aux critères mentionnés et examinez les plaques identifiant les compagnies qu'elles gèrent. Vous découvrirez les noms de centaines de compagnies, gérées par une même firme. 99% de ces compagnies sont probablement gérées dans l'anonymat. En vérité, il s'agit là de blanchiment d'argent du même acabit que ce soit pour des motifs d'évasion fiscale, d'activités criminelles ou de détournement de fonds».

Blakeman était très doué pour créer des structures d'apparence légitime. Comme il l'a écrit, en mai 1987, dans une note de service envoyée à Neeb: «Je crois que nous avons réussi à créer l'illusion que nous sommes deux hommes d'affaires se rendant à l'étranger afin d'y trouver du financement pour des projets en relation directe avec nos entreprises...» Un de leurs projets était un complexe immobilier sis à West Palm Beach, en Floride. Parmi les avoirs de Blakeman on retrouvait également un complexe de copropriétés à Kitchener (Ontario) et un projet domiciliaire à Barrie, aussi en Ontario. L'achat de terrains pour un projet domiciliaire, par exemple, sera financé par un prêt consenti par une de leurs compagnies étrangères. Tout dividende, profit ou intérêt sera méticuleusement inscrit au registre et envoyé à l'étranger, à l'une des entités corporatives appartenant à l'organisation de Neeb.

Les enquêteurs étaient fascinés par les manipulations financières de Blakeman. En septembre 1986, quelque 3 millions furent investis dans la First Trust Corp. de St-Kitts. De ce montant, 2,6 millions furent convertis en actions privilégiées offrant un rendement de 9%. Le même montant fut subséquemment prêté à la Penmarric Ltd., une compagnie libérienne enregistrée faisant partie de la «Spaghetti Jungle», à un taux d'intérêt équivalent de 9%. Comme nous le précise un enquêteur-comptable: «Dans une transaction normale, il est inhabituel qu'il n'y ait pas de différence entre les taux des intérêts qu'on reçoit de ceux qu'on paie. Des taux d'intérêt égaux équivaut à n'obtenir aucun rendement sur cet argent; c'est tout à fait contraire aux lois du commerce et du profit». En d'autres termes, puisque emprunter et prêter au même taux d'intérêt ne servent en rien l'intérêt commercial, ces transactions ne peuvent avoir qu'un seul but: brouiller les pistes. Ce genre de transactions constitue le meilleur indice de blanchiment d'argent.

Aucune accusation ne fut portée contre la First Trust Corp. qui s'avéra être un participant involontaire à cette opération de blanchiment. Il n'y a probablement pas de meilleure façon de blanchir des fonds sales que de le faire à travers une institution financière qui vous appartient. Blakeman affirma toutefois qu'il était plus intéressé aux profits potentiels pouvant être générés d'une telle opération pour légitimer ses entreprises que par son utilité comme agent de blanchiment. De fait, l'affaire de la First Trust Corp. ayant été si profitable, en 1987 Blakeman commença à envisager la possibilité d'acheter une institution de prêt et d'épargne d'Atlanta ayant cinq succursales et une compagnie de prêt ayant un actif de plus d'un milliard en prêts hypothécaires. Cette entreprise possédait aussi une division de construction. L'achat ne se fit jamais, Blakeman étant arrêté peu de temps après avoir écrit la note de service confirmant ces faits.

Cet écrit nous donne d'ailleurs un aperçu des efforts prodigieux déployés par Blakeman pour éviter les grappins du fisc. Tel qu'il le mentionne à Neeb, dans cette note, saisie dans sa maison par la police en mai 1987: «Le but premier des compagnies à l'étranger est de servir d'étape dans le retour des fonds que vous ne pourriez utiliser autrement. Cela nous était rendu possible par le fait que les lois fiscales canadiennes et américaines comportaient une combinaison de mécanismes et de lacunes qui rendaient attrayants les investissements en Amérique du Nord par des étrangers.»

«Cette méthode était normale pour des étrangers qui investissaient dans ces deux pays (Canada et États-Unis) et pouvaient ressortir leurs fonds sans avoir à payer d'impôts. L'idée de base, dans les deux pays, était d'injecter des fonds dans divers projets générant un taux normal ou élevé d'intérêt. L'intérêt pouvait être payé sans taxes et en même temps constituait une dépense aux yeux du fisc canadien et américain, ce qui réduisait les profits imposables dans ces deux pays.»

Une véritable armée de comptables et d'avocats fut constituée en Floride et au Canada pour obtenir des avis fiscaux. Blakeman se rappelle: «Nous nous réunissions constamment. Nous disions que nous connaissions des investisseurs étrangers voulant apporter leur argent au pays et nous leur demandions la meilleure façon de le faire. Tous les gens consultés nous remirent des avis écrits parce que cette démarche impliquait des investisseurs étrangers voulant investir dans un complexe immobilier en Floride». Toutefois, cette onéreuse planification fiscale fut effectuée en vain, les trois principales entités corporatives de Neeb furent reconnues coupables d'évasion fiscale par la suite.

Blakeman tente maintenant de refaire sa vie. Il admet avoir fait des erreurs et en avoir payé le prix: son séjour en prison, où il a subi une crise cardiaque presque fatale, sa radiation du Barreau et la mise en vente de sa luxueuse maison. Il est aussi difficile pour lui de se débarrasser des fantômes de son ancienne vie. Empilées dans le vestibule de sa demeure, des douzaines de boîtes de documents, contenant les dossiers des compagnies de

Neeb, attendent patiemment. Blakeman voudrait bien les brûler et rompre complètement son lien avec le passé, mais il ne peut le faire. La loi canadienne l'oblige à les conserver pendant dix ans. Revenu Canada lui a d'ailleurs fait parvenir une directive personnelle à ce sujet. Blakeman est aussi très réticent à dévoiler les dessous de son ancienne profession et il a une bonne raison: Il a déjà reçu plusieurs offres de gens désirant exploiter sa célèbre expertise. «Non merci. J'ai déjà donné!» leur répond-il fermement

Un comptable (ou bien Neeb ou Blakeman, dans ce cas) aurait apprécié la qualité de la tenue de ces livres: ils étaient méticuleusement tenus à jour. Des colonnes nettes détaillaient les factures: quantités, dates de livraison, même les dépenses les plus infimes étaient notées. D'autres colonnes enregistraient les sommes dues, les paiements effectués, les arrérages de dettes. De quoi s'agissait-il? Des livres comptables d'un importateur prospère? D'une certaine façon, oui. C'était les dossiers d'une compagnie colombienne, la Company, qui, pendant une brève période en 1990, fournissait environ 30% de la cocaïne vendue au Québec et en Ontario. Avant d'être fermée par la police en décembre 1990, la Company avait généré des profits estimés à 100 millions sur une période de trois ans. Pendant que Blakeman oeuvrait pour une organisation canadienne, les blanchisseurs de la Company «lavaient» les profits de l'autre force majeure dans le domaine illicite de la drogue au Canada: les multinationales du crime. Leurs registres comptables, laborieusement tenus, nous fournissent une chronologie des activités de cette structure d'entreprise appropriée au Canada: la filiale.

Les blanchisseurs de la Company étaient-ils performants? Les registres nous en racontent l'histoire. «Ils sont remarquables» nous dit Bill Blair, un affable inspecteur de la police métropolitaine de Toronto. Ce dernier scruta les registres comptables d'une année entière que la compagnie conservait à Toronto. Des registres parallèles étaient tenus en Colombie, là où la majorité de la cocaïne mondiale est produite et d'où elle est exportée. Il y a une pointe de respect dans la voix de Blair lorsqu'il décrit ce qu'il a trouvé. Une location de voiture? Un document est consigné. Une dépense de 50$? C'est là aussi! Un envoi massif d'argent à être blanchi? C'est encore là. «Tout est précis dans ces livres», nous dit Blair. «Une livraison de 122 kilos arrive. On consigne qui l'a reçu et toutes les dépenses assumées par l'organisation. Lorsque la drogue est expédiée à l'étranger, on débite le compte. Lorsque vous effectuez des paiements, vous arrivez automatiquement à un équilibre comptable. Les montants sont stupéfiants».

La Company est une organisation colombienne type. L'argent et la drogue ne sont jamais mêlés. Blair nous dit encore: «Les gens impliqués dans la perception de l'argent, à la comptabilité, à l'entreposage ou au blanchiment de l'argent sont totalement séparés de la division de l'organisation qui s'occupe de la drogue». Même les gens oeuvrant aux différents stades du blanchiment sont isolés les uns des autres, pour ne pas mettre tous les oeufs dans le même panier. Plus d'un groupe s'occupe de chaque stade du blanchiment et aucun ne contrôle le labyrinthe entier du blanchiment. «C'est une organisation de type cellulaire. Si vous lui coupez un bras, il en repoussera bien vite un autre», rajoute Blair.

La tenue des livres de la Company était effectuée par une Colombienne, diplômée en comptabilité, qui utilisait une innocente maison privée comme façade. Elle avait été recrutée aux États-Unis spécifiquement pour la filiale torontoise. Elle ne faisait pas seulement la comptabilité, elle s'occupait aussi quelques fois de ramasser l'argent. En un jour seulement, elle pouvait ramasser des centaines de milliers de dollars en argent liquide qu'elle ramenait simplement à la maison qu'elle partageait avec sa soeur et une autre femme. Blair affirme: «Elles mettaient l'argent en liasses et les entassaient dans le coffre de la voiture. L'une des femmes transportait alors l'argent vers une autre adresse». De là, une cellule distincte de blanchiment prenait la relève. La tâche de cette cellule consistait à convertir l'argent canadien en argent américain, l'unité monétaire privilégiée dans les transactions de drogue, une opération difficile à effectuer aux États-Unis. Il est, en effet, si compliqué de convertir l'argent canadien en argent américain, dans le monde de la drogue, que certains blanchisseurs en ont fait une spécialité. Un avocat de Vancouver, par exemple, «a échangé 3,1 millions canadiens en devises américaines, entre mars 1985 et juillet 1987. Cela nécessita dix-huit transactions qui impliquèrent des montants variant chaque fois de 56 000$ à 396 000$»[9].

La Company utilisait de nombreux bureaux de change de Toronto pour atteindre ses fins. Pour faire traverser l'argent au sud de la frontière canadienne, on utilisait souvent une flotte de camions Ford blancs munis d'ingénieux compartiments secrets qui avaient contenu de la cocaïne lors du trajet en sens inverse. «Ils les amenaient remplis de cocaïne en Ontario et au Québec, les nettoyaient et les remplissaient d'argent», nous dit Blair. Les stades subséquents de blanchiment étaient effectuées aux États-Unis. Les profits atteignaient éventuellement la Colombie.

Les convoyeurs d'argent, membres d'une multinationale criminelle, devenaient, en apparence des employés transférés d'une grande entreprise temporairement en poste au Canada. C'était là une tâche plus simple que celle qu'exécuta Blakeman et son employeur Neeb. Les Colombiens n'avaient pas besoin d'exporter les profits de la drogue à l'étranger et de les rapatrier par la suite, bien enveloppés dans leur bel emballage de légitimité. Leur seul but était de faire passer leurs gains en sécurité de l'autre côté de la frontière. Les deux organisations avaient cependant besoin, toutes les deux, d'une institution qui leur ouvrirait les portes du système financier international.

S'il n'en tenait qu'aux blanchisseurs canadiens, ils préféreraient retenir les services de l'une des six grandes banques canadiennes. Non seulement celles-ci dominent-elles le marché, s'accaparant la part du lion dans toutes les transactions effectuées au Canada, mais elles offrent en plus une intéressante variété de services internationaux, une lacune constatée dans les compagnies de fiducie ou les caisses d'épargne. Pour les blanchisseurs, les six grandes banques à charte représentent un guichet unique leur permettant de se procurer tous les services qui leur sont nécessaires: conversion en devises étrangères et véhicules monétaires pratiques tels que: traites bancaires, chèques certifiés ou mandats. Plus important encore, les six grandes banques contrôlent les artères du système financier électronique du pays. Par le biais de ce système, un client montréalais peut facilement envoyer des fonds à une succursale de sa banque aux Bahamas ou aux îles Cayman, par exemple. Le réseau des guichets automatiques, d'un océan à l'autre, Interac est aussi un rouage important du système. Il existe aussi des systèmes informatiques embryonnaires qui permettent aux compagnies d'être reliées directement à d'autres.

Le fait que les banques aient un accès unique au système international de transferts électroniques est spécialement attrayant pour les blanchisseurs. Tous les jours, ces systèmes manipulent pour plus de 1 trillion US en transactions. Au premier plan on retrouve le «Clearinghouse Interbank Payment System» situé à New York, mieux connu sous le vocable CHIPS. Il s'agit, en résumé, d'un ensemble de puissants ordinateurs Unisys, regroupés dans une grande pièce bleue à Manhattan, permettant la concrétisation de toutes les transactions effectuées en dollars américains dans le monde. (En cas de désastre, un système identique, dans un autre édifice, peut prendre la relève en quelques secondes). Par exemple, si une compagnie d'aluminium montréalaise achète de la bauxite de la Jamaïque et que le contrat est établi en devises américaines, CHIPS acheminera le paiement au vendeur. Un réseau électronique spécial relie quelque 140 banques à New York — incluant des succursales des institutions canadiennes majeures — au système CHIPS. Les banques ne font pas que satisfaire les besoins de leurs propres clients mais représentent aussi des centaines d'autres banques à travers le monde. Comment cela fonctionne-t-il? Revenons à la compagnie montréalaise qui achète de la bauxite. Lorsque vient le temps de payer la note la banque, membre du réseau CHIPS, enverra un message à sa succursale newyorkaise. Si la banque n'est pas membre du réseau, elle en contactera une autre avec qui elle a des ententes à New York. De toute façon, un message atteindra les ordinateurs de CHIPS qui transféreront les fonds à la banque représentant les intérêts du fournisseur jamaïcain. Tout cela se fait en un clin d'oeil. Les transferts de fonds effectués par CHIPS sont relativement anonymes, ce qui avantage grandement les blanchisseurs. Et c'est sans surprise qu'on apprend que ce système qui gère de si grands volumes d'argent quotidiennement, ne soit soumis qu'à très peu de contrôle concernant les transactions qu'il achemine.

Une étude fédérale sur le blanchiment le confirme: «Le transfert électronique d'argent représente l'un des moyens les plus efficaces et les plus populaires pour blanchir les profits du crime»[10]. Et l'on cite le cas suivant, tiré des dossiers de la GRC: «D'une succursale de la Bank of Tokyo (Canada) à Vancouver un blanchisseur, oeuvrant pour le compte d'un groupe de trafiquants de drogue, transféra électroniquement des fonds à trois banques différentes au Japon. Une partie de l'argent aboutit en Thaïlande pour l'achat d'héroïne. En tout, 302 000$ des 563 000$ identifiés par la police comme étant des profits du crime furent blanchis de cette façon»[11].

Plusieurs efforts furent déployés (particulièrement par l'administration américaine) pour trouver une façon de contrôler les transferts monétaires électroniques issus des systèmes majeurs comme CHIPS. Ils eurent peu de succès. Jusqu'à maintenant, du moins, les méthodes proposées pour identifier les transactions douteuses ne semblaient utiles qu'à paralyser complètement le système.

«Plus vous effectuez de contrôles au sein du système, plus le risque est élevé que vous ralentissiez le processus» nous dit l'inspecteur Bruce Bowie, expert de la GRC en blanchiment d'argent. «Et personne, dans notre secteur, ne tient à voir la communauté financière internationale à genoux parce que des mesures restrictives gouvernent les transferts électroniques d'argent. C'est un problème auquel personne n'a encore trouvé de solution. Le volume d'argent transféré dans le monde chaque jour est si grand! Le besoin de vitesse d'action est si fondamental et les gens sont devenus tellement habitués aux transactions financières rapides que je ne sais pas comment un contrôle peut être possible».

Il n'y a pas que les institutions financières majeures qui aient accès au tranfert électronique. Les grandes villes s'enorgueillissent d'offrir plusieurs points de service permettant d'effectuer des transactions de change monétaire étranger, l'encaissement de lettres de change et la réception et l'expédition d'argent par télex. Il en existe tellement qu'il est devenu pratiquement impossible de réglementer cette pratique. Bill Blair, de la police métropolitaine de Toronto eut connaissance d'un cas où une organisation colombienne reliée au trafic de la cocaïne télégraphia 100 000$ à un contact de Toronto. La voie empruntée: «Un petit dépanneur d'un quartier résidentiel de classe moyenne» ajoute Blair. Il leur en coûta 3$ et le télex arriva. On en est là, comment espérez-vous contrôler cela, c'est tout simplement impossible».

Les banques sont peut-être attirantes, mais il ne faut pas oublier que les six grandes banques font des efforts pour enrayer le blanchiment et qu'elles demeurent toujours difficiles d'accès. C'est pourquoi les blanchisseurs se tournent vers les bureaux de change, un secteur de l'industrie financière relativement moins réglementé, et qui est apprécié par les «schtroumpfs» au service des trafiquants colombiens ou les vendeurs de marijuana comme Neeb, entre autres. Plusieurs de ces comptoirs peuvent convertir de fortes sommes, sans poser de questions, en chèques au porteur ou d'autres instruments financiers plus commodes. Blair se rappelle le cas d'un intermédiaire colombien qui traitait la majorité de ses affaires avec un bureau de change pour touristes du gouvernement ontarien. Il était situé près d'une grande autoroute, dans le sud de l'Ontario. Blair nous dit que le blanchisseur «avait un commerce tout près de là. Sa femme se rendait au bureau de change et effectuait environ 60 000$ en transactions par jour. Il n'y avait rien d'illégal là-dedans».

Quelques bureaux de change acquièrent même une réputation inhabituelle dans le monde interlope. Encore là, cela n'implique pas qu'ils s'engagent nécessairement dans des activités illégales ou les coordonnent. Un jour, par exemple, un vol bizarre s'est produit à l'extérieur d'un bureau de change du centre-ville de Toronto. Un homme, ayant un grand sac de marin fut agressé à la pointe du fusil par deux bandits. La victime disparut, tout comme les deux voleurs. Ces derniers furent cependant arrêtés par des policiers alertes. Dans le sac, il y avait 180 000$ comptant. Quand la police interrogea les voleurs, nous dit Blair, les deux bandits expliquèrent que tout le monde savait qu'on n'avait qu'à se rendre à ce bureau de change et attendre que quelqu'un arrive avec un grand sac. Il sera rempli d'argent comptant appartenant à des vendeurs de drogue. Vous n'avez plus qu'à le voler et personne ne portera plainte.

La nouvelle réglementation canadienne oblige maintenant les bureaux de change à tenir des registres de toutes les transactions impliquant de l'argent liquide, et ce, pour au moins cinq ans, fournissant ainsi des amorces de pistes à la police. Cela comblera-t-il cette lacune apparente dans le système? Personne ne peut l'affirmer!

Les blanchisseurs n'utilisent pas uniquement l'argent dans leur tractations. D'autres instruments dont la valeur est reconnue sont aussi mis à profit tels: l'or ou les pierres précieuses. Ce sont de bons instruments d'échange, même si le métal doré a perdu beaucoup de son lustre auprès des investisseurs au cours des dernières années. On ne se rabat plus sur l'or en premier recours lors de crises, comme on a pu le constater lors de l'invasion du Koweit par l'Iraq et des troubles en Union soviétique pendant l'été de 1991. Les réactions sur le marché de l'or furent minimes[12]. Néanmoins l'or demeure un véhicule attrayant pour blanchir de l'argent. Premièrement, il est facile d'en acheter et d'en vendre au Canada sans se faire poser de questions. Deuxièmement, l'or est accepté partout dans le monde comme moyen de paiement et peut se revendre facilement. On retrouve l'or sous plusieurs formes: de lingots, de plaquettes ou de pièces. Il peut aussi être acheté des institutions financières ou des marchands d'or, et prendre la forme d'un titre de propriété d'une certaine quantité du précieux métal jaune. Dans toutes ses formes, l'achat et la vente de l'or n'est pas très surveillé et exige seulement un minimum de formalités. Brian Sargent, ex-spécialiste de la division des crimes économiques à la GRC affirme: «Si un marchand d'or désire vous vendre 40 millions en or, très peu d'information sera demandée de part et d'autre pour que cette transaction se concrétise». Il n'y a pas de réglementation gouvernementale dans le domaine de l'or, ni de restriction sur les importations et les exportations ou de registre de transactions à tenir. C'est idéal pour qui veut cacher des profits de la drogue. Un rapport fédéral sur le blanchiment d'argent conclut: «L'absence de réglementation gouvernementale s'appliquant spécifiquement à l'or permet aux blanchisseurs criminels un accès facile au précieux métal comme véhicule de blanchiment. De plus, l'or acheté avec l'argent illicite au Canada pourra circuler librement à l'intérieur et à l'extérieur des frontières canadiennes»[13].

Dans quelle mesure l'or est-il utilisé comme agent de blanchiment? Personne ne le sait exactement, mais quelques indications sont tout de même troublantes. Sargent, qui a collaboré à cette étude fédérale, nous dit: «Ce que j'en comprends c'est que beaucoup d'or quitte le Canada dans des circonstances pour le moins suspectes. On ne pose pas beaucoup de questions, c'est un problème».

L'achat et la vente de pierres précieuses n'est pas non plus réglementé au Canada et constitue un véhicule attirant à cause de leur facilité à être transportées. Contrairement à l'or, toutefois, les pierres précieuses doivent être déclarées en entrant ou en sortant du pays. Selon l'étude fédérale: «Les blanchisseurs sophistiqués déclareront simplement les gemmes à la douane et paieront les taxes qui s'y appliquent. Il y a peu de raisons pour que les pierres attirent les soupçons des douaniers et la déclaration de douane donne encore plus de légitimité à cette forme de blanchiment»[14].

Les valeurs mobilières sont un autre véhicule de blanchiment apprécié. La Bourse de Vancouver a déjà été exposée comme étant l'un des endroits préférés des blanchisseurs. Toutefois notre étude fédérale conclut: «Les enquêtes policières n'ont pu identifier aucune place boursière spécifique au Canada, pouvant servir, à grande échelle, de véhicule de blanchiment»[15]. Il est vrai, néanmoins, que les obligations et les actions peuvent facilement devenir les formes finales de l'argent de la drogue déjà blanchi. L'anonymat peut être assuré par l'entremise d'une tierce partie tel un gestionnaire de portefeuille ou une «enveloppe corporative» (*shell corporation*) provenant d'un paradis fiscal. Les courtiers en valeurs mobilières deviennent une alternative attirante pour les blanchisseurs puisqu'ils remplissent de plus en plus des fonctions similaires à celles d'une banque — des comptes-chèques entre autres. Ce nouveau développement s'inscrit dans un processus mondial tendant à harmoniser les divers types d'institutions financières. Le résultat: les courtiers en valeurs mobilières sont maintenant perçus comme une alternative valable aux banques qui se méfient de l'argent sale[16].

Les moyens qu'on utilise pour cacher les violations aux règles régissant les valeurs mobilières sont les mêmes que ceux qui sont employés par les blanchisseurs d'argent de la drogue: les «enveloppes corporatives» (*shell companies*) et les paradis fiscaux par exemple. Différencier un genre d'infraction de l'autre peut devenir pratiquement impossible. Examinons un cas récent qui a fait l'objet d'une enquête par la Commission des valeurs mobilières de l'Ontario. On trouve, au coeur de cette affaire, un vétéran du courtage mobilier qui créa une série complexe de transactions sur des obligations fictives impliquant une longue chaîne d'intermédiaires. Le pivot de l'opération se situait dans cette Mecque du transit international, les îles Cayman. Le but premier de la plupart de ces transactions fantômes ne fut jamais clairement établi mais les résultats étaient pour le moins inhabituels: des centaines de milliers de dollars étaient transférés secrètement du Canada vers une mystérieuse entreprise des îles Cayman. Aucune preuve ne pouvait indiquer que ce cas aurait pu impliquer autre chose qu'une violation à la Loi sur les valeurs mobilières. L'enquête qu'un groupe d'étude fédéral fit sur des transactions similaires, émit une hypothèse inquiétante: «L'industrie des valeurs mobilières, conclut l'étude, doit être consciente du fait qu'elle est utilisée comme agent de blanchiment non seulement pour les profits de la drogue et d'autres activités criminelles mais aussi dans le cadre plus traditionnel d'illégalités relatives aux valeurs mobilières. Quand les deux se chevauchent, il devient souvent difficile de déterminer s'il s'agit d'une infraction aux règles relatives aux valeurs mobilières ou d'une tentative de blanchiment de fonds obtenus illégalement»[17].

L'imposition de mesures correctives concernant ce genre d'infractions, qui peuvent aussi cacher un procédé de blanchiment d'argent sale, est normalement de compétence provinciale. La préoccupation des législateurs étant de faire respecter les lois relatives aux valeurs mobilières, et non d'identifier les fonds blanchis, la probabilité de voir un contrevenant accusé de blanchiment est passablement réduite. Dans une telle éventualité, il serait accusé en vertu des lois provinciales sur les valeurs mobilières qui prévoient des peines beaucoup moins sévères que celles du Code criminel. Dans plusieurs cas, le contrevenant en vient simplement à un arrangement avec le législateur de la Commission des valeurs mobilières qui le semoncera pour la forme...

Les agences commerciales de transport de fonds sont aussi susceptibles d'être utilisées par les blanchisseurs. Avec leurs véhicules blindés et toutes les facilités dont elles disposent, elles peuvent facilement et efficacement transporter de l'argent partout dans le monde. La plupart de ces agences se font un devoir de connaître leur clientèle. Plusieurs refuseront de ramasser des fonds dans une résidence privée, par exemple. Mais elles peuvent être dupées elles aussi par des compagnies de façade. Sargent nous dit encore: «Si vous rencontrez une entité corporative contrôlée par une organisation criminelle ayant une parfaite apparence de légitimité, l'agence de transport de fonds participera, bien involontairement, à cette entreprise criminelle». En outre, ces camions transportent légalement des fonds à l'étranger plus facilement, justement parce qu'ils sont blindés. Ils transportent d'imposantes quantités de fonds et de valeurs mobilières quotidiennement de l'autre côté de la frontière. Sargent poursuit: «Il est impossible pour les postes frontière de vérifier chaque item qui traverse la frontière. Ils feront quelques vérifications au hasard. En utilisant les services d'un camion blindé pour le transport de vos valeurs, vous le faites d'une façon sûre et apparemment légale».

Les transferts d'argent électroniques, les camions blindés, les paradis fiscaux, les bureaux de change, sont tous des moyens de transport modernes. Mais ce ne sont pas les seuls qui soient utilisés par les grands trafiquants pour blanchir leurs profits. Quelques-uns exploitent encore des vestiges hérités des anciens systèmes bancaires qui ont survécu jusqu'à ce jour. Dans plusieurs parties du monde non occidental, on trouve une de ces formes, appelées banques souterraines. Ce sont de véritables canaux informels de manipulation d'argent qui ont des racines ethniques. Pas forcément illégales, ces banques ont attiré plusieurs blanchisseurs contemporains d'argent sale ou noir pour plusieurs raisons. Premièrement, elles tendent à offrir plus de discrétion et de confidentialité que les banques modernes qui se méfient de plus en plus de la provenance de l'argent. Deuxièmement, il est difficile pour les autorités occidentales de faire des enquêtes dans ces banques, à cause des différences culturelles et ethniques qui pourraient entraîner des problèmes d'interprétation[18]. «Dans la pratique, affirme William Cassidy, une autorité notoire dans le domaine des banques souterraines, les occidentaux ont des problèmes à différencier: «la transaction criminelle de la violation technique... la transaction inoffensive reliée à une culture spécifique de l'acte délibéré relié à la conspiration criminelle»[19]. Cet obstacle n'est pas insurmontable, suggère Cassidy: «Servez-vous de votre bon sens, relevez vos manches et soyez équitable dans vos négociations impliquant des traditions et coutumes étrangères» rajoute-t-il à l'intention des enquêteurs[20].

Personne ne sait à quand remontent ces systèmes monétaires parallèles mais certains sont des descendants des grandes banques mercantiles familiales florentines qui se multiplièrent en Europe, au Moyen-Âge. Selon l'inspecteur Bruce Bowie, l'expert de la GRC en blanchiment d'argent: «Certains de ces systèmes monétaires précèdent le système conventionnel que nous connaissons maintenant».

Les précurseurs des banques souterraines actuelles furent créés en réponse à un besoin commercial du temps. En Chine, durant la dynastie des T'ang par exemple, les échanges entre les provinces et leur capitale étaient devenus si volumineux qu'une nouvelle forme de paiement devint nécessaire. Les monnaies d'échange traditionnelles, comme l'or ou la soie, occasionnaient des problèmes logistiques de distance et de transport. Le nouveau système qui en résulta, très efficace et ingénieux, est connu sous le nom de «fuite des capitaux» (*flying capital*). Lorsqu'un marchand du sud, par exemple, effectuait une vente à la cour impériale, il ne ramenait pas nécessairement les fruits de sa vente avec lui. Il les déposerait plutôt chez le représentant du gouverneur de sa province dans la capitale. Celui-ci utilisait l'argent pour acquitter les taxes que devait payer la province au gouvernement central. Pour compléter la transaction, la province versait le montant équivalent à la transaction au marchand, lorsque celui-ci revenait chez lui, d'où le terme «fuite des capitaux». Les deux parties, le gouvernement et le marchand, bénéficiaient de cette transaction. L'administrateur provincial n'avait pas eu de problème à payer ses taxes à temps; le marchand y trouvait une méthode facile de rapatriement de ses profits[21]. Depuis le début des temps, différents systèmes informels pour prêter, échanger ou emprunter de l'argent ont évolué pour nous parvenir dans la forme que nous connaissons maintenant.

Entre autres choses, ils demeurent invariablement secrets, comptant toujours sur des voies non officielles pour transporter l'argent d'un endroit à l'autre, et ce à la satisfaction de tous. L'argent pour les «vieux jours» échappera ainsi aux éventuels abus gouvernementaux ou aux fluctuations des taux de change. En Ouganda dans les années 70, par exemple, beaucoup d'Asiatiques ont utilisé des moyens bancaires de ce genre afin de sortir secrètement leur argent du pays alors dirigé par le despote Idi Amin Dada. Plus récemment, dans le pays voisin, la Tanzanie, une structure souterraine permettait aux résidents de contourner les contrôles sévères sur les devises étrangères au pays de même que les préjugés socialistes anti propriété privée. Dans ce genre de système, de banques souterraines (*bedroom banking*), le banquier conservera généralement l'argent de ses clients «caché sous son lit»[22].

Des systèmes semblables existent aussi entre l'Europe de l'Ouest et le Moyen-Orient. Ils permettent à des travailleurs temporaires de contourner les règles régissant les mouvements de capitaux et de remettre clandestinement à leurs familles demeurées au pays leurs salaires obtenus dans les usines d'Allemagne ou de Belgique. Les fonds effectuent aussi le trajet inverse. Un homme d'affaires du Moyen-Orient m'a déjà affirmé que son père, bien nanti financièrement, a déjà utilisé un tel système afin de payer ses études en Europe.

«Ces systèmes bancaires n'ont pas été mis en place pour faciliter les activités criminelles», nous dit Bowie, «mais les criminels sont enclins à utiliser tout moyen possible susceptible de leur faciliter la corvée du blanchiment. L'utilisation d'un tel système ne cache pas nécessairement des intentions criminelles». Bowie compare cela aux liens qui existent entre un blanchisseur et les paradis fiscaux, comme les îles Cayman, qui furent établis dans un but légitime. «Parce que les infrastructures déjà en place favorisent la confidentialité des mouvements et de la propriété de l'argent, les paradis fiscaux sont des alternatives idéales pour les trafiquants de drogue».

Les plus recherchées de ces «banques souterraines» sont situées en Asie. Dans les communautés chinoises qui sont éparpillées partout dans la région nord du Pacifique, par exemple, les fonds peuvent transiter facilement à travers un réseau de marchands d'or, de bureaux de change ou maisons de commerce, sans passer par une banque moderne ou un transfert électronique de fonds. Plusieurs de ces établissements sont gérés à partir d'endroits et de pays différents, par des membres de la même grande famille chinoise[23]. Le même phénomène se rencontre dans le sous-continent indien, où des chercheurs ont identifié deux principales sortes de banques parrallèles. Le système «Hawala», que l'on retrouve dans le nord de l'Inde et au Pakistan, doit son nom au mot arabe *hawala* signifiant transfert, consignation ou allocation de paiement. Le système «Hundi», que l'on retrouve dans le centre et le sud de l'Inde tire son appellation d'un terme local signifiant «mandat bancaire».

Toutes ces différentes pratiques financières traditionnelles changent selon les groupes ethniques qui les utilisent et selon leurs origines géographiques. Leur façon d'opérer demeure, sous plusieurs angles, très similaires. Tout comme au temps de l'ancien système de la fuite des capitaux, différents scénarios permettent de transférer de l'argent efficacement, de façon sûre et anonyme, sans déplacement physique de fonds. On peut aussi transformer de l'or ou des diamants en devises étrangères ou convertir une devise en une autre au gré du client, et ce, de façon tout à fait légale[24]. Ce n'est pas seulement la confidentialité et la discrétion qui rendent ces méthodes attirantes, mais aussi leurs taux raisonnables, suggère une étude policière menée par les États-Unis et la Grande-Bretagne. Les banquiers Hawala de Grande-Bretagne, par exemple, offrent souvent de meilleurs taux de change et demandent des commissions plus basses que la plupart des banques «officielles» tandis que les banquiers chinois exigent toujours les mêmes frais, quelle que soit l'ampleur de la transaction. Tout compte fait, les banques souterraines sont idéales pour manipuler plusieurs variétés de fonds confidentiels, que vous vouliez exporter de l'argent d'un pays au climat politique instable, cacher des profits au fisc ou simplement blanchir des revenus issus du commerce de la drogue.

Comment l'argent se déplacerait-il de Toronto à Singapour? «Je contacterais le représentant torontois de l'un de ces systèmes bancaires souterrains» nous raconte Bowie en décrivant une procédure qui n'est pas sans rappeler celle utilisée au temps de la dynastie chinoise des T'ang. «Supposons que je veuille transférer de l'argent de Toronto vers Singapour: Je paierais un montant «X», dans ce cas-ci: 500 000$, au représentant torontois. Après cela, le représentant local communiquerait avec son associé de Singapour, par télégramme, téléphone ou tout autre moyen de communication efficace, pour lui donner les instructions de remettre 500 000$ à Monsieur X lorsque celui-ci se présenterait à ses bureaux. Tout cela est très très simple et surtout très, très accommodant». Un peu plus tard, les représentants de Toronto et de Singapour, souvent membres de la même famille élargie, mettront leurs livres au diapason. D'une façon plus pratique, cela se ferait lorsqu'un client du représentant de Singapour aurait besoin de 500 000$ à Toronto. L'argent ne traversera, du moins physiquement, aucune frontière.

Les banques parrallèles utilisent souvent des codes pour l'identification et le contrôle, un attrait de plus pour les trafiquants de drogue ou ceux qui craignent les perturbations dans leur pays. Les clients peuvent s'identifier en présentant un simple reçu, connu sous le nom de «chits», qui peut prendre des formes aussi variées qu'un ticket d'autobus ou une carte postale déchirée d'une certaine façon. Il y a aussi les estampes, sculptées de signes spéciaux et faits de bois ou d'autre matériau, qui font aussi office de signature. On les appelle «chops» et on les dit impossibles à copier. Un chops imprimé à l'encre sur une lettre, par exemple, peut servir de preuve d'identification de quelqu'un qui se présenterait pour recevoir le paiement d'une transaction effectuée à l'étranger, chez un marchand d'or apparenté à une famille exploitant une banque parallèle. Il s'agit de la meilleure façon de conserver l'anonymat du client.

Les banques souterraines opèrent dans un climat de confiance mutuelle. Si jamais l'argent s'égare, le client aura bien peu de recours légaux, spécialement si ses raisons de faire affaire avec cette banque sont le moindrement clandestines. De plus en plus, nous suggère une étude fédérale, des mesures drastiques sont prises pour que tout le monde reste honnête, du moins dans le système Hawala: «Ce système a longtemps été fondé sur la confiance entre les membres d'une même famille ou d'un clan. Toutefois, plus le système se répand, plus il y a de preuves que la peur de représailles violentes a un effet dissuasif rendant ainsi les partenaires honnêtes»[25].

On doute peu que les banques souterraines blanchissent les profits de la drogue, mais il n'existe pas d'unité de mesure pour en évaluer l'ampleur. Une étude effectuée en 1983 par la U.S. Drug Enforcement Administration rapporte que: «L'écoute électronique pratiquée chez quelques-uns des plus importants marchands d'or et maisons de commerce, par les autorités thaïlandaises et celles de Hong Kong, révèle d'énormes transferts de fonds issus du commerce de la drogue». Basé sur de nombreux cas impliquant le système bancaire souterrain chinois, le rapport concluait: «La plus grande partie du trafic de l'héroïne de l'Asie du sud-est étant contrôlée par des organisations chinoises, le système bancaire souterrain chinois, conjugué au vaste réseau de contacts commerciaux dans une grande variété d'entreprises chinoises multinationales, constituent un défi considérable pour les autorités»[26]. Une étude de la GRC, effectuée en 1988, ajoute: «On croit que ce système bancaire particulier est responsable du transfert d'une grande partie des profits reliés à l'héroïne dans le sud-est asiatique»[27].

Il est extrêmement difficile pour la police de suivre la trace de l'argent de la drogue qui emprunte les canaux de ces banques souterraines. Cela tient aux coutumes particulières, aux différences culturelles, de même qu'à l'envahissant et omniprésent secret. L'un des rares succès policiers est survenu au début des années 1980 quand les corps policiers du Canada, de Hong Kong, de Singapour, de la Thaïlande et des États-Unis ont combiné leurs efforts pour retracer le blanchiment de plusieurs millions de dollars. La GRC avait appris que des courriers transportaient d'abord l'argent liquide provenant de la vente de la drogue au Canada et aux États-Unis directement à Hong Kong. Là, les fonds étaient déposés dans une banque ordinaire. Les fonds entraient ensuite dans le système bancaire souterrain chinois en étant transférés dans une compagnie d'import-export de Hong Kong. Au moment où celle-ci recevait l'argent, un crédit était alors inscrit, pour une somme équivalente dans une de ses succursales de Singapour. Des instructions de la firme de Singapour généraient alors un nouveau crédit en Thaïlande, lieu de la dernière transaction. «L'argent liquide était remis à un individu non identifié et l'on soupçonne que les fonds ont été transférés plus au nord, au bénéfice de l'un des principaux syndicats de la drogue». Et là, la trace s'effaça[28].

Découvrir les circuits du blanchiment de l'argent – sans parler d'identifier une transaction bancaire provenant d'une banque parallèle ou un organigramme comme celui de Blakeman – n'est pas chose facile, comme me le précisa Bowie de la GRC, un soir de l'automne 1991. Nous étions dans son bureau austère, perdu dans les dédales du quartier général de la Gendarmerie royale du Canada, à Ottawa. Quand je lui demandai quelles étaient les difficultés de monter un dossier sur le blanchiment d'argent, il grimaça: «C'est une entreprise incroyable que de mener une enquête financière exhaustive visant une cible individuelle». Une photocopie du «Spaghetti Jungle» de Blakeman était agrafée au mur pour en témoigner. Il utilisa ce cas précis (rappelons que près d'un million de documents différents avaient été amassés lors de cette enquête) pour expliquer quelques-uns des problèmes inhérents à un tel cas. Prenons un exemple, dit-il, où le procureur de la Couronne désire instruire les avocats de la défense de tous les documents de la preuve. Disons aussi qu'il y a douze avocats pour défendre l'accusé et un million de pièces portées au dossier. «L'élaboration d'un document officiel de 12 millions de photocopies, lisibles et claire-ment cataloguées, afin que la personne qui les reçoit puisse en faire une lecture utile, constitue en soi, une entreprise titanesque», nous dit Bowie. «Cela draine des ressources précieuses et nous n'en sommes qu'à l'étape de la communication de la preuve».

De plus, l'obtention d'informations des paradis fiscaux demeure tou-jours aussi problématique. «Ces pays ont des systèmes judiciaires différents du nôtre. Nous ne pouvons nous présenter dans un autre pays et simple-ment entreprendre notre enquête. Nous devons nous soumettre aux accords et aux traités internationaux. Cela prend du temps. Il n'est pas inhabituel, par exemple, d'attendre un ou deux ans avant de recevoir les documents demandés à des pays comme la Suisse. Pendant ce temps, une phase de notre enquête peut être complètement stoppée».

Il est évident qu'une enquête complexe où la police doit visiter plu-sieurs pays nécessite beaucoup de temps et d'argent. Mais ce n'est pas tout, nous dit Bowie. «Plus l'enquête traîne en longueur, plus le volume de docu-ments amassés est grand et plus la simple gestion de l'enquête augmente en difficultés». De plus, l'augmentation du nombre de cas potentiels ajoute de la pression sur les corps policiers. Ces cas proviennent à la fois du travail régulier des corps policiers mais aussi des banques qui renseignent les enquêteurs des transactions qui leur semblent suspectes.

Beaucoup de travail, quelques fois pour rien. Dans les cas impliquant de complexes composantes internationales, comme le cas de l'argent de la drogue aboutissant finalement en Thaïlande, la piste s'efface souvent et les enquêtes doivent alors être abandonnées.

Chapitre 4
L'ARGENT «SALE» AU NORD DU QUARANTE-NEUVIÈME PARALLÈLE

John Kerry est un sénateur américain entêté ayant un penchant pour le dévoilement de scandales et qui aime bien brasser les choses. On ne l'a jamais accusé de ménager ses coups. Pas quand il dénonçait la très exposée Banque de crédit et de commerce international et ce, trois ans avant sa chute. Non plus quand il remettait en question les liens qu'entretenait Manuel Noriega avec les services secrets américains, et ce, bien avant que la plupart des gens entendent parler de cet ancien dictateur panaméen corrompu. S'il y avait des trafiquants de drogues à dénoncer, des opérations louches de la CIA à dévoiler ou des terroristes à exposer, vous pouviez être assurés que Kerry se porterait hardiment en tête de file. Imaginez la surprise du gouvernement canadien lorsque le 27 septembre 1989, il fut informé de sa prochaine cible: Ce jour-là, Kerry visait directement le Canada, en accusant ses lois d'être tellement laxistes qu'elles permettaient qu'un volume important des profits du commerce de la drogue aux É.-U. soit dirigé au nord du quarante-neuvième parallèle, afin d'y être facilement blanchi.

Il affirmait que c'était en partie dû au fait que les banques n'avaient pas à déclarer les grosses transactions effectuées en argent comptant comme devaient le faire les banques américaines, que le Canada était devenu un abri attrayant. (Ce qui est toujours le cas). Afin d'appuyer ses dires, il rendit public des extraits d'un rapport confidentiel et étonnamment franc sur le blanchiment de l'argent préparé conjointement en juin 1988 par la GRC et la U.S. Drug Enforcement Administration (DEA)[1]. Ce rapport faisait aussi état d'anomalies dans la législation canadienne et arrivait à la conclusion que des centaines de millions de dollars provenant du commerce de la drogue circulaient probablement chaque année entre les États-Unis et le Canada. Kerry soutenait que parmi les solutions, le Canada pourrait adopter le système américain consistant à obliger les banques à déclarer les transactions importantes d'argent liquide. Les attaques de Kerry et ses propositions eurent pour effet d'ébranler Ottawa. Cette question fut pendant une courte période de temps, à l'avant-plan de l'ordre du jour politique national.

Que l'on soit en accord avec les conclusions et les recommandations de Kerry ou non, il demeure que l'étude mentionnée plus haut révélait des faits importants. Elle y mentionnait, entre autres:

• «On sait que les trafiquants américains transfèrent au Canada l'argent généré par les ventes de drogues afin de le déposer dans les institutions bancaires canadiennes de manière à éviter les déclarations requises aux États-Unis. Comme le Canada n'a pas de règles en matière de déclaration de l'argent liquide qui sort du pays, la façon la plus simple de faire sortir l'argent du pays consiste tout simplement à le confier à un courrier qui transporte les fonds directement.»

• «Le Canada n'a pas les caractéristiques types d'un abri financier tel qu'on le conçoit mais il est devenu, ces dernières années, un réceptacle pour l'argent de la drogue suite à certaines anomalies dans la législation canadienne.»

• «Cet argent traverse facilement la frontière entre le Canada et les États-Unis. Les risques qu'il soit détecté sont faibles en raison du grand nombre de personnes et de véhicules traversant quotidiennement aux nombreux postes frontière. Il en résulte que le Canada est devenu une destination populaire pour l'argent de la drogue.»

Les conclusions du rapport n'étaient pas nouvelles ni spécialement controversées. Elles réitéraient tout simplement ce que les officiers de police canadiens répétaient depuis des années (pas toujours publiquement) que ce qui attirait les criminels au Canada c'était les mêmes avantages que ceux attirant les immigrants légaux et les investisseurs étrangers. Comme le déclarerait plus tard l'inspecteur de la GRC, Bruce Bowie, au comité des finances de la Chambre des communes: «Ce sont les qualités qui font du Canada un endroit intéressant pour faire des affaires, je suppose, qui font qu'il est aussi attrayant d'y faire transiter de l'argent ou d'y déposer de l'argent illégal. C'est un endroit relativement bon pour investir, et pas seulement pour les hommes d'affaires légitimes»[2].

Qu'elles soient nouvelles ou non, les révélations de Kerry ont pris le gouvernement canadien par surprise et l'ont mis sur la défensive (ne serait-ce qu'en raison du fait que le premier ministre Brian Mulroney avait revendiqué le fait d'avoir mis la question du blanchiment de l'argent à l'ordre du jour du sommet du Groupe des Sept à Toronto en 1988). Les médias canadiens ont eux aussi été ébranlés. Bien que les affirmations de Kerry aient été traitées de façon importante dans les journaux canadiens et aux nouvelles télévisées du lendemain — la manchette type étant «Les millions de la drogue américaine trouvent un abri au Canada»[3] — la plupart des organes de presse durent se fier aux services de presse américains. En effet, la majorité des reporters canadiens en poste à Washington n'avaient tout simplement pas assisté à l'audience du 27 septembre du sous-comité de Kerry qui, jusqu'à cette date, n'était que très peu connu au Canada.

À Ottawa, les officiels tentèrent rapidement de minimiser l'importance du rapport et des positions de Kerry. À l'annonce des révélations, les bureaucrates cherchèrent fébrilement à obtenir des détails sur ce rapport, jusque-là obscur, de manière à ébaucher une réponse crédible. Une dépêche diplomatique envoyée d'Ottawa à l'ambassade canadienne à Washington le lendemain et classée «confidentiel» permet de comprendre l'essentiel de la faible réplique du Canada. En essayant désespérément de trouver des failles dans les prétentions de Kerry l'essentiel de cette dépêche, rendue publique grâce à la Loi sur l'accès à l'information, consistait à nier que ce rapport ait été mis à la connaissance d'un grand nombre de députés. Le texte stipulait, sans trop de conviction: «L'attaché du sénateur Kerry erre lorsqu'il suggère que ce rapport aurait circulé au Parlement. Une source de la GRC confirme que (le député) John Nunziata (York South) a demandé une copie du rapport... Cette demande lui fut cependant refusée en raison du caractère confidentiel de l'étude»[4].

Les notes préparées par le ministère des Affaires extérieures pour les ministres du Cabinet à la Chambre des Communes, et aussi classées «confidentiel» — n'étaient guère mieux. Les réponses suggérées pour les éventuelles questions posées à la Chambre des communes, et rendues publiques grâce à la Loi sur l'accès à l'information, étaient faibles: «Le Canada est résolument engagé dans la lutte contre le trafic de la drogue sous tous ses aspects... le rapport ne fait mention du Canada que comme un pays parmi d'autres par lequel transite l'argent blanchi». Les réponses proposées n'attaquaient en aucun cas les conclusions du rapport ou les allégations de Kerry. Les ministres et leurs porte-parole tentèrent seulement de discréditer ses affirmations en critiquant des points mineurs — conformément à une tactique répandue chez les politiciens. Ils tournèrent en dérision la manière dont Kerry avait choisi ses extraits du rapport. Voici de quelle manière ils jugèrent le rapport: «c'est de l'histoire ancienne». Ils se concentrèrent sur leur principal argument: ce rapport aurait été fait avant l'adoption d'une loi rendant criminel le blanchiment de l'argent au

Canada, le 1er janvier 1989. Ils insistèrent sur le fait que cette loi avait remédié à toute anomalie qui aurait pu — on insista sur «aurait pu» — attirer les blanchisseurs. Le ministre des Finances, Gilles Loiselle, affirma à la Chambre des Communes: «Ce rapport est fondé sur des informations qui ne sont plus pertinentes aujourd'hui». Il escamota, lui aussi, certaines questions clés. Les informations du rapport étaient-elles exactes? Le rapport était-il juste? Et, surtout, le Canada était-il vraiment un abri pour les blanchisseurs?

Ce qui irritait le plus Ottawa (et les banquiers canadiens) était la proposition de Kerry à l'effet que le Canada adopte des mesures semblables à celles en vigueur aux États-Unis concernant la déclaration des transactions en argent comptant. Car ces mesures avaient déjà été envisagées par les autorités fédérales mais rejetées suite à des pressions des banquiers parce qu'inefficaces et trop coûteuses. Tel qu'une note confidentielle du ministère des Finances datée du 27 novembre 1989 le mentionnait: «Le département du Trésor des États-Unis a été incapable de démontrer l'efficacité du... système à l'exception de preuves anecdotiques».

Cependant, certains officiers de police canadiens admettaient en privé que la majeure partie du rapport constituait une «évaluation réaliste» de la situation: Le Canada et les États-Unis sont «de plus en plus utilisés comme dépôt pour d'importantes sommes provenant des profits du trafic de la drogue»; il est aussi vrai que des centaines de millions de dollars de profits de la drogue circulent probablement entre les deux pays à chaque année; et il est un fait aussi qu'il est facile de faire passer de l'argent en fraude de chaque côté de la frontière.

Kerry n'avait pas réussi à trouver de preuves tangibles. Cependant, ses employés avaient découvert certaines indications embarrassantes: les banques canadiennes rapatriaient aux États-Unis deux fois plus d'argent américain qu'elles n'en recevaient de sources légitimes. Dans les dix premiers mois de l'année 1989, par exemple, les institutions financières canadiennes avaient envoyé 4 milliards de dollars en argent américain aux États-Unis. Mais elles n'en avaient reçu que 1,2 milliard de dollars des États-Unis. Comme Kerry le disait à une audience d'un sous-comité du Sénat: «Vous devez donc vous demander: «Qu'est-il arrivé?» Est-ce que les Canadiens ont soudainement vidé leurs matelas des dollars américains qu'ils contenaient et décidé de les déposer à la banque? Il s'agit là d'une énorme différence»[5]. Kerry suggéra que la seule explication possible était le blanchiment de l'argent. Selon ses dires, la différence de 2,8 milliards représentait de l'argent sale qui avait été blanchi et introduit dans le système bancaire. Cette conclusion rejoignait sans aucun doute les observations de certaines enquêtes américaines importantes sur le trafic de la drogue: des surplus d'argent comptant étaient généralement un indice de blanchiment de l'argent de la drogue. Lorsque le commerce de la cocaïne prit de l'expansion en Floride à la fin des années 70, les policiers de la brigade des stupéfiants notèrent, en parallèle, une augmentation des surplus d'argent comptant déposés dans les banques de l'État, particulièrement à Miami. Par exemple, en 1979 la Federal Reserve Bank à Miami — une des douze institutions financières régionales du Federal Reserve Board de Washington qui est la banque centrale américaine — rapporta un surplus de 5,5 milliards de dollars, ce qui représentait un montant plus élevé que les surplus combinés de toutes les autres succursales de la Federal Reserve Bank aux États-Unis[6].

Le monde politique canadien reçut un autre coup en février 1990, lorsque le sous-comité de Kerry sur les narcotiques, le terrorisme et les activités internationales publia un rapport basé sur ses audiences de l'automne 1989 — un rapport complet avec des références précises concernant le Canada et le trou de 2,8 milliards de dollars US. Les conclusions s'avéraient particulièrement irritantes pour les dirigeants canadiens d'autant plus qu'ils avaient consacré plusieurs mois à corriger ce qu'ils considéraient comme le fruit de l'imagination de Kerry. Le rapport citait cependant le Canada comme étant «parmi les territoires qui étaient le plus souvent utilisés pour blanchir l'argent de la drogue en provenance des États-Unis» et ce, malgré les meilleurs efforts diplomatiques d'Ottawa. Et, à leur grande déception, les hommes politiques fédéraux n'avaient aucune preuve tangible pour contrer les chiffres de Kerry ou ses conclusions — en d'autres mots, pour prouver que le Canada n'était pas un sanctuaire pour les profits du trafic de la drogue américain. D'abord, le Canada n'était pas en mesure de chiffrer les mouvements d'argent comptant d'un côté à l'autre de la frontière puisqu'aucune disposition n'oblige à déclarer l'entrée et la sortie de fonds pour ce genre de transactions. C'est ainsi que, comme le révélait l'affirmation principale de Kerry, le trou inexpliqué de 2,8 milliards de dollars ne put être justifié ou expliqué.

Il n'est pas dans le mandat du contrôleur fédéral des banques, par exemple, de chercher spécifiquement des preuves quant au passage au Canada des profits du trafic américain de la drogue. Lorsque j'ai demandé à Michael Mackenzie, l'Inspecteur général des institutions financières, si le Canada était un refuge pour cet argent sale, il répondit franchement: «Je ne le sais pas». Une réponse plus précise semble impossible — du moins si l'on se fie aux informations recueillies par son bureau. «Nous n'examinons pas les dépôts de chaque banque», déclare Mackenzie. «On allègue que les banques prétendent connaître les gens avec qui elles transigent. Mais, soyons réalistes, il existe de nombreux comptes ouverts sous un prête-nom» — moyen par lequel une personne ouvre un compte en utilisant le nom d'une autre personne, celui de son avocat par exemple), de manière à préserver son anonymat. La principale tâche de son service n'est pas d'arrêter le blanchiment de l'argent mais de surveiller et de garantir la santé financière d'une institution. Comme le disait l'ex-adjoint de Mackenzie, Donald Macpherson: «Il est important de faire une distinction entre les questions qui concernent en premier lieu notre bureau — c'est-à-dire la solvabilité des institutions avec lesquelles nous travaillons — et l'impact que peuvent avoir les histoires, rapports, rumeurs et toutes les choses concernant le blanchiment de l'argent, sur la confiance envers l'institution. Les allégations voulant que les banques soient utilisées comme véhicule par les blanchisseurs d'argent ne constituent pas, dans la majorité des cas, une cause d'insolvabilité de l'institution»[7].

Il n'y a tout simplement pas de mécanismes au Canada permettant d'identifier l'importance de ce problème, déclare Brian Sargent, un ex-spécialiste des crimes économiques à la GRC, qui participa à la rédaction du rapport fédéral de 1990 sur le blanchiment de l'argent. Dans le cadre de cette étude, Sargent analysa toutes les principales affaires canadiennes dans lesquelles le blanchiment des profits d'actes criminels avait joué un rôle important. Cependant, cette étude fédérale dut faire face au même problème qui vint limiter la portée de la réponse du Canada au rapport de Kerry: le manque d'information.

«Vous devez essayer de deviner» l'ampleur du problème, déclare Sargent, qui agit maintenant en pratique privée à Ottawa à titre d'expert-légiste. «Il existe des cas que la GRC a examiné dans lesquels on a trouvé que de larges sommes ont circulé à travers le pays, y sont entrées puis sont ressorties dans un court laps de temps. Mais la plupart de ces cas furent détectés par hasard. Je ne crois pas qu'il s'agisse de cas isolés. Et je crois plutôt que ce soit la norme».

Le transfert des fonds douteux, des États-Unis vers le Canada, ne devrait pas constituer une surprise. En effet, les liens historiques entre les criminels américains et canadiens ont longtemps nourri la perception du milieu du crime américain qui considérait le Canada comme un refuge financier. En effet, comme le suggère Rod Stamler, ancien commissaire-adjoint à la GRC, cette perception a contribué à transformer le Canada en une sorte d'aimant financier attirant l'argent sale américain vers le nord. À titre d'exemple, dans les années 30 une rumeur circula voulant que Huey Long, le gouverneur corrompu de la Louisiane, ait dissimulé une partie de ses fonds au Canada[8].

Comme l'explique Stamler: «Durant la prohibition, il y avait des groupes de criminels qui trafiquaient l'alcool illicite de l'autre côté de la frontière. Il y avait des groupes à Hamilton et St-Catharines, et dans cette partie de l'Ontario de même qu'à Montréal et dans divers endroits, qui travaillaient de part et d'autre de la frontière. La prohibition aux États-Unis contribua à créer l'image que le Canada était un abri sûr. Les revenus et les profits provenaient donc de ces activités. Ils étaient illégaux aux États-Unis. Ils étaient peut-être légaux au Canada».

Il existe plusieurs raisons évidentes pour lesquelles le Canada est attrayant, l'une des principales étant sa situation géographique. Après tout, le Canada est à proximité des États-Unis, la plus grande région économique du monde et la destination première pour les exportations canadiennes. Les États-Unis constituent aussi le plus grand marché du monde pour le trafic des narcotiques, sans contredit la «vache à lait» du crime organisé.

«Quand vous analysez le marché des drogues illégales aux États-Unis, où vont les profits?» demande Stamler. «Une certaine partie est expédiée à l'étranger de manière à faciliter la poursuite des activités du trafic de la drogue. Il est impossible de faire un trafic international de la drogue sans une circulation de l'argent».

«L'ampleur du trafic de la drogue aux États-Unis se chiffre en milliards de dollars. Certains avancent le chiffre de 100 milliards. Mais supposons que les profits sont de 20 milliards. Même de 10 milliards. Ou même de 5 milliards. C'est beaucoup d'argent... Vous avez des milliards et des milliards de dollars qui doivent bouger... où vont-ils?»

Stamler fait une pause. Mettez-vous dans la peau d'un criminel, suggère-t-il. Expédier l'argent au Mexique n'est pas très attrayant puisque ce pays n'a pas l'infrastructure financière efficace — et stable — du Canada. Le faire circuler à travers les institutions financières américaines devient de plus en plus risqué et coûteux — et ce, en raison de la sévérité des lois américaines contre le blanchiment de l'argent. L'envoyer par avion des États-Unis vers un abri fiscal n'est pas plus simple. Les systèmes de détection à rayons-X des aéroports peuvent facilement révéler la présence d'argent et aux États-Unis, contrairement au Canada, la sortie de l'argent comptant doit être déclarée. Que reste-t-il? «Le Canada est l'endroit par excellence pour des opérations de blanchiment de l'argent. C'est là où c'est le plus simple».

Sargent, l'ancien expert sur le blanchiment de l'argent de la GRC, est d'accord: «Il existe une liberté de mouvement entre les deux pays qui rend cela très attrayant si vous êtes une personne qui veut sortir quelque chose des États-Unis ou y faire entrer quelque chose clandestinement». Non seulement les gens peuvent-ils facilement traverser la frontière, qui est en grande partie non surveillée, mais la circulation entre les deux pays est si grande, et les postes frontières sont si nombreux qu'il est peu probable d'être intercepté en transportant de l'argent illicite.

Le libre-échange contribue aussi à réduire la surveillance, déjà limitée, des biens qui traversent la frontière, une situation qui cause de grandes inquiétudes aux États-Unis. Une note de service confidentielle fédérale datée du 27 novembre 1989 et rendue publique grâce à la Loi sur l'accès à l'information adressée au ministre des Finances de l'époque, Michael Wilson, soulignait le fait qu'il existe «une perception chez les fonctionnaires du Trésor américain que l'accord de libre-échange Canada-États-Unis augmentera les liens économiques et financiers du Canada et des États-Unis, menant ainsi inévitablement à une augmentation des tentatives de blanchiment des profits américains du trafic de la drogue au Canada».

Comme il a été souligné précédemment, la grande quantité de transactions légitimes existant entre les deux pays camoufle aisément l'argent sale dans les factures bidon et les escroqueries du même genre. L'achat de biens immobiliers canadiens par un investisseur étranger peut permettre d'atteindre le même but en utilisant un système de «double-facturation» (double pricing). Prenons, par exemple, un petit immeuble à appartements qui a une valeur réelle de 5 millions. Il est officiellement acheté pour la somme de 3 millions en utilisant des fonds légitimes. Le vendeur reçoit 2 millions supplémentaires, de façon cachée, en argent sale. Par la suite, après avoir effectué quelques améliorations superficielles de manière à justifier le profit, l'acheteur vend l'édifice pour un peu plus de 5 millions. Il devra payer l'impôt sur les gains en capital d'un peu plus de 2 millions, mais ce profit a été rendu légal par une apparence de véritable transaction immobilière. (Cette méthode peut aussi, bien sûr, être utilisée au Canada pour camoufler des profits illégaux réalisés à l'intérieur du même pays). Une fois que ces fonds américains sont rendus au Canada, les banques canadiennes, qui sont grandement efficaces, peuvent rapidement les expédier (s'ils sont adéquatement déguisés) n'importe où dans le monde.

Comme le dit Sargent: «Je crois que le Canada est devenu un point de transit non seulement pour ce qui nous apparaît évident: le problème du trafic de la drogue. En raison de sa vaste frontière non surveillée, il est devenu un point de transit pour tout ce qui concerne le blanchiment de l'argent».

Les enquêtes policières impliquant un transit par le Canada, de fonds criminels étrangers ne sont pas rares. En 1989, par exemple, 73%, soit environ 23 millions, de tout l'argent et des avoirs saisis par la GRC avaient été générés à l'extérieur du Canada. «Dans tous les cas, à l'exception de deux, les revenus illicites provenaient des États-Unis. Les deux exceptions étaient des saisies de revenus provenant de la Colombie et représentaient 16,5 millions, soit plus de la moitié (52%) des 31,6 millions saisis par la GRC en 1989»[9].

Les enquêteurs italiens ont répertorié plusieurs cas où le Canada a été utilisé comme lieu de transit pour le blanchiment de l'argent. Un rapport d'août 1988 de la Guardia di Finanza, par exemple, la police fiscale italienne, exposait une des routes utilisées pour blanchir les profits du trafic de l'héroïne, récoltés par la mafia sicilienne aux États-Unis: L'argent sale était recyclé — les petites coupures étant échangées pour des coupures neuves de cent dollars — dans des casinos d'Atlantic City et expédié aux Bahamas. L'argent passait, par la suite, à travers le Canada avant de prendre la direction de l'Europe. En partant du Canada, les courriers attireraient beaucoup moins les soupçons que s'ils étaient venus directement des Caraïbes, région riche en abris fiscaux[10].

Des documents découverts à la suite de l'assassinat du financier criminel Michel Pozza, à Montréal en 1982, allaient dans le même sens. Dans ses effets personnels, la police découvrit une note de crédit au montant de 5 millions tirée sur le compte numéro 118-963-8 à une succursale de la Banque Canadienne Impériale de Commerce à Montréal. Le compte était enregistré au nom des fils de Vito Ciancimino, un personnage important de la mafia sicilienne. Les fonds étaient présumés constitués des profits du trafic de l'héroïne «blanchis par le biais de transactions immobilières au Canada». Ils avaient été transférés à Cimasol, une compagnie fantôme au Liechtenstein. On retrouvait, parmi les directeurs de Cimasol, un des parents de Pozza[11].

Les enquêteurs américains ont aussi eu affaire à bon nombre de cas de blanchiment de l'argent au Canada. Prenons l'exemple d'une «ristourne» dans une affaire impliquant La Fraternité internationale des Teamsters. Jusqu'à récemment, «la Cosa Nostra, avec l'aide et la complicité de la direction corrompue d'un syndicat, a contrôlé et géré ce syndicat comme une entreprise criminelle, et ce, depuis des décennies — utilisant, par exemple, le fonds de pension le plus riche des Teamsters comme banque pour le crime organisé pour financer des investissements clandestins dans des casinos de Las Vegas», de déclarer Otto Obermaier le procureur américain pour le district sud de New-York[12]. Les ristournes provenant de tels prêts étaient chose courante. Un de ces versements de la fin des années 70 a été «blanchi en passant par le Canada», nous dit un enquêteur américain qui a travaillé sur ce dossier qui ne s'est jamais, à son grand regret, rendu devant les tribunaux. «Il s'agissait de sommes plutôt importantes... Cela n'a jamais été rendu public. C'était de l'argent qui se déplaçait vers le Canada. Lorsque l'argent traverse la frontière vous en perdez la trace».

Cette perspective attira, à une époque, un des administrateurs les plus en vue de la Southland Corp. à ce moment, qui opérait la chaîne de magasins 7-Eleven et un ancien conseiller municipal de la ville de New York. Une tentative d'empêcher l'application d'un règlement de l'État de New York concernant les impôts fut ce qui provoqua l'association entre l'administrateur Eugene DeFalco et le politicien Eugene Mastropieri en 1977. Ce règlement risquait de coûter des centaines de milliers de dollars à la Southland Corp. — et de diminuer de manière significative les profits de DeFalco. La solution se présenta un soir de janvier 1977 lors d'un souper dans un steakhouse de Long Island. Mastropieri, qui avait de nombreuses relations, dit à DeFalco — qui était alors responsable des opérations de la Southland Corp. dans l'État de New York — qu'il n'y avait que très peu de problèmes qu'il ne pouvait résoudre, particulièrement si ceux-ci concernaient la commission de l'impôt de l'État. Selon le témoignage de DeFalco, Mastropieri sourit lorsqu'il lui demanda quel serait le coût de la résolution d'un tel problème. En guise de réponse, il se pencha, comme s'il avait besoin d'un peu plus d'intimité et dit: «Cela pourrait nécessiter des divertissements importants» (*heavy entertainment*). DeFalco en saisit immédiatement la signification: des pots-de-vin aux bonnes personnes. Il répondit: «C'est possible, nous avons diverti auparavant» (*we have entertained before*).

Afin de payer les pots-de-vin, un fonds secret de 96 500$ US fut établi et l'argent fut blanchi au Canada, nos deux intervenants semblant considérer ce pays comme une sorte de marais stagnant. Comme un des conspirateurs le dit à DeFalco: «Personne ne pourra, en aucune façon, découvrir que l'argent est là-haut». L'argent provenait des coffres mêmes de la Southland Corp. Il était camouflé par le biais d'une facture légale soumise par Mastropieri, faisant référence à des «services professionnels rendus» (non détaillés). Malgré le fait que cette facture fut non datée et qu'elle ne contenait aucune description des services qui avaient été rendus, Southland émit un chèque le 7 juillet 1977. Et le montant fut déduit de la déclaration des revenus de Southland pour 1977 à titre de dépenses pour frais légaux. Comme le dit le procureur dans ce dossier en 1984, le résultat fut que «le Trésor des États-Unis partagea sans le savoir avec la Southland Corp. le coût des pots-de-vin à des fonctionnaires de l'État de New York»[13].

L'opération de blanchiment était très simple. Six jours après l'émission du chèque, DeFalco l'expédia à un intermédiaire — John Kelly — qui, à son tour, le remit à Mastropieri. Celui-ci déposa alors les fonds dans le compte en fiducie de son bureau d'avocats de New York. Il donna à Kelly un chèque au même montant — 96 500$ US — tiré du même compte. Le 18 juillet 1977, Kelly s'envola vers Toronto, ouvrit un compte à une succursale de la Banque de Montréal et y déposa le chèque de Mastropieri. Un mois plus tard, environ, DeFalco et Kelly se rendirent à Toronto. C'est à ce moment que DeFalco devint gourmand. Il décida de se «servir» dans le fonds secret. Aussi, ouvrit-il, lui aussi, un compte à la Banque de Montréal. Il y transféra 20 000$ US du compte de Kelly — qui serait gardé comme fonds corporatif secret. Il garda 28 500$ US pour son usage personnel. Les 48 000$ US restants demeurèrent dans le compte de Kelly pour payer Mastropieri et pour payer les impôts que cette transaction pourrait entraîner. En fin de compte, aucun pot-de-vin ne fut payé à un fonctionnaire de l'État de New York, mais cette escroquerie fut rendue publique aux États-Unis. (Cela ne causa aucun remous au Canada). DeFalco plaida coupable. À New York, un jury reconnut Mastropieri et la Southland Corp. coupables de conspiration criminelle sous des chefs d'accusation séparés. La Southland Corp. alléguait que DeFalco avait inventé toute cette histoire de façon à camoufler son propre détournement de fonds. En résumant cette affaire un procureur américain la qualifia d'«histoire sordide... Dans les annales de la fonction publique américaine et des corporations publiques, cela ne fut pas un des moments les plus reluisants»[14].

La plupart des exemples américains impliquent de l'argent provenant du trafic de la drogue. Par exemple, en 1981, des officiers américains arrêtèrent Isaac Kattan, un important blanchisseur travaillant pour le compte des trafiquants de cocaïne colombiens. Durant une période de quatre ans, ce dernier avait blanchi environ 400 millions US en argent liquide. Pour ce faire, il avait utilisé des comptes dans des banques à l'étranger non seulement au Panama, en Suisse et aux Bahamas mais aussi au Canada[15]. Un autre cas fit surface lors de l'affaire nommée la «Pizza Connection» dans laquelle des criminels établis en Italie se servaient, dans les années 80, de pizzerias américaines au-dessus de tout soupçon pour une opération fort complexe de trafic d'héroïne. Une partie de l'argent sale était expédiée au Canada. On a dit aux enquêteurs qu'un membre de ce réseau de l'héroïne, Phillip Salamone, «avait coutume de transporter de l'argent du New Jersey jusqu'à un endroit dans l'État de New York où un autre individu lui faisait traverser clandestinement la frontière du Canada. Il semblait que la destination finale de l'argent était la Sicile»[16].

Un autre cas concernait la filiale panaméenne de la Banco de Occidente, une banque située en Colombie. Elle plaida coupable à Atlanta, en août 1989, à une accusation d'avoir aidé les barons colombiens de la cocaïne à blanchir des millions de dollars de profits de la drogue en utilisant des transferts télégraphiques. Le jour même où les accusations furent portées, en mars 1989, la banque panaméenne transféra rapidement environ 63 millions US dans ses comptes en Allemagne, en Suisse et au Canada. Plus de 13 millions aboutirent dans le compte de cette banque à la Swiss Banking Corp. à Toronto. Ces fonds furent par la suite saisis par la GRC et transférés dans les comptes américains de la Banco de Occidente qui avaient été gelés et étaient gérés par les agents américains de la brigade des stupéfiants. Suite à un plaidoyer de culpabilité, on ordonna à la banque panaméenne de payer une amende de 6 millions. Ottawa reçut 1,2 million à titre de paiement pour la participation du Canada dans la résolution de cette affaire.

Un autre exemple: celui de l'obscure compagnie de Vancouver connue sous le nom de Canada-Asia Finance Group Ltd. Au début des années 80, elle offrait un service spécial aux trafiquants de drogue américains: la possibilité de blanchir et de légitimer de larges sommes par le biais de Hong Kong. Elle eut même le culot d'offrir ses services dans le *Wall Street Journal* et le *Miami Herald*. Ces publicités se lisaient comme suit: «Plusieurs compagnies multinationales connaissent les avantages d'effectuer des opérations bancaires confidentielles à l'extérieur de l'Amérique du Nord. Aucune obligation de déclaration. Confidentialité assurée. Des résultats garantis»[17]. Tarif exigé: 10 000$ plus 5% des dépôts mensuels. Deux agents américains, se faisant passer pour des trafiquants de drogue de Miami, mirent à jour cette escroquerie. On leur offrit le service de luxe, y compris des comptes confidentiels spéciaux dans une succursale d'une banque de Hong Kong, à San Francisco, et de précieux conseils provenant d'administrateurs de la banque. On dit aux agents que, de manière à contourner les déclarations américaines sur les transactions d'argent comptant, ils devaient «diviser leurs dépôts en petits montants prédéterminés, varier la fréquence des dépôts et les faire de montants disparates de manière à ce que la somme des dépôts ne donne pas un chiffre rond». Afin de s'assurer que leurs deux clients comprenaient bien, les administrateurs de la banque leur fournirent un diagramme illustrant le mouvement de l'argent[18].

Les enquêteurs canadiens découvraient aussi des indices importants concernant des opérations de blanchiment des profits américains de la drogue dans de plus petites villes du pays. En 1989, à Windsor, la GRC accusa un médecin de Détroit d'avoir blanchi 384 000$ en profits américains provenant du trafic de la drogue. En 1990, à Winnipeg, les policiers saisirent un coffret de sûreté rempli d'argent. À l'intérieur se trouvaient 80 enveloppes. Chacune contenait environ 5 000$ en argent comptant. Ces 400 000$ avait été expédiés au nord de la frontière à la fin des années 70 par une organisation qui avait importé 100 tonnes de marijuana aux États-Unis en provenance de la Colombie[19]. Dans une autre affaire, «des trafiquants opérant aux États-Unis utilisèrent des prête-noms pour ouvrir des comptes bancaires et acheter des biens immobiliers dans la région de Toronto. Des montants importants d'argent en devises américaines étaient alors transférés des comptes à une banque du Liechtenstein. Des coffrets de sûreté étaient aussi utilisés à Toronto pour cacher de fortes sommes d'argent comptant»[20].

Les enquêteurs ont porté une attention toute particulière aux opérations de blanchiment de l'argent à Montréal. Ce fut à cet endroit que se déroula l'importante affaire Luis Pinto, qui entraîna, en partie, l'adoption en 1989 du projet de loi C-61, la législation canadienne sur le blanchiment de l'argent. (Pinto était un Colombien résidant aux États-Unis qui blanchit des millions de dollars provenant du trafic de la drogue au début des années 80). En 1984, la Commission présidentielle sur le crime organisé rapporta qu'en plus de son institution bancaire préférée, la People's Liberty Bank de Covington au Kentucky, Pinto avait aussi un oeil sur le Canada. Ses avoirs canadiens furent retracés dans une succursale de la Banque Royale du Canada, à Montréal, où un compte au nom de la Agropecuria Patasia Ltd. contenait environ 600 000$ US en profits de la drogue. Cet argent ne fut cependant jamais récupéré — il fut établi, en vertu d'un jugement de la cour en 1985, que sous les lois existantes un crédit dans un compte bancaire ne constituait pas un bien tangible et, de ce fait, ne pouvait être saisi[21].

Bien peu de choses ont changé à Montréal depuis l'époque de Pinto, comme le déclare l'agent de la GRC qui a enquêté cette affaire, le sergent Marc Bourque. «Cela se produit au moment même où je vous parle», de dire Bourque, un fort gaillard et un vétéran de l'enquête sur les blanchisseurs de la ville. «Je peux vous montrer des types qui blanchissent 1 million, 1,5 million, même 2 millions par semaine. Ils font cela depuis les six derniers mois». (Ces blanchisseurs ne sont pas tous des Québécois. La police de Toronto déclare, en privé, que certains groupes de criminels locaux préfèrent blanchir leurs profits à Montréal). Il n'est pas surprenant qu'il y ait un peu de frustration dans la voix de Bourque. Il est, en quelque sorte, une légende dans le cercle nord-américain du maintien de l'ordre — et ce n'est pas uniquement en raison de l'affaire Pinto. Ce qui l'a rendu célèbre, c'est d'avoir réussi, par sa ténacité, à reconstituer, à lui seul, la plus grande opération de blanchiment de l'argent connue en Amérique du Nord impliquant la mafia sicilienne. Si vous mentionnez cette affaire aux officiers de la Drug Enforcement Administration à Washington ils ne tariront pas d'éloges. Cette affaire laisse cependant un goût amer à Bourque puisqu'elle ne fut jamais menée à terme au Canada.

Assis dans une petite pièce aux murs beiges dans les bureaux de la GRC à Montréal, Bourque tapote une épaisse chemise bleue provenant de ses dossiers. Il en feuillette le contenu. Des pages et des pages de traites bancaires. Des relevés de comptes bancaires. Des colonnes de dépôts d'argent comptant. «Cinq années de travail» dit Bourque avec un mélange de fierté et de regret dans la voix[22].

Comme le raconte Bourque, les caissières à la succursale de la Banque de la Cité et du District de Montréal (faisant partie maintenant de la Banque Laurentienne) soupçonnèrent quelque chose dès le début. En premier lieu, il y avait quelque chose qui clochait avec les liasses de billets américains. L'une d'elles se souvient que les billets sentaient le moisi. Les caissières avaient aussi des doutes sur le groupe de trois hommes parlant italien — il y en avait parfois un quatrième — qui venaient porter les billets. Ils se présentaient à intervalles réguliers, transportant une valise pleine de billets américains en petites coupures, et se dirigeaient aussitôt dans le bureau du gérant. Les sommes étaient énormes. Le 5 novembre 1981, par exemple, les dépôts totalisèrent 404 400$.

Les fonds étaient comptés dans la cuisine des employés et étaient expédiés, par la suite, par camion blindé. De plus, les dépôts étaient rapidement transformés en mandats bancaires américains. «Nous n'aimions pas cette situation», déclara la caissière Denise Maillé à une audience concernant cet incident. «Cela avait l'air louche»[23]. Elle avait raison. Entre le 20 octobre 1978 et le 25 avril 1984, les hommes déposèrent un total de 15,395 millions US à la succursale du 4057 boulevard St-Jean. De plus, la Banque de la Cité et du District de Montréal n'étant pas leur seule banque, l'équivalent environ fut déposé à la succursale de la Banque Nationale du 9048 boulevard St-Michel entre le 13 septembre 1979 et le 13 septembre 1982. Là aussi, on convertit cet argent en mandats bancaires américains. Ce fut la même chose pour les 1,2 million déposés entre le 10 octobre et le 16 novembre 1984 au bureau de change Forexco, situé au 360 rue St-Jacques, de même que pour les 3,6 millions déposés au Hellenic Trust du 5756 avenue du Parc entre le 11 mai et le 9 novembre 1981.

Ces dépôts étaient, à tout le moins, particuliers. Au dire de Bourque: «Il n'existe pas, sur toute l'île de Montréal, une seule entreprise légitime qui peut générer un demi-million de dollars américains chaque semaine. Il en existe plusieurs qui peuvent le faire en argent canadien. En argent américain, il n'y en a aucune». Il est possible qu'il n'y ait pas d'entreprises montréalaises qui puissent générer de telles sommes en argent américain, mais cela n'était pas impossible pour un important réseau de trafic d'héroïne. Dans les faits, selon l'enquête de Bourque, la totalité des 35,598 millions US avait été acquise de cette façon.

Tous ces revenus étaient recueillis et blanchis par les membres montréalais de la célèbre famille sicilienne du crime, les Cuntrera. Les dirigeants de cette famille furent mis en accusation aux États-Unis en 1990 bien que certains, parmi lesquels se trouvait l'héritier Pasquale Cuntrera, continuent leurs opérations de leur refuge au Vénézuela — leur base d'opération depuis les années 60. De là, l'héroïne provenant d'Asie passe par Montréal, en contrebande vers le marché américain. Les profits suivent la même route pour sortir des États-Unis. «Les Cuntrera sont peut-être la plus importante famille de trafiquants d'héroïne opérant aux États-Unis», conclut Thomas Raffanello, un agent spécial de la Drug Enforcement Administration[24].

Le regard de Bourque s'intensifie et son discours s'accélère lorsqu'il raconte son enquête. Celle-ci débuta en juin 1985 lorsque la police de Montréal saisit 58 kilogrammes d'héroïne et procéda à l'arrestation de quatre personnes. En fouillant leurs maisons on ne trouva pas de drogue mais la police remarqua «de nombreux objets de luxe» dans la demeure de l'un d'eux — Gerlando Caruana. Bourque fut étonné par ce qu'il y trouva: des bijoux, des meubles luxueux, tous des objets «d'un train de vie de million-naire». Sur la table de chevet de Caruana il y avait deux montres d'une valeur totale d'environ 25 000$. Le seul problème était que Caruana avait déclaré des revenus d'environ 23 000$ l'année précédente. «Avec des reve-nus de 23 000$, vous ne pouvez pas acheter pour25 000$ de montres», de dire Bourque. Une vérification des onze comptes de banque de Gerlando Caruana ne révéla rien de louche mais un coup de chance changea cette situation. Une caissière dit à Bourque: «Vous ne devriez pas regarder son compte de banque. Regardez plutôt celui de son frère». Et, bingo! Bourque frappa le gros lot: «Ce que nous avons découvert c'est qu'à une certaine banque, le frère (Alfonso Caruana) avait blanchi quelque 15 millions. Il y entrait avec de l'argent américain et le convertissait en mandats ban-caires qui étaient expédiés en Suisse».

Petit à petit, Bourque assemblait les pièces du casse-tête. Les cais-sières lui furent d'un grand secours. Certaines lui racontèrent qu'elles en avaient assez de compter les petites coupures et qu'elles dirent aux blan-chisseurs: «À partir d'aujourd'hui, vous amenez les billets classés et nous les voulons en liasses de 5 000$. Nous perdons notre temps. Nous passons la moitié de la journée à compter votre argent». Les blanchisseurs, tou-jours très coopérants, s'exécutèrent, raconte Bourque en souriant. Cependant, pour ce qui était de la constitution du dossier judiciaire, cela était plus facile à dire qu'à faire. Bourque devait prouver que les 36 millions US provenaient du trafic de la drogue. Il ne pouvait utiliser comme preuve les 58 kilogrammes d'héroïne saisis — puisque les 36 millions US dont Bourque suivait la trace avaient été blanchis avant la saisie.

Bourque fut aidé par la police italienne qui le mit en contact avec Tommaso Buscetta, un rude mafioso sicilien qui était devenu informateur en 1984. Il indiqua à Bourque la source possible de ces profits — une tran-saction de 60 kilos d'héroïne — et Bourque réussit finalement à démon-trer que les Cuntrera avaient trafiqué mille livres d'héroïne. Combien cette transaction leur rapporta-t-elle? Bourque calcula que la vente de cette drogue dut leur rapporter environ 50 millions US. «Nous avons vu 36 de ces 50 millions être blanchis. Le reste fut dépensé». Il suivit ensuite la trace de cet argent jusqu'aux comptes bancaires suisses où les 36 millions US convertis en mandats bancaires avaient été déposés. De là, la majeure partie de l'argent aboutissait dans les comptes de trafiquants d'héroïne sici-liens bien connus. De plus, Bourque fut en mesure de démontrer que la provenance de l'argent des frères Caruana et des autres représentants du groupe Cuntrera à Montréal n'avaient aucune source légale. «L'argent ne pousse tout simplement pas aux arbres», déclare Bourque. «D'où cet argent provenait-il? Vous avez un homme qui arrive au Canada en 1965. Il a 100$ dans ses poches. Tout à coup, quelques années plus tard, il est millionnaire. Et il ne déclare pas ses revenus. D'où tout cet argent vient-il? Je fus en mesure de prouver qu'il n'y avait pas d'entreprise légitime au Canada qui pouvait générer un tel volume d'argent».

Cinq ans après le début de son enquête le travail de Bourque était terminé. Du moins, c'est ce qu'il croyait. Il présenta son dossier au ministère de la Justice du Québec, qui refusa d'engager des procédures légales. Il n'y a pas assez de personnel compétent, dirent-ils. De plus, il serait trop coûteux d'intenter des poursuites dans un dossier si volumineux. Bourque rencontra alors les fonctionnaires du ministère de la Justice fédéral. Étaient-ils prêts à engager des procédures dans ce dossier? «Présentez votre demande par écrit», lui répondirent-ils. Ce que fit Bourque, produisant une déclaration de 3 500 pages. Mais, une fois de plus, il fut reçu sans grand enthousiasme. Voici ce qu'ils dirent à Bourque: «Nous sommes en train d'examiner présentement cinq dossiers semblables au vôtre. Nous ne disposons du personnel que pour en traiter deux. Nous allons donc mettre votre dossier de côté». Bien que les preuves amassées par Bourque furent utilisées dans des procès dans d'autres pays, ce dossier n'eut jamais de suite au Canada. La situation est extrêmement ironique. «Des preuves qui avaient été rejetées dans mon pays — et qui avaient été obtenues de façon légale — étaient admises en Italie, en Allemagne et aux États-Unis». Le sort qui fut fait à l'argent était tout aussi décourageant. De dire Bourque: «On l'expédia de Suisse en Amérique du Sud pour ensuite le rapatrier au Canada et on l'utilisa dans diverses transactions immobilières. Je pourrais vous montrer des centres commerciaux ici qui sont leur propriété. Des maisons. Mais nous ne pouvons intenter de procédures puisque le procureur général ne veut pas poursuivre. Je peux vous montrer une maison de 3 millions. Je ne peux même pas y toucher».

Pourquoi les banques n'ont-elles pas informé la police? Bourque a une théorie sur le sujet. Les blanchisseurs devaient déposer les fonds dans un compte d'une banque canadienne — il ne veut pas dire laquelle — avant de pouvoir acheter des mandats bancaires américains. Cela impliquait deux conversions d'argent — une pour déposer les fonds américains dans le compte et une autre pour transformer l'argent canadien en billets verts américains, qui étaient ensuite utilisés pour acheter les mandats bancaires. «Cette double transaction rapportait 4 ou 5% d'intérêt à la banque... c'est pourquoi celle-ci n'a pas appelé les flics». Pourquoi ne pas intenter de poursuite contre la banque? Bourque a envisagé cette alternative. «Oubliez ça», lui répondit le ministère de la Justice. «Vous n'avez pas de preuves». Une partie du problème résidait dans le fait que le blanchiment de l'argent n'était pas un crime au moment où les transactions se sont produites. Il n'existait pas de loi qui aurait permis d'accuser les banques.

Bourque constate amèrement qu'un dossier prometteur qui eut du succès dans d'autres pays n'eut que peu d'impact au Canada — et ce malgré tous ses efforts. Cette expérience renforce son opinion quant à la vulnérabilité du Canada face au blanchiment de l'argent.

Il faut dire que le blanchiment de l'argent constitue maintenant un crime au Canada, un changement qui vient corriger les principales anomalies identifiées par le rapport conjoint de la DEA et de la GRC en 1988. En vertu de la nouvelle réglementation fédérale, les institutions financières canadiennes de même que toutes autres personnes qui gèrent de l'argent, incluant les avocats, se doivent de garder un relevé des transactions importantes en argent liquide, et ce, pour une période de cinq ans — et d'avertir la police si elles remarquent des transactions suspectes. (Les banques à charte le faisaient déjà sur une base volontaire).

Mais Bourque ne croit pas que cela fasse une grande différence. Selon lui, la fréquence des opérations de blanchiment de l'argent n'a pas diminué: «Cela s'est produit la semaine dernière. Cela se produit aujourd'hui. Cela se produira demain. Nous n'avons tout simplement pas de dents». La preuve, d'après lui, c'est le peu de cas de verdicts de culpabilité qui ont été prononcés depuis l'application de la nouvelle loi bien que les fonctionnaires à Ottawa invoquent comme raison le manque d'expérience pour le justifier. «Nous allons nous améliorer au fil du temps», disent-ils. D'autres, Bourque y compris, n'en sont pas si sûrs.

Selon plusieurs critiques, la législation canadienne est tellement difficile d'application qu'elle ne décourage pas les blanchisseurs étrangers ni ceux du pays. En premier lieu, comme le déclarait le défunt Craig Law de la police métropolitaine de Toronto, la saisie des biens n'est pas chose facile. L'avantage est, de fait, du côté des criminels. Prenons, comme exemple, une importante opération contre des trafiquants de cocaïne de Toronto. En septembre 1991, les hommes de Law enquêtèrent sur environ deux cents propriétés qu'on croyait avoir été achetées avec les profits du trafic de la drogue. Par la suite, on réduisit ce nombre aux seize propriétés ayant suffisamment d'intérêt pour être saisies. Cependant, en raison des exigences du projet de loi C-61, ce n'est que cinq mois plus tard, soit en janvier 1992, que fut émit le mandat d'amener. De dire Law: «la portée de cette déclaration sous serment équivaut à fournir les preuves nécessaires à la condamnation d'un individu pour trafic de drogue. Le fardeau de la preuve est très grand».

Durant ces cinq mois, les accusés auraient pu vendre les seize propriétés et la police aurait été dans l'impossibilité de les en empêcher. S'ils ne l'ont pas fait, c'est en raison de l'anémie du marché de l'immobilier à Toronto. «Si cela s'était produit il y a quelques années», de dire Law, «les propriétés auraient été vendues et de ce fait notre mandat d'amener n'aurait eu aucune valeur». Malgré le fait qu'aucune d'elles n'ait été vendue, certaines des propriétés perdirent quand même de la valeur. De plus, depuis leur arrestation, certains des accusés avaient cessé d'effectuer les paiements d'hypothèque — réduisant ainsi de manière importante la valeur des propriétés immobilières. Dans certains cas, les prêteurs saisirent les propriétés afin de récupérer l'hypothèque.

«Le fardeau de la preuve pour obtenir un mandat d'amener, consistant à faire la preuve de la poursuite au complet est, à mon avis, beaucoup trop grand», disait-il. «Tout le temps qu'il me faut pour faire cette preuve permet aux criminels d'arrêter leurs paiements d'hypothèque ou de vendre leurs propriétés».

Selon Law, il ne s'agit pas de la seule lacune du projet de loi C-61. Les infractions à la Loi sur l'immigration, à titre d'exemple, sont des délits qui ne sont pas couverts par celle-ci. Ainsi, comme il a été mentionné au chapitre 2, une personne qui tire profit de l'entrée illégale d'immigrants n'a pas à s'inquiéter de la saisie des profits provenant de cette opération. De la même façon, la loi ne couvre pas les infractions relatives aux armes à feu. Comme le dit Law: «Ici, (à Toronto), il s'agit d'une ville où l'an dernier nous avons eu un taux de meurtre très élevé et une importante augmentation des plaintes concernant les armes à feu. Cependant, les gens qui importent les armes à feu dans la ville et qui les vendent — en faisant un profit — ne peuvent être poursuivis en vertu du projet de loi C-61».

De plus, aucune action n'est entreprise pour contrôler les transferts d'argent de l'autre côté de la frontière, un problème majeur qui était cité dans le rapport conjoint de la DEA et de la GRC en 1988. Aussi, les institutions financières canadiennes ne sont toujours pas tenues de soumettre un relevé de toutes les transactions importantes en argent comptant — comme doivent le faire leurs homologues américains. Les fonctionnaires du gouvernement canadien et les banquiers prétendent que de telles mesures ne sont pas nécessaires. Ils soutiennent que le système actuel amène déjà le type «de résultats que ces mesures encombrantes et importunes prétendent apporter» — en donnant à la police, entre autres choses, de nombreux renseignements et indices[25]. Ils soutiennent aussi que l'approche américaine n'a pas prouvé son efficacité au niveau des coûts. Il est certain qu'elle n'a pas encore atteint le degré d'efficacité escompté par ses créateurs — de créer un système de prévention contre les transferts douteux d'argent. Et il ne s'agit pas, en soi, d'une solution au problème: la vigilance de chaque institution financière est nécessaire aux États-Unis — de même qu'au Canada. Le système de déclaration américain a cependant causé de nombreux maux de tête — et une augmentation des coûts — aux blanchisseurs d'argent.

À titre d'exemple, en 1988, lors d'une enquête américaine baptisée «Operation C Chase», des agents doubles ont fait croire à un blanchisseur d'argent de la drogue qu'ils pouvaient lui éviter l'obligation de faire des déclarations et, de ce fait, réduire grandement ses coûts d'opération. Malgré le fait que le blanchisseur avait confiance en eux et croyait fermement qu'ils faisaient eux aussi du blanchiment d'argent, il ne pouvait accepter les garanties qu'ils offraient. De fait, le blanchisseur demeura «paranoïaque quant à la possibilité d'être identifié par les formulaires du gouvernement... concernant les dépôts de sommes d'argent importantes» à tel point qu'il prit même des mesures plus coûteuses afin de se soustraire à l'obligation de déclarer ces transactions[26]. En l'absence de tels contrôles, les blanchisseurs faisant affaire au Canada ont beaucoup moins de raisons d'être paranoïaques — ce qui fait de ce pays un endroit plus intéressant. Après tout, les criminels, tout comme l'eau, recherchent le parcours le plus facile.

Sargent croit que le Canada continuera de se trouver dans une situation dangereuse à moins que ses lois deviennent aussi sévères que celles des États-Unis. De nombreux cas ont démontré que les criminels — et des institutions louches comme la Banque de Crédit et de Commerce International — sont attirés par les endroits les moins réglementés. Il déclare: «En raison de notre proximité des États-Unis, nous devons étudier leur législation... et agir en conséquence. Parce que si nous n'adoptons pas le même type de mécanismes, nous sommes alors à risque».

Afin de comprendre les risques, voici un exemple d'un cas qui est arrivé à passer à travers les failles du système: celui d'une étrange transaction impliquant des millions de dollars entre deux Américains controversés, Dallas Bessant et Jerry Tidmore. La transaction était parfaitement légale en vertu de la loi canadienne. Il s'agissait aussi du type de transaction fait spécifiquement pour être conclu au Canada dans le but d'éviter les règlements américains.

Bessant se prétendait trésorier d'une prétendue tribu amérindienne du Texas connue sous le nom de «Sovereign Cherokee Nation — Tejas». Mais il n'en était rien. Comme le déclarait en 1991 un comité du Sénat des États-Unis, cette entité n'était «ni souveraine, ni Cherokee, ni une nation... Il s'agissait d'une imposture, dirigée par un groupe de Blancs ou d'Anglo-Américains dans le seul but de s'enrichir financièrement».

De concert avec Tidmore, Bessant opérait la U.S. Dominion Financial Corp., une firme située au Texas et propriété d'une enveloppe corporative (*shell company*) des Caraïbes. Les deux hommes faisaient apparemment facilement confiance et n'y pensaient pas deux fois avant de conclure des transactions d'affaires très complexes avec des inconnus. Ou, tout au moins, c'est ce qu'ils tentèrent de faire croire aux enquêteurs américains. Au cours de l'été 1988, ils reçurent un appel téléphonique d'un mystérieux Leo Gray de Toronto. Venu de nulle part, ce M. Gray, qu'ils prétendirent n'avoir jamais rencontré auparavant, leur proposa un curieux marché d'une valeur de 362 millions US, déclarant qu'il désirait «un intermédiaire étranger». Vous vous êtes adressé au bon endroit, lui répondirent les Texans crédules. Comme il ne semblait y avoir rien qui sortait de l'ordinaire au sujet de M. Gray et de sa transaction, Bessant et Tidmore prirent l'avion pour Toronto, le 12 septembre 1988, et conclurent le marché. À l'aéroport international Lester B. Pearson de Toronto, ils furent accueillis par des administrateurs de la succursale torontoise du Bankers Trust de New York. L'énigmatique M. Gray était aussi présent, selon leurs dires. Rapidement, Bessant et Tidmore ouvrirent des comptes au Bankers Trust. Ils transférèrent ensuite les 362 millions US — qui, à leur avis, paraissaient être sous le contrôle de Gray — d'une banque des îles Cayman dans leurs tout nouveaux comptes. De là, l'argent prit rapidement une autre direction, vers deux mystérieuses enveloppes corporatives: la International Financial Trust Holdings Corp. et la North American Intermediaries. Toutes ces opérations se déroulèrent en quelques heures, le jour même. Bessant et Tidmore ne quittèrent jamais l'aéroport de Toronto. Leur tarif: 70 000$ US.

C'est en 1991 que cette transaction fut découverte, alors que des enquêteurs du Sénat américain s'intéressaient aux activités du cercle des partenaires de Bessant et Tidmore. Lorsqu'ils furent interrogés, les deux hommes ne révélèrent que très peu de choses. Qui était derrière cette transaction? leur demanda-t-on. M. Gray, répondit Bessant. Qui était Gray? Et bien, Bessant ne le savait pas vraiment: Gray avait tout simplement téléphoné, un jour, de Toronto. Après la conclusion de cette transaction, on ne le vit plus jamais. Et, selon les affirmations de Bessant et Tidmore, ils ne furent plus jamais impliqués dans d'autres transactions avec ces mêmes entités corporatives.

Alors, à quoi tout cela rimait-il? Pourquoi étaient-ils venus au Canada pour conclure un tel marché? Personne ne le sait avec certitude. Mais les enquêteurs du Sénat en ont une bonne idée. On obtint du comptable de Bessant, par voie de subpoena, une lettre d'un bureau d'avocats de Toronto adressée à Leo Gray. Il s'agissait visiblement d'un avis juridique sur les implications fiscales d'une transaction de ce genre. Selon les enquêteurs, la lettre paraissait «présenter l'entière transaction sous la forme d'un scénario hypothétique dans le but apparent de contourner les lois fiscales canadiennes. De plus, une autre lettre du bureau d'avocats de Bessant situé dans les îles Turks et Caicos semblait confirmer cette interprétation» Quelles étaient leurs fins? Les enquêteurs du Sénat américain prétendent que la transaction «semblait avoir été une tentative de contourner les lois fiscales canadiennes et du même coup les lois américaines concernant le blanchiment de l'argent». Leur conclusion étant: «Tout cela laisse l'impression que les entités impliquées faisaient partie d'une opération en cours pour le compte de M. Gray et d'autres individus leur permettant de transférer régulièrement de larges sommes par le biais d'intermédiaires étrangers de manière à contourner les déclarations (d'argent américain) et les lois fiscales»[27].

La véritable nature de la transaction demeurera probablement toujours un mystère. Ce type de transaction, comme l'admet l'un des enquêteurs, est tellement complexe et nébuleux qu'il n'existe que très peu de chances d'en découvrir toutes les ramifications, peu importe le nombre de personnes qui travaillent à l'enquête. La loi canadienne sur le blanchiment de l'argent, qui entra en vigueur quelques mois après cette transaction de 362 millions US, n'aurait pu l'empêcher — ni aider à la déchiffrer.

Selon Sargent, il y a absence de processus de vérification dans les programmes fédéraux destinés à attirer les investisseurs étrangers, et cela ajoute à la vulnérabilité du Canada. Un cas type est celui impliquant le défunt John H. O'Halloran, politicien malhonnête et responsable du financement pour le parti au pouvoir de l'île de Trinidad et Tobago. Comme le découvrit le journaliste du *Globe and Mail* Robert Matas, O'Halloran immigra au Canada en 1982 dans le cadre d'un programme fédéral destiné à attirer des investisseurs possédant à la fois de l'argent et l'expertise nécessaire pour créer des emplois et de la richesse au Canada[28]. De fait, le but principal de O'Halloran était de trouver un endroit pour cacher de l'argent sale — dans son cas, près de 4 millions en pots-de-vin et en ristournes accumulés durant plus de deux décennies de vie publique. Le Canada n'était pas uniquement une station de transit pour son argent sale. O'Halloran le voyait plutôt comme un endroit où il pourrait profiter de son pécule déjà blanchi dans des endroits comme la Suisse, les îles Cayman et le Liechtenstein. C'est ce que fit O'Halloran jusqu'à sa mort des suites d'un cancer, à Toronto, en 1985. Ses fonds trouvèrent un dépôt sûr déjà bien connu: dans des projets immobiliers de la région de Toronto[29]. À la différence de plusieurs autres cas, celui-ci connut une fin heureuse. En 1990, à la suite d'une longue enquête par le comptable torontois Robert Lindquist, Trinidad reçut du fils de O'Halloran une compensation de 4 millions.

C'est une histoire qui devrait servir de mise en garde pour le gouvernement fédéral dans ses efforts pour attirer de riches immigrants. En théorie, les fonctionnaires de l'immigration ont autorité pour évaluer la provenance des fonds d'un immigrant. En pratique, il n'y a que très peu de vérifications effectuées — en particulier si l'immigrant est un entrepreneur qui possède suffisamment d'argent et un projet d'investissement viable. L'étude fédérale de 1990 sur le blanchiment de l'argent disait: «La question de la provenance des fonds d'un immigrant n'est analysée que de façon sommaire, et il n'existe pas de mécanismes permettant de différencier les fonds qui sont légitimes de ceux qui ne le sont pas, ou de vérifier les états financiers»[30].

Investissement Canada, l'agence fédérale chargée de réglementer les investissements étrangers, est aussi laxiste. Selon l'étude plus haut mentionnée, la principale priorité d'Investissement Canada est de promouvoir les investissements étrangers — et non de s'assurer qu'ils sont propres. Comme le conclut Sargent: «Le Canada veut encourager, dans la mesure du possible, les investissements étrangers. Qu'est-ce qu'un investissement étranger légitime et qu'est-ce qui ne l'est pas? Ce sont des choses auxquelles nous devrons faire face.»

Dans ce genre d'enquête, impliquant un échantillon de dossiers, il est impossible de quantifier l'ampleur de l'utilisation du Canada comme endroit pour blanchir de l'argent. Pas plus qu'il n'est possible de délimiter l'étendue du problème. Cela ressemble plus à une balise dans un paysage brumeux. Mais comme l'étude fédérale relative au blanchiment de l'argent l'a découvert en 1990, la situation au Canada est inquiétante: «Il est estimé que plus de 80 pour cent des cas enquêtés par la police dans le cadre de cette étude ont une composante internationale. Il s'agit d'une différence marquée avec l'estimation faite aux États-Unis qui indique que seulement 10 pour cent de l'argent illicite de la drogue généré aux États-Unis transite par les circuits internationaux... L'implication du Canada dans les réseaux mondiaux de blanchiment de l'argent ne peut pas être simplement attribuée aux entreprises criminelles canadiennes. En premier lieu, les entreprises criminelles sont internationales dans la mesure où les opérations de blanchiment le sont... Deuxièmement, ces cas révèlent que l'argent illicite qui a été généré ailleurs (principalement aux États-Unis) est entré au Canada dans le but d'être blanchi avec très peu de contacts avec des organisations criminelles domestiques. Le Canada est donc lié de manière inextricable aux réseaux mondiaux du blanchiment»[31].

Au niveau du trafic de narcotiques, par exemple, les policiers ne sont en mesure d'intercepter qu'une petite partie de toutes les expéditions. Il n'y a aucune raison de penser que les autorités puissent saisir les profits de la drogue qui transitent par le Canada dans une plus grande proportion. De fait, très peu d'indices suggèrent que les autorités policières ont plus de contrôle sur les transferts frontaliers des fonds illégaux qu'ils n'en ont sur le trafic de la drogue. En l'absence d'une réglementation exigeant la déclaration de transactions monétaires, l'argent propre et l'argent sale peuvent traverser librement la frontière. Ainsi, il n'y a aucun moyen de mesurer «la quantité de fonds (légitimes ou autres) qui entrent et sortent du Canada»[32]. Et même si l'argent est découvert dans des circonstances suspectes, «Douanes et Accises Canada n'a que très peu de recours... D'autres corps chargés de l'application de la loi, telle la GRC ou la police locale, ne seront pas nécessairement contactés, parce qu'aucune loi n'aura été enfreinte au poste frontière»[33].

Les agents de la brigade des stupéfiants admettront facilement qu'ils font face à un plus grand nombre de cas financiers qu'ils ne peuvent en traiter — assez pour engloutir des forces plus puissantes que n'importe quelle au Canada. Et si ce n'était pas déjà suffisant, ils admettent aussi qu'ils ont des difficultés lorsqu'ils ont à s'attaquer à des opérations très compliquées: Le manque de ressource financière vient aussi entraver leurs efforts de même que le manque d'expertise du personnel — en comptabilité plus particulièrement. À cela s'ajoutent les lacunes déjà mentionnées de la législation canadienne concernant le blanchiment de l'argent. Le manque de volonté politique vient aussi bloquer leur travail. À l'échelle nationale, il n'y a que très peu d'experts et de main d'oeuvre impliqués dans la lutte contre ce genre de crime — à l'exception des ressources déjà très éparpillées de la GRC et des enquêteurs financiers de la police de Toronto qui croulent sous la masse de travail. Les forces locales et provinciales n'auront pas tendance à consacrer davantage de main d'oeuvre et de ressources à la lutte au blanchiment de l'argent en raison des circonstances qui viennent les décourager à le faire. Tous les fonds saisis prennent le chemin des coffres fédéraux, même dans les cas où ce sont les efforts des corps de police locaux ou provinciaux qui ont conclu l'enquête avec succès. Le défunt Craig Law faisait remarquer l'injustice d'un tel système: «Il serait logique que dans le cas où des forces policières font respecter la loi, et qu'il y a un gain financier à faire, les payeurs de taxes qui ont payé les salaires soient remboursés à même les fonds saisis».

Certains indices nous permettent de croire que les choses s'améliorent. En avril 1992, Ottawa a déclaré qu'il entendait dépenser 33 millions sur une période de cinq ans afin de mettre sur pied un programme expérimental d'unités spéciales à Vancouver, Toronto et Montréal pour s'attaquer aux profits de la drogue. Ces unités réuniront les forces policières locales, provinciales de même que la GRC. Ces trois villes constituent un bon choix car la majorité des saisies de profits de la drogue effectuées en 1989 — si l'on se fie aux derniers chiffres disponibles — «générés à l'étranger, eurent lieu à Montréal, Toronto et Vancouver»[34]. De plus, les autorités fédérales sont en train de mettre sur pied des mesures pour que les fonds saisis soient partagés avec les provinces. Ces mesures sont cependant bien loin de suffire à la tâche.

«Les enquêtes sur le blanchiment de l'argent exigent beaucoup de travail, prennent beaucoup de temps et requièrent un haut niveau d'expertise», déclare Sargent, l'ex-enquêteur de la GRC. Déclarant publiquement ce que ses anciens collègues ne veulent dire qu'en privé, il affirme: «Je ne crois pas qu'en ce moment les corps chargés de l'application de la loi au Canada soient en mesure, du point de vue financier comme du point de vue de l'expertise, de se lancer dans de tels types d'enquêtes». Poursuivant avec une remarque rappelant celles de Donavan Blakeman, qui mit sur pied le «Spaghetti Jungle», Sargent ajoute: «Les criminels font appel aux avocats et aux comptables. Ils utilisent des gens qui sont des experts en fiscalité et en structures corporatives. La police a besoin du même genre de ressources».

«Si vous ne les possédez pas, tout ce que vous attraperez c'est le blanchisseur d'argent stupide — le type qui fait les choses de base»

Chapitre 5
LES BANQUES CANADIENNES DANS LES CARAÏBES

Avec son regard vitreux, ses longs cheveux mal peignés et son penchant pour les habits militaires, vous pourriez penser que Steve Yakovac attire les regards où qu'il aille. Ce n'est pas le cas. Du moins ce ne l'était pas à la fin des années 70, à Nassau, la capitale ensoleillée et paisible des Bahamas. Ce n'était pas le cas non plus à la Banque de Nouvelle-Écosse, sa principale institution financière. Il semble que personne ne se surprenait à la banque à la vue de ce «hippie aux cheveux longs, ce pseudo-révolutionnaire», tel qu'il se décrivait lui-même, ou par la quantité d'argent liquide qu'il venait porter dans un volumineux sac de plongée. Lors d'une livraison le 1er septembre 1978, ce décrocheur d'une université américaine arriva avec un dépôt qui fit osciller la balance à 54 kilogrammes. Deux caissières s'affairèrent tout un après-midi à le compter — service pour lequel la banque chargea des frais de 1%. À l'heure de la fermeture les caissières avaient compté 994 765$ US, somme qui comprenait 44 160 billets de vingt dollars.

Yakovac était l'homme à tout faire de Carlos Lehder (son nom complet étant Carlos Enrique Lehder-Rivas), un flamboyant homme d'affaires colombien dans la vingtaine avancée ayant une humeur très instable et des idées politiques radicales. Au début, tout au moins, Lehder se faisait passer pour un promoteur immobilier visionnaire qui projetait développer Norman's Cay, une île des Bahamas en forme d'hameçon, pour en faire un luxueux endroit de villégiature. Telle n'était pas sa véritable identité, ni les véritables projets qu'il envisageait pour Norman's Cay (et sa piste d'atterrissage de deux mille mètres de long). De fait, Lehder était un membre bien en règle du célèbre cartel de Medellin. Pendant la fin des années 70 et les années 80, ce cartel contrôlait la majorité de la cocaïne qui entrait en Amérique du Nord. Pendant un certain temps, de grandes quantités des exportations du cartel, au moins 3,3 tonnes de cocaïne entre 1978 et 1980, transitèrent par la base de transbordement de Lehder sur Norman's Cay.

Il s'agissait là d'une très grosse et coûteuse opération. Par le biais de sa compagnie enregistrée aux Bahamas, la International Dutch Resources Ltd., il acheta les propriétés de la majorité des habitants de l'île. (Un de ceux-ci quitta l'île le jour où on lui remit une valise contenant 100 000$ US). Ceux qui étaient moins coopératifs étaient traités plus durement. Les coûts d'opération étaient substantiels. Des hangars spéciaux avaient dû être construits pour entreposer la cocaïne et les avions. Des systèmes de communication et d'aides à la navigation sophistiqués furent mis en place afin de faciliter l'atterrissage de nuit. Enfin, une quarantaine de mercenaires armés de mitrailleuses, dont plusieurs venaient de l'Allemagne de l'Est, surveillaient les lieux et s'occupaient des opérations. (Leurs distractions n'étaient pas bon marché non plus — incluant, entre autres, une ménagerie de paons sauvages pour s'entraîner au tir et des repas gargantuesques). La demande pour des avions était constante. (Cinq avions endommagés, incluant un DC-3, vinrent bientôt polluer les eaux environnantes)[1].

Les opérations sur Norman's Cay étaient financées en grande partie par les comptes de Lehder à la Banque de Nouvelle-Écosse. Lehder faisait très attention pour que ses transactions financières aient une apparence de consistance avec ses intentions déclarées concernant cette île. «Il avait plusieurs comptes courants réguliers», déclara dans une entrevue en 1988, Rick Marshall, un conseiller international de la Banque de Nouvelle-Écosse. «Une partie importante de ses activités étaient celles qu'on pouvait s'attendre d'un type opérant une marina ou essayant de construire une marina sur Norman's Cay».

Lehder lui-même fut arrêté lors d'une fusillade en Colombie en 1987 et fut rapidement extradé aux États-Unis — la seule personnalité du trafic de la cocaïne a avoir connu un tel sort. Il fut condamné en 1988 à Jacksonville en Floride et purge présentement une peine d'emprisonnement à vie en plus d'une peine additionnelle de 135 ans. Yakovac, qui a témoigné contre Lehder, vit maintenant sous un nom d'emprunt dans le cadre du Programme de protection des témoins américain. Le cartel de Medellin a connu un déclin et est maintenant supplanté par ses rivaux opérant à partir de la ville colombienne de Cali.

Plus de mille pages d'archives obtenues, par voie de citation à comparaître, de la Banque de Nouvelle-Écosse ont contribué à déterminer le sort de Lehder. Les montants étaient très importants. Entre mai 1978 et janvier 1980 (date où les liens entre Lehder et la Banque de Nouvelle-Écosse furent coupés), plus de 11,4 millions US, incluant 9,055 millions en argent liquide, circulèrent à travers trois comptes de banque. «Je pense que cela constituait son fonds de roulement pour ses opérations, sans compter les achats du produit, laquelle aurait nécessité un fonds de roulement beaucoup plus important», déclarait Marshall à cette époque.

Cependant, la plupart des comptes étaient suspects concluait Wendel Welman, un expert du blanchiment de l'argent au U.S. Internal Revenue Service, qui a analysé les dossiers de Lehder à la Banque de Nouvelle-Écosse. Les dépôts de Lehder, par exemple, ne suivaient pas un modèle de ce qu'on peut s'attendre dans le cas de transactions commerciales types. «Le caractère périodique des dépôts ne reflétait pas les opérations normales (d'un commerce ordinaire)», déclara-t-il au procès de Lehder en 1988. Welman prétendit aussi que les sorties de capitaux — tissées à travers une toile très complexe de transactions — étaient également douteuses. Plusieurs de ses transactions tiraient avantage du vaste réseau international de la banque canadienne. Par exemple, des dizaines de milliers de dollars étaient couramment télégraphiés entre les succursales de la Banque de Nouvelle-Écosse à Nassau, Miami, Panama et New York.

Autre exemple d'éléments suspects, un grand nombre de chèques — et, pour des sommes importantes et au montant juste — furent envoyés à des destinataires louches en Colombie et au Panama. Le 17 décembre 1978, par exemple, quatre chèques de 50 000$ US chacun furent expédiés à un certain Alberto Acevedo au Panama. Le 26 avril 1979, six autres chèques — cette fois pour un montant de 20 000$ US chacun — furent envoyés à un dénommé Emilio Zuleta à Medellin. Les autorités furent incapables de découvrir le motif de ces paiements, bien que pour d'autres il fut plus facile à déceler: le 23 octobre 1978, un paiement de 504 100$ US fut envoyé à la Cessna Aircraft Co., le fabricant d'un petit avion maniable que les trafiquants de cocaïne appréciaient.

Les agissements de Lehder n'attirèrent apparemment aucun soupçon à la banque canadienne, et ce, en partie parce qu'il semblait posséder des références et des liens d'affaires irréprochables. Sa compagnie, la International Dutch Resources, avait été constituée grâce à l'aide de Ian Davidson, un banquier britannique qui résidait à Nassau. La crédibilité de Lehder lui-même avait été authentifiée par le Guardian Trust, une institution financière locale de renommée. (Il n'existe aucune relation avec l'entreprise canadienne du même nom). Par coïncidence, Davidson était aussi directeur du Guardian Trust. C'était aussi quelqu'un de très dévoué. Pour le compte de Lehder, il vint déposer des millions de dollars en argent liquide à la Banque de Nouvelle-Écosse, y compris un dépôt de 1,25 millions US. Il fut aussi, pendant un certain temps, un des administrateurs de la International Dutch Resources et d'autres compagnies de Lehder. Une de celles-ci portait le nom fantaisiste de Titanic Aircraft Sales. Une commission d'enquête des Bahamas constata, par la suite, certaines lacunes dans les explications de Davidson concernant ses liens avec Lehder. La commission conclut: «L'impression que Davidson tente de dégager est celle d'un dirigeant de compagnie de fiducie désintéressé qui s'est retrouvé, bien malgré lui, associé avec une organisation de trafic de la drogue. Nous n'avons pas trouvé ce témoin crédible»[2].

Et qu'en est-il de l'opinion que la Banque de Nouvelle-Écosse avait de Lehder? «À la fin des années 70, aucune alarme ne fut sonnée (à la banque) d'après ce que je peux en conclure», déclara Marshall. «Ce que la banque a appris de cet incident et d'autres semblables c'est que, de nos jours, il est bien plus difficile qu'il ne l'était auparavant de connaître ses clients». Ceci s'avéra être une importante leçon pour cette institution torontoise et pour l'industrie canadienne des banques dans son ensemble.

Les banques canadiennes sont prédominantes dans les Caraïbes et la Banque de Nouvelle-Écosse (Scotia Bank) est la plus importante dans la région. Les fondements de cette prééminence remontent à plusieurs siècles, aux premiers liens commerciaux du Canada avec cette région. Les premiers contacts remontent probablement au milieu des années 1600 quand Jean Talon, alors gouverneur de la Nouvelle-France, tenta sans grand succès d'établir des liens commerciaux avec les Antilles[3]. Ce ne fut que longtemps après son départ que ses espoirs se concrétisèrent. Dans le siècle qui suivit, ce furent les Anglais, les rivaux des Français, qui en récoltèrent les profits. Sous l'influence des Britanniques, le commerce entre ce qui est maintenant la Nouvelle-Écosse et les Antilles devint de plus en plus important — à un tel point que dans le milieu des années 1700 un marchand d'Halifax, Joshua Mauger, pouvait facilement approvisionner sa distillerie en mélasse et en sucre importés des Antilles. En retour, il y expédiait du poisson et du bois — des produits qui demeurèrent longtemps les exportations canadiennes de base dans cette région[4]. À la fin du dix-neuvième siècle, les liens commerciaux étaient suffisamment lucratifs pour attirer les banquiers canadiens dans les Caraïbes[5]. La première à s'y installer fut la Banque de Nouvelle-Écosse, qui ouvrit une succursale en Jamaïque en 1894 avant même d'opérer à Toronto. Un peu plus tard, la Merchant's Bank d'Halifax «suivit les troupes américaines à la Havane durant la guerre hispano-américaine, (et) devint prospère en finançant le commerce cubano-américain». La Merchant's Bank changea par la suite son nom pour devenir La Banque Royale du Canada[6].

Depuis ce temps, les institutions financières canadiennes se sont vu devenir les banques préférées des affaires et du commerce de détail dans plusieurs endroits des Caraïbes. Aux Bahamas, par exemple, elles s'occupent d'environ 80% des affaires du pays. Ce sont les mêmes raisons qui ont permis aux banques canadiennes de prospérer à travers le monde qui font leur succès dans les Antilles: elles sont grosses, efficaces et fiables, et possèdent un vaste réseau de succursales à l'échelle internationale et la technologie informatique la plus récente. Il n'y a que très peu de choses qui soit en dehors de leur champ de compétence. Elles peuvent traiter tous les types de transactions, allant du financement d'un projet hôtelier aux Antilles néerlandaises jusqu'à l'envoi par télex de l'argent d'un immigrant jamaïcain résidant à Toronto à sa famille de Kingston, en Jamaïque.

Pendant plus de cent ans, les succursales des banques aux Caraïbes firent la fierté (et les profits) de leurs bureaux-chefs. Mais, dans les années 70 et au début des années 80 certaines d'entre elles devinrent aussi une source d'embêtement: on révéla plusieurs cas de banques canadiennes (et particulièrement la Banque de Nouvelle-Écosse) ayant été utilisées pour blanchir des fonds douteux, habituellement des profits du trafic de la drogue.

Cette situation fut causée, en partie par le fait qu'il existe, dans les Caraïbes, un grand nombre de paradis fiscaux: les îles Cayman, les Bermudes et les Bahamas pour n'en nommer que quelques-uns. Il est vrai que le secteur de la finance est l'un des deux piliers de l'économie de la région. (Le tourisme étant l'autre). Les Canadiens peuvent s'en attribuer une partie du crédit. C'est, en effet, un avocat de Calgary, Jim Macdonald, qui transforma habilement les îles Cayman en un des plus importants paradis fiscaux de la région. Ce fut lui qui rédigea la législation en cette matière, en s'inspirant des meilleurs éléments des paradis fiscaux voisins et rivaux comme les Bermudes. Comme Macdonald le déclarait au journaliste Martin Keeley en 1979: «J'avais ma philosophie sur la façon de faire fonctionner un paradis fiscal. Il n'y avait rien de vraiment sorcier dans tout cela»[7]. Aujourd'hui, les citoyens des îles Cayman sont parmi les plus prospères des Caraïbes. Ses 548 institutions financières représentent «la crème de la crème du système bancaire mondial (et) elles détiennent environ 400 milliards US de fonds en dépôt, un bond de 500% dans la dernière décennie, qui place les îles Cayman tout juste derrière la Suisse, dans le rang des centres bancaires internationaux»[8].

Tout près, aux Bahamas, on accorde beaucoup de crédit à l'ancien ministre des Finances canadien, Donald Fleming. Après avoir quitté la vie publique en 1963, il aida les autorités des Bahamas à éliminer «la majorité des échappatoires par lesquelles il était possible d'obtenir des informations confidentielles sur un client»[9]. Le succès des paradis fiscaux des Caraïbes est dû à leurs bas taux d'imposition, leurs lois sur la confidentialité financière très strictes et un environnement réglementaire relativement relâché. Comme nous le verrons dans le prochain chapitre, ces caractéristiques ont contribué à attirer une clientèle composée d'honnêtes gens cherchant un lieu d'évasion fiscale, de même que d'autres gens, beaucoup moins recommandables.

Deux autres facteurs sont également à noter: la situation géographique et l'héritage provenant de l'histoire des pirates de la région. Cette région est effectivement, très bien située, établissant une sorte de pont très pratique pour toutes sortes de trafics illicites entre l'Amérique du Sud et l'Amérique du Nord. Ce même facteur a également favorisé la prolifération d'une lignée d'individus plutôt louches gagnant d'importantes sommes en revenus douteux. Évidemment, tout cela fit en sorte que même la mieux intentionnée des institutions financières pouvait se retrouver mêlée à des entreprises douteuses, en faisant tout simplement affaire dans la région. L'économiste montréalais Tom Naylor, un important chercheur sur la question du blanchiment de l'argent, a déjà comparé cette situation aux risques qu'il y a de jouer près d'une fosse d'aisance. Tous ceux qui le font, dit-il, «n'ont aucune raison de se plaindre si quelqu'un y lance une roche et qu'ils sont arrosés».

Reculant aussi loin que dans le milieu des années 1600, l'île de St-Eustache était déjà utilisée pour éviter les impôts et pour la contrebande de marchandises entre l'Angleterre et la France, les deux grandes puissances coloniales de l'époque. Le sucre français, par exemple, parvenait aux acheteurs anglais après avoir été illégalement empaqueté de nouveau dans des barils anglais sur cette île. Dans les années 1770, les marchands britanniques de St-Eustache allèrent même plus loin en fournissant des armes aux colonies américaines rebelles qui combattaient les troupes de Sa Majesté (qui étaient, incidemment, les compatriotes des marchands)[10].

Cette tradition s'est poursuivie au cours du vingtième siècle. Durant la prohibition, les contrebandiers d'alcool aux Bahamas et ailleurs dans la région utilisèrent sa situation géographique avec profit pour passer de l'alcool (souvent canadien) en fraude aux États-Unis. Selon l'histoire locale, Norman's Cays aurait été un de ces lieux de contrebande[11].

Au début des années 60, des criminels américains, tel Meyer Lansky, s'intéressèrent aux Caraïbes pour une autre raison. La révolution communiste à Cuba les avait privés d'un endroit à l'esprit libertin pour leurs casinos, créant ainsi le besoin d'endroits de remplacement plus accessibles. Les Bahamas comblèrent bientôt une partie de ce besoin, en particulier grâce aux efforts d'un entrepreneur canadien. Plutôt grassouillet, son nom était Lou Chesler. Autrefois promoteur minier de la région de Toronto, il avait été impliqué dans certaines transactions boursières avec Lansky. Au fil des ans Chesler, qui est décédé en 1983, avait aussi tâté du cinéma. Il aida à financer des productions hollywoodiennes qu'on a plaisir à oublier comme *Panic Button* mettant en vedette Jayne Mansfield et *Main Attraction* avec Pat Boone[12].

Plus importants furent les efforts de Chesler qu'on peut qualifier d'innovateurs et louches, pour instaurer une industrie du jeu aux Bahamas reliée au crime organisé. Paul McGrath, reporter à l'émission télévisée *The Journal* au réseau CBC, ayant enquêté de façon approfondie sur l'histoire contemporaine des paradis fiscaux dans les Caraïbes, dit de Chesler qu'il est «un homme parmi la petite poignée de ceux qui sont originalement responsables de la corruption aux Bahamas en y introduisant, au début des années 60, les casinos contrôlés par la pègre». Chesler se fit connaître comme l'entrepreneur du luxueux hôtel Lucayan Beach au début des années 60. La réalisation de ce projet dépendait d'un prêt plutôt bizarre de 11 millions effectué par la Atlantic Acceptance Corp., une institution financière canadienne. «Cela ressemblait plus à un cadeau qu'à un prêt, de commenter un comptable qui analysa cette transaction quelques années plus tard», écrivit la journaliste Catherine Wismer[13]. Que Chesler ait conclu un marché si avantageux n'est pas surprenant, puisqu'il était aussi très proche d'un des actionnaires majoritaires de l'institution. La Atlantic Acceptance Corp. fit faillite en 1965, écrasée sous le poids de prêts si imprudents. Mais elle avait déjà rempli sa fonction: le casino de la Lucayan Beach ouvrit ses portes le 22 janvier 1964, à l'occasion d'un grand gala. Comme l'écrivit Hank Messick, un expert sur la question du crime organisé: «le «jet-set» international était sur place afin de donner de la classe à l'événement, mais les vétérans de Meyer Lansky contrôlaient totalement les opérations»[14].

Un autre canadien de mauvaise réputation, le défunt Paul Volpe, laissa sa marque sur l'industrie du jeu dans un pays voisin, Haïti. Comme le dit l'auteur torontois James Dubro, au début des années 60, Volpe — une des figures importantes du crime organisé à Toronto — contribua à faire du seul casino de l'île «une entreprise très profitable, qui vendait de tout sur place, de la nourriture aux médicaments»[15].

À la fin des années 70, Ledher et ses associés initièrent ce qui s'avéra sans doute l'entreprise la plus lucrative des Antilles: le commerce de la cocaïne. On dit que dans le milieu de la décennie suivante, le cartel de Medellin introduisait en contrebande en Amérique du Nord et en Europe jusqu'à 15 tonnes de cocaïne chaque mois. Cette entreprise se révéla si fructueuse que certains de ses dirigeants furent décrits, en 1987, comme étant «probablement milliardaires» par le magazine *Fortune*[16]. Les Caraïbes jouaient un rôle important dans le développement de ce trafic, et ce, dans les deux sens: servant de point de transit pour les expéditions de drogue vers les États-Unis et aussi pour les dizaines de millions de dollars en profits de la drogue qui en revenaient. L'argent comptant, par exemple, était souvent entassé dans les même avions qui avaient livré la drogue — il était ensuite blanchi dans des banques éparpillées à travers les Antilles. Il est plus que certain que le trafic de la cocaïne — et, dans une moindre importance, le trafic moins lucratif de la marijuana — eurent un impact considérable sur les banques de la région et sur leurs liquidités.

Prenons par exemple la minuscule île des Bahamas connue sous le nom de Bimini. On décrivait sa seule institution financière, une succursale de la Banque Royale du Canada, de façon peu élogieuse comme «une grosse cantine à hot-dogs»[17]. Cependant, pendant un certain temps elle transigea des affaires qui auraient rendu jalouses des succursales beaucoup plus grosses. En 1977, elle transféra 544 360$ US en argent comptant à la banque centrale des Bahamas. Cinq ans plus tard, ce montant avait atteint la somme de 12,292 millions US — près de 4 millions US de plus que le surplus de la balance des paiements des Bahamas en entier. La banque centrale fut incapable de prouver que tout cet argent provenait «de transactions d'affaires ordinaires», particulièrement lorsqu'on considère qu'à cette époque, Bimini était une île relativement pauvre ayant une population de deux mille habitants. (Elle avait été, autrefois, l'un des endroits préférés de l'auteur américain Ernest Hemingway où il venait se reposer). Il n'y avait qu'une explication possible à la présence de tout cet argent. Comme le concluait, en 1984, la commission des Bahamas qui enquêta sur les liens de l'île avec le trafic de la drogue: «L'importante augmentation de dépôts en dollars US est directement reliée au trafic de la drogue»[18].

On s'occupa rapidement du problème de Bimini. Le conseil d'administration de la Banque Royale donna des directives claires aux administrateurs de la banque: «Assainissez les opérations ou fermez-la». En 1987, le trafic de la drogue avait été réduit à un point tel que la seule banque de l'île «ne recevait plus assez d'argent US pour avoir à en transférer à Nassau»[19]. Il y eut cependant des effets négatifs au niveau local: «asséchant le crédit à Bimini et privant de fonds tout le système bancaire des Bahamas»[20].

Bimini n'était pas l'unique cas du genre. Au début des années 80, une quantité importante de cas de blanchiment d'argent de la drogue furent révélés dans les Caraïbes — ceci étant le résultat d'une vaste offensive menée par les Américains contre les narco-dollars. Parmi ces cas, le nom d'une institution financière revenait souvent: la Banque de Nouvelle-Écosse. Il semble (pour un certain temps, du moins) qu'elle ait eu, dans les milieux de la drogue, une réputation plutôt troublante. Comme en a témoigné Leigh Ritch, un trafiquant de drogue ayant déjà été condamné, devant un sous-comité du Sénat américain en 1988: «Au début des années 70, la Banque de Nouvelle-Écosse était la plus facile (pour blanchir les profits de la drogue), et puis elle commença à devenir l'une des plus difficiles»[21].

L'expérience d'un autre trafiquant américain ayant fait l'objet d'une condamnation, Robert «The Dance Man» Twist, est similaire. À la fin des années 70, disait-il, un avocat réputé des Bahamas lui recommanda d'utiliser la Banque de Nouvelle-Écosse. Comme l'expliqua Twist à Bob McKeown, présentateur de l'émission *The Fifth Estate* à la CBC dans une entrevue en 1986, l'avocat avait déclaré que la Banque de Nouvelle-Écosse «était l'une des plus faciles où faire affaire et qu'ils prenaient bien soin de vous... Aussi j'y suis allé et j'ai rencontré un des directeurs, j'ai ouvert les comptes et je lui ai dit ce que j'amènerais. Et il a dit que c'était parfait». Twist a déclaré qu'il avait expliqué à l'administrateur de la banque qu'il ferait livraison de quelques millions à la fois — en argent liquide et en petites coupures.

— Bob McKeown: «A-t-il demandé d'où provenait l'argent?»

— Robert Twist: «Non, il n'a jamais demandé d'où cela provenait ou quoi que ce soit.»

— Bob McKeown: «Aucune question?»

— Robert Twist: «Aucune question.»[22]

Les enquêteurs du Sénat américain ont entendu bien des histoires semblables au début des années 80. Ce qui explique qu'en 1983 leur étude sur les activités criminelles à l'étranger concluait: «Dans les Caraïbes, une importante banque internationale canadienne a la ferme réputation d'encourager l'argent sale»[23]. Bien que l'étude du Sénat n'identifiait pas cette institution, il ne subsistait aucun doute quant à son identité. Comme le dit clairement un rapport produit suite à l'enquête fédérale sur le blanchiment de l'argent en 1990, il s'agissait ici «d'une référence claire à la Banque de Nouvelle-Écosse»[24]. Il n'existe cependant pas de preuve que la banque recherchait activement ce type de commerce. Et, la banque elle-même n'a jamais été accusée d'avoir enfreint les lois sur le blanchiment de l'argent. On ne peut nier, cependant, les nombreux incidents dans lesquels elle a été impliquée durant les années 70 et le début des années 80 pour blanchir de l'argent et des fonds illégaux. Selon le compte rendu qu'en fait le journaliste McGrath, il y a au moins une douzaine de procès importants aux États-Unis où les accusés se servaient des succursales de la Banque de Nouvelle-Écosse aux Bahamas et aux îles Cayman pour blanchir leur argent.

Prenons le cas de Bruce «Peewee» Griffin, un trafiquant de drogue de la Floride qui, selon l'estimation du FBI, fit des profits de 100 millions US par année entre 1975 et 1981. Selon les témoignages faits devant une commission d'enquête des Bahamas, Griffin avait déposé 22 millions US en argent liquide à la Banque de Nouvelle-Écosse à Nassau pendant une période de quatre mois en 1979. Comme le rapportait le journaliste William Marsden, l'argent était alors transféré aux îles Cayman dans le compte d'une compagnie du nom de Cobalt Ltd. à la Banque de Nouvelle-Écosse. «De là, l'argent était télégraphié aux États-Unis dans la succursale de la Banque de Nouvelle-Écosse à New York. Griffin le dispersait alors dans les nombreuses compagnies dont il était propriétaire aux États-Unis»[25].

La banque fut aussi utilisée pour blanchir une partie des gains de la mafia sicilienne provenant de l'opération appelée «Pizza Connection» (des pizzerias américaines servaient à dissimuler le trafic de l'héroïne). L'intermédiaire financier était un blanchisseur d'argent du nom de Salvatore Amendolito, un marchand de poisson new-yorkais dans la quarantaine qui s'habillait habituellement «dans divers tons de soie grise, choisis précisément pour s'agencer avec son abondante chevelure grise»[26]. Deux dépôts sont particulièrement remarquables. Le 11 novembre 1980, Amendolito déposa 233 387,20$ US en petites coupures à la Banque de Nouvelle-Écosse de Nassau. Le jour suivant, il y déposait 329 983,12$ US «en mandats, chèques de voyage et chèques au porteur, tous d'un montant inférieur à 10 000$» — dans le but apparent d'échapper à la réglementation américaine concernant les déclarations d'argent liquide[27].

Niant qu'elle avait délibérément attiré cet argent sale, le président du conseil de la banque à l'époque, Cedric Ritchie, déclara: «En raison à la fois de la nature de nos affaires dans les Caraïbes et de la vulnérabilité particulière de cette région face aux trafiquants de drogue, il était inévitable que des criminels tentent d'utiliser notre banque pour leurs infâmes desseins»[28]. De plus, soutenait la banque, les cas connus ne représentent qu'une toute petite fraction de l'ensemble des activités de cette institution financière la plus importante de la région. Comme le déclarait l'un des administrateurs: «Dans le contexte des affaires que nous traitons dans les Caraïbes, ces cas ne totaliseraient pas un millième de un pour cent... Il n'est pas surprenant de trouver (quelques) pommes pourries dans l'ensemble des activités que nous avons dans les Caraïbes».

Les explications de la banque ne parvinrent cependant pas à contrer la désastreuse publicité que ces «pommes pourries» créèrent. Deux âpres (et coûteuses) batailles judiciaires américaines au début des années 80 sur des citations à comparaître en vue de produire des documents reliés aux activités d'entreprises étrangères firent beaucoup de bruit. Le premier cas découle d'une citation à comparaître devant un grand jury américain qui, en 1981, réclama la production des registres bancaires de Twist dont nous avons parlé précédemment. Le bref avait été signifié d'une manière détournée: à la succursale de Miami et non à la succursale concernée des Bahamas. La Banque de Nouvelle-Écosse refusa d'obéir à cet ordre, déclarant que cela constituerait une violation des lois sur la confidentialité bancaire aux Bahamas. En juin 1982, la banque fut reconnue coupable d'outrage au tribunal et on lui imposa une amende de 500$ US par jour jusqu'à ce qu'elle produise les documents. Environ un an plus tard, l'amende fut portée à 25 000$ par jour et alors la banque capitula. Comme le déclarait Gordon Bell, le président de la banque à cette époque: «Nous avons résisté aussi longtemps que nous l'avons pu... L'amende nous plaça dans une position où nous avons été incapables de ne pas nous conformer à cet ordre». Ce cas coûta plus de 100 000$ US en amendes à la banque.

Le deuxième cas du même genre fut cependant plus délicat — et plus coûteux. Il concernait les registres bancaires d'un autre trafiquant américain de marijuana, Frank Brady. Cette fois, aussi, une citation à comparaître en vue de produire des documents — émise en mars 1983 — fut signifiée à la succursale de Miami de la Banque de Nouvelle-Écosse en dépit du fait que les dossiers concernés se trouvaient dans les succursales des Bahamas et des îles Cayman. Une fois de plus la banque refusa de s'y conformer, invoquant les lois sur la confidentialité bancaire de ces deux territoires. Encore une fois, une amende de 25 000$ US par jour fut finalement imposée. Cette mesure prit effet le 14 novembre 1983 et les dossiers des Bahamas furent produits dans les jours suivants. Les choses furent beaucoup plus compliquées pour ce qui est des îles Cayman où les autorités du pays craignaient que le fait de produire des dossiers bancaires aurait un effet dévastateur sur la réputation de ce paradis fiscal quant à la confidentialité accordée à ses clients. Les autorités adoptèrent une ligne de conduite dure sur cette question si bien que les documents ne furent produits aux autorités américaines qu'en janvier 1984 — et ce, seulement suite à l'intervention personnelle du gouverneur de la banque. À ce moment, cependant, le montant de l'amende avait atteint 1,825 millions US.

Ces cas firent en sorte que la banque fut accusée de refuser de coopérer dans le cadre des enquêtes sur la drogue. Certains suggérèrent même qu'elle avait fait de l'obstruction systématique et qu'elle n'avait aucun scrupule à accepter les profits de la drogue. Avec le recul, on constate que la banque semble avoir fait tout ce qui était en son pouvoir pour se soumettre à la fois aux exigences des citations à comparaître et à la législation des paradis fiscaux concernés. Et il semble qu'elle ait été justifiée de craindre des poursuites criminelles pour violation des lois des îles Cayman et des Bahamas. Et malgré apparemment de bonnes intentions, la banque se retrouva, comme le déclare une personne familière avec ce cas, prise entre l'arbre et l'écorce: entre des procureurs américains agressifs et les autorités des deux paradis fiscaux qui étaient tout aussi déterminées à préserver leur souveraineté.

Certains observateurs suggèrent que la plus grande partie du montant de l'amende «Brady» a pu être imposée de manière injuste. En effet, environ 1,3 million US des 1,8 millions US d'amendes résultèrent d'une livraison tardive de quelques caisses oubliées de copies carbone de documents. Car, comme le dit Ingo Walter, l'expert américain en blanchiment de l'argent, ces boîtes ne contenaient pas d'informations qui n'étaient pas incluses dans les documents déjà produits. De plus, dit-il, cet oubli fut corrigé aussitôt que la banque elle-même — et non la poursuite — s'en fut rendue compte[29]. Ce qui intrigue également Walter, qui exprima une certaine sympathie pour les problèmes de la banque, ce sont les preuves indiquant que les fonctionnaires américains avaient la possibilité de prendre un chemin beaucoup plus simple afin d'obtenir les dossiers en provenance des îles Cayman. (Rappelez-vous que la résistance des autorités de l'île contribua pour une large part à l'augmentation vertigineuse de l'amende dans le cas Brady). En effet, selon Walter: «Il semble qu'il existait, à cette époque, une entente secrète entre les États-Unis et les îles Cayman établissant une procédure permettant aux deux parties d'obtenir les registres bancaires et toutes autres informations pertinentes à une enquête criminelle américaine». À la lumière de ces informations, ce n'est donc pas sans justification que Ritchie, le président du conseil de la Banque de Nouvelle-Écosse à cette époque, défendit par la suite les agissements de sa banque en déclarant: «Nous avons essayé par tous les moyens légaux d'obtenir la permission de produire les documents. Mais, ironiquement, ce sont les fonctionnaires américains eux-mêmes qui ont refusé de prendre les mesures nécessaires afin d'obtenir la coopération du gouvernement des îles Cayman. Il est certain que la banque ne faisait pas de l'obstruction»[30].

Selon des notes de service émises par les Affaires extérieures — auparavant classées «confidentielles» mais obtenues maintenant grâce à la Loi sur l'accès à l'information — Ottawa aurait demandé à Washington de manière soutenue de chercher à obtenir ces informations par d'autres moyens, telle une commission rogatoire. Dans le cadre d'une telle procédure, un tribunal canadien aurait pu obtenir les preuves requises à une poursuite aux États-Unis. Mais, ainsi qu'il est écrit dans une dépêche diplomatique datée du 27 septembre 1983, puisqu'une telle alternative aurait pu fournir les informations «de façon plus efficace que par le biais d'une citation à comparaître... Il est d'autant plus regrettable que les représentants du Procureur général des États-Unis n'aient pas pris ces procédures qui avaient été acceptées mutuellement». Pourquoi une telle façon d'agir? Un rapport du Sénat de 1985 suggère que cette attitude faisait partie d'un style de diplomatie américaine querelleuse, destinée à envoyer le message clair que «la pression américaine pouvait toujours forcer les banques internationales à se plier à des citations à comparaître»[31].

Cependant, même avant la fin de «l'affaire Brady», Ritchie entreprit de nettoyer cette situation — et d'étouffer la mauvaise publicité suscitée par cette affaire et d'autres du même genre. Comme il l'admit franchement: «Nous n'avons pas su réaliser à quel point les banques devenaient partie intégrante du réseau de trafic des profits de la drogue... Avec un certain recul, il ne subsiste aucun doute que certaines de nos succursales furent utilisées inconsciemment afin de blanchir des profits du trafic de la drogue»[32]. L'avocat Marshall fut engagé spécifiquement pour s'occuper des problèmes de la banque dans les Caraïbes. Bien que tous les cas impliquant des «pommes pourries» se soient produits avant 1982, les retombées légales (et la mauvaise publicité) ne furent réglées qu'en 1988 — quand Ledher fut condamné. À cette époque, Marshall avait déjà consulté des experts au Canada et aux États-Unis sur la façon de réduire la vulnérabilité de la banque. Et, comme le note l'étude fédérale de 1990: «En réaction à ces allégations, la Banque de Nouvelle-Écosse adopta des politiques très strictes afin de combattre le blanchiment de l'argent dans ses succursales nationales et internationales»[33].

Les nouvelles politiques de la Banque de Nouvelle-Écosse, tournant autour de deux axes principaux — une meilleure connaissance des clients (par le biais d'enquêtes plus complètes), de même qu'une meilleure identification des transactions suspectes — eurent une grande influence sur les institutions financières à travers toute l'Amérique du Nord. Ses programmes et vidéos de formation des employés, en particulier, inspirèrent un grand nombre d'institutions. Voilà qui explique les commentaires du trafiquant de drogue, Leigh Ritch, en 1988 devant un comité du Sénat américain lorsqu'il déclarait que la banque était devenue «la plus difficile» en matière de blanchiment de l'argent de la drogue[34].

Les problèmes juridiques de la Banque de Nouvelle-Écosse ont eu de très grandes répercussions sur les relations canado-américaines, bien au-delà du monde de la finance. Les affaires «Brady» et «Twist» se produisirent en grande partie sous le règne de l'administration libérale de Pierre Trudeau, qui était grandement préoccupée par la question de la souveraineté nationale. Le gouvernement n'apprécia pas du tout la façon avec laquelle ces procédures furent menées par les Américains et était particulièrement ulcéré des tactiques indirectes de pression utilisées par Washington. Dans les deux cas, la pression fut mise sur la succursale de la Banque de Nouvelle-Écosse à Miami afin qu'elle obtienne les documents de succursales d'un pays tiers, et ce, malgré que les opérations de la succursale de Miami n'aient aucun lien avec ces cas. Il est clair, comme le disait Ottawa, que les États-Unis outrepassaient leur autorité et enfreignaient la souveraineté canadienne. Une note de service émise par les Affaires extérieures datée du 8 juillet 1983 (classée «confidentiel» et obtenue en vertu de la Loi sur l'accès à l'information) décrit ainsi la situation: «En vertu des principes du droit international, un État ne doit pas normalement ordonner à une personne sur laquelle elle a compétence, d'agir à l'extérieur de son territoire d'une façon qui constituerait une violation des lois de l'État où cette action doit avoir lieu. À cet égard, le gouvernement des États-Unis serait sans aucun doute offensé si une compagnie des États-Unis opérant à l'étranger était forcée, sous peine de sanctions pénales et de saisie de ses biens dans le pays, de commettre un acte aux États-Unis qui violerait les lois américaines». Cette question était si importante qu'elle fut discutée au niveau ministériel dans le cadre de rencontres bilatérales. Le ministre des Finances, Marc Lalonde, par exemple, discuta de la question avec son homologue américain, Donald Regan, lors d'une rencontre en novembre 1983.

Certains changements fondamentaux résultèrent de ces discussions dont seul l'avenir permettra de juger l'efficacité. L'aspect le plus important fut que les États-Unis et le Canada négocièrent par la suite un traité mutuel d'assistance judiciaire. Ensuite, chaque pays parvint à un accord similaire avec un certain nombre de gouvernements des Caraïbes, y compris les Bahamas et les îles Cayman. Finalement un cadre légal accepté par chacun fut mis en place afin d'obtenir des documents requis par voie de citation à comparaître dans chacun des pays étrangers — sans avoir à recourir à la force et sans enfreindre directement la souveraineté d'aucun des pays.

Les problèmes juridiques de la Banque de Nouvelle-Écosse eurent une autre conséquence: ils amenèrent Ottawa à mieux se préparer au cas où une telle situation se produirait à nouveau. Ils ont de plus conduit à l'adoption de la Loi sur les mesures extraterritoriales étrangères en 1984, donnant au gouvernement fédéral le pouvoir d'ordonner à une compagnie canadienne d'ignorer une loi américaine. Ironiquement, la loi fut adoptée non pas par les Libéraux mais par ceux qui les ont remplacés à la suite des élections de 1984: les Conservateurs de Brian Mulroney, que plusieurs considèrent comme étant moins vigoureux dans la défense de la souveraineté canadienne. La question de savoir si ces nouveaux pouvoirs auraient fait une différence dans les affaires «Brady» et«Twist», est sujette à l'interprétation de chacun.

Il ne fait aucun doute que les mésaventures de la Banque de Nouvelle-Écosse dans les Caraïbes ont contribué à transformer les attitudes des banquiers canadiens. L'industrie n'est toutefois pas nécessairement prête à admettre l'ampleur de cette transformation. Elle a toutefois impressionné Michael Mackenzie, le chien de garde du système bancaire canadien. «Il y a eu un changement de culture», déclare candidement Mackenzie, qui avait été, avant sa nomination à titre d'Inspecteur général des institutions financières, le vérificateur de la Banque de Nouvelle-Écosse. «Je pense que dans les années 70 et auparavant, il existait, au niveau des attitudes, une certaine désinvolture». Mais, disait-il, si vous examinez le secteur bancaire sur une période de cinq ans — disons de 1979 à 1984 ou de 1980 à 1985 — «on peut y voir de nombreux changements». Mackenzie déclare que les banques reconnaissent maintenant qu'elles «ont une obligation de connaître (leurs) clients, d'être satisfaites elles-mêmes... qu'ils ne complotent pas pour enfreindre les lois... Elles ne portaient pas attention à cela à la fin des années 1970».

Quelles sont les conséquences générales de ce «changement de culture» et des mesures adoptées par les banques pour contrer le blanchiment de l'argent? Il est difficile de le déterminer avec précision, bien qu'il n'y ait aucun doute sur une d'elles: les transferts les plus évidents de fonds illégaux ont probablement été réduits. Il est maintenant fort peu probable que quelqu'un puisse s'en tirer s'il se présentait avec un sac de plongée rempli d'argent sale dans l'une des six grandes banques canadiennes, que ce soit au pays ou à l'étranger. Les perspectives de blanchiment de l'argent par le biais des grandes banques canadiennes sont donc réduites pour ces décrocheurs universitaires aux yeux vitreux, aux cheveux en broussaille, habillés en militaire, du genre de Steve Yakovac. Maintenant il est probable qu'un tel individu ferait affaire avec des institutions qui sont beaucoup moins actives dans la lutte au blanchiment de l'argent sale — de petits bureaux de change qui sont moins réglementés ou des petites compagnies de fiducie, par exemple. Il y a, dans les Caraïbes, une abondance d'institutions — certaines ne consistant qu'en une plaque de bronze sur le mur d'un bureau, un télécopieur et un téléphone — qui peuvent s'occuper de ces affaires.

Au-delà de ces faits, les effets du resserrement des politiques bancaires canadiennes sont plus difficiles à juger. Quant à savoir si les banques ont réussi à contrer de manière significative les actions des criminels financiers plus sophistiqués — ou (plus probablement) à rendre tout simplement leur tâche plus ardue — demeure une question non résolue. Il est certain qu'il existe des limites à la politique de «connaître son client». Comme les banquiers l'admettent en privé, ils ne peuvent éliminer tous les clients louches qui se présentent bien mis et munis de bonnes références. L'opération de blanchiment de Duvalier en est un exemple. C'est aussi le cas, à une plus grande échelle, de la chute spectaculaire en 1991 de l'empire du défunt baron des médias, Robert Maxwell. Vingt ans plus tôt, une enquête officielle britannique avait déclaré qu'il était inapte à diriger une compagnie publique. Malgré tout, des banques importantes en Grande-Bretagne, en France et aux États-Unis ne tinrent pas compte de ces faits — et d'à peu près tout ce qui concernait le scandaleux Maxwell — pour lui prêter, de même qu'à ses deux compagnies publiques, plus de

4 milliards US. Comme *The Economist* l'écrivait: «Sans elles, Maxwell aurait été incapable de diriger ce qui était, en fait, un grand jeu international de confiance»[35]. Cependant, quel degré de confiance peut-on avoir dans le jugement des institutions, quant à la connaissance de leurs clients, qui sont, au dire de *The Economist*, «au mieux naïves et au pire, complices»[36]. Ainsi, bien que les banques canadiennes peuvent avoir amélioré leurs méthodes afin de contrer le blanchiment de l'argent sale elles demeurent vulnérables, en partie à cause d'autres institutions moins vigilantes.

Depuis août 1991, par exemple, le Pakistan a permis à ses banques de garantir la pleine confidentialité aux détenteurs de comptes en devises étrangères. En conséquence, on estime que près de 1 milliard US a fait son entrée au Pakistan, sans qu'aucune question ne soit posée[37]. De tels développements inquiètent les officiers engagés dans la lutte contre la drogue qui craignent que le Pakistan ne soit en train de devenir un paradis fiscal pour les profits tirés du commerce des narcotiques. Prenons par exemple une annonce publiée dans l'édition du 16 mars 1992 du *Wall Street Journal* par la banque centrale du Pakistan. En vantant les bénéfices de ses obligations au porteur d'un terme de cinq ans la Banque d'État du Pakistan attire l'attention sur des particularités peu communes: «Aucune question posée sur la provenance des fonds» et «Aucune identité à révéler». De plus, «aucun impôt» et «aucune taxe sur les produits de luxe» n'auront à être payés sur ces revenus. Les officiers américains virent d'un mauvais oeil ces pratiques et ordonnèrent à la banque pakistanaise d'arrêter de vendre ces obligations aux États-Unis. Selon les officiers américains, cette annonce «suggérait que l'achat de ces obligations constituait un moyen d'éviter les impôts et pouvait être interprétée comme une invitation au blanchiment de l'argent, soulevant ainsi de sérieuses questions sur ses politiques de même que des inquiétudes quant au respect des lois américaines». La Banque d'État nia qu'elle avait l'intention d'encourager l'évasion fiscale ou le blanchiment de l'argent. Néanmoins, elle obéit à l'ordre des Américains[38].

Outre au niveau international, les clients des banques canadiennes au pays et à l'étranger ont sans aucun doute été affectés par les changements d'attitude de l'industrie face au blanchiment de l'argent. Les banques canadiennes se sont mises à demander, de plus en plus, à leurs clients d'expliquer des transactions inhabituelles, tels des dépôts importants d'argent liquide, ce qui n'a pas nécessairement plu à tout le monde. Après tout, le caractère privé des transactions financières demeure un aspect très apprécié, comme la malheureuse Banque de Nouvelle-Écosse l'a découvert en au moins une occasion. À la fin de 1986 Neil Connors, un client en colère de Grand Falls à Terre-Neuve ferma son compte après qu'on lui eut demandé à deux reprises d'expliquer d'où provenaient les 1 900$ d'un dépôt en argent comptant. Connors, qui achète et vend des objets de collection, était si mécontent qu'il passa sa rage dans une lettre adressée à son journal local. Il écrivit que lorsqu'on lui demanda de justifier la provenance des 1 900$: «Je lui ai dit (à la caissière) que je pensais que ce n'était pas l'affaire de la banque.» Le malheureux directeur de la succursale locale répondit plus tard dans une lettre adressée au même journal local qu'«une vigilance accrue avait été rendue nécessaire de manière à répliquer à un accroissement des méthodes sophistiquées utilisées afin de blanchir les profits illégitimes passant par les institutions financières.»

Les banquiers canadiens doivent parfois se demander s'il est possible de gagner.

Un Jean-Claude «Bébé Doc» Duvalier radieux et Michèle Bennett,
photographiés en mai 1980, une semaine avant leur mariage qui coûta, selon
les estimations, 3 millions U.S.

Une page du calepin de Michèle donne les détails d'une visite chez Boucheron,
le joaillier parisien, en décembre 1987. «Tonton» était le surnom que Michele
donnait à Bébé Doc.

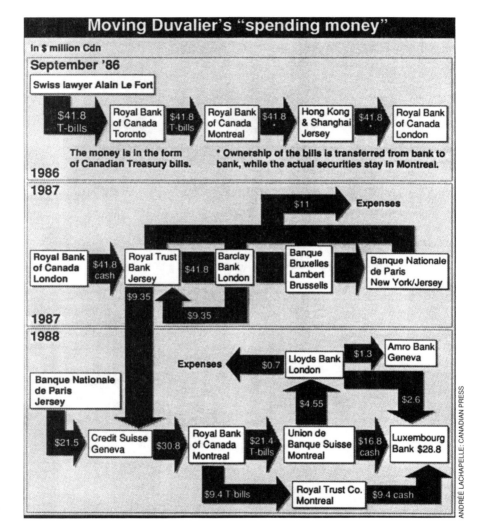

«Essentiellement, le Canada était utilisé comme endroit pour briser la chaîne de documents et ainsi compliquer la recherche efficace (des 41,8 millions)», de dire une source qui était bien informée sur les finances de Duvalier.

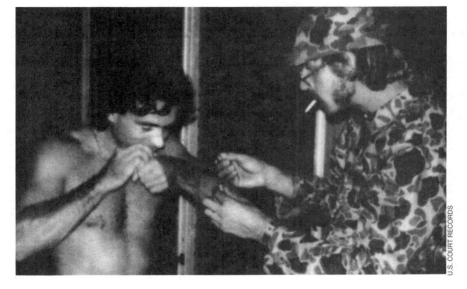

U.S. COURT RECORDS

Le courrier Steve Yakovac (à droite) aide le baron de la drogue Carlos Lehder à tester de la cocaïne sur l'île de Norman's Cay aux Bahamas en 1978.

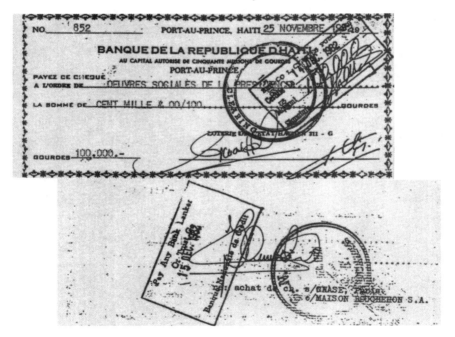

Destiné aux «Oeuvre sociales de la présidence», ce chèque de Duvalier, d'un montant d'environ 20 000US, servit en fait à payer une facture chez le joaillier parisien Boucheron.

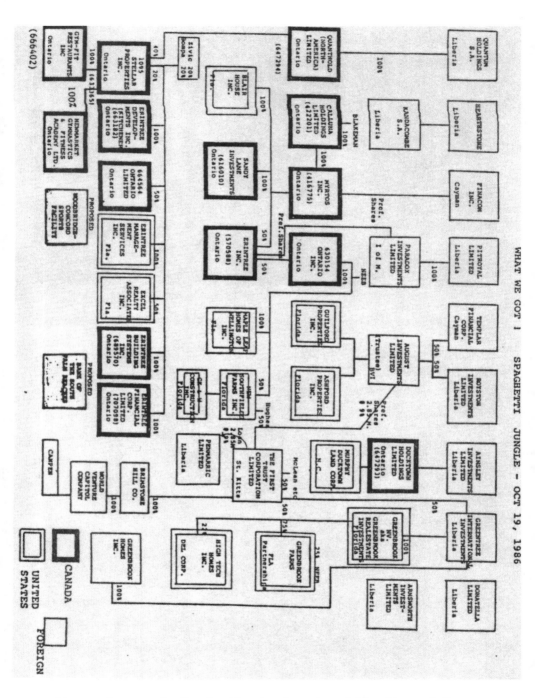

Un organigramme du «Spaghetti Jungle», le système de blanchiment de l'argent le plus complexe à jamais avoir été démantelé au Canada.

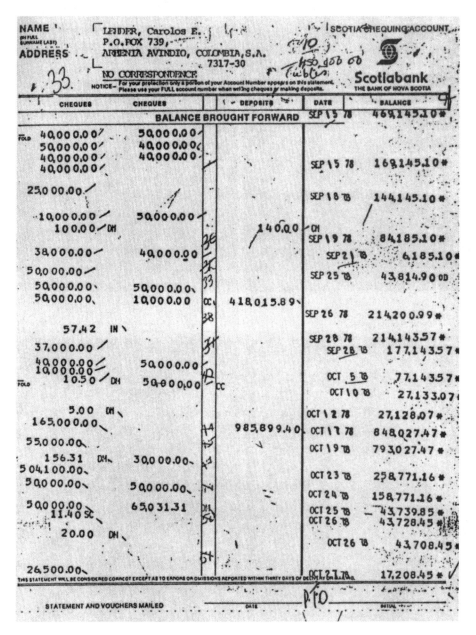

Entre 1978 et 1980, plus de 11,4 millions US circulèrent par l'entremise des comptes de Carlos Lehder à la Banque de Nouvelle-Écosse de Nassau.

Cette valise, contenant un peu plus d'un million de dollars fut saisie par la GRC à Montréal en 1989.

L'objet de fierté d'Elena et Nicolae Ceaucescu — Le Palatul Primaverii ou Palais du printemps à la décoration criarde, situé au centre de Bucarest.

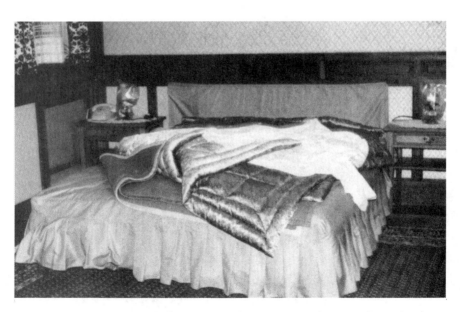

Juste avant son arrestation, il appert qu'Elena Ceausescu prit quelque chose qui était dissimulé dans ce lit, situé dans une chambre rarement utilisée de leur villa de Snagov.

Liviu Turcu (à gauche), un des membres importants des services secrets roumains et d'autres fonctionnaires roumains rencontrent à Bucarest dans les années 1980 Yasushi Akash (au centre), secrétaire-général-adjoint de l'ONU. Traian Chebeleu (à droite) est maintenant le porte-parole du ministère roumain des Affaires étrangères.

Durant le tournage de «Evil's Fortune» en Roumanie. De gauche à droite, l'animateur Linden MacIntyre, la productrice Susan Teskey, l'auteur, le cameraman Colin Allison. Était absent: Wes Blanchard.

Chapitre 6
LES PARADIS FISCAUX

Voici ce qu'on pourrait appeler «l'innovation sanctifiée» du Frère Eduardo: Quelque part dans le milieu des années 80, il découvrit une façon de marier altruisme et avarice en créant un merveilleux concept qui fut adopté à travers le Canada et les États-Unis. Selon l'un de ses dépliants religieux type, son Église des Cercles de Lumière (*Circles of Light Church*) apporterait «son aide à la lutte perpétuelle pour nourrir les pauvres, à la recherche dans le domaine de la santé et des traitements, tout en permettant à chaque donateur d'atteindre une «élévation financière»». De fait, cet homme, connu à Philadelphie sous le nom de Robert Graven, avait mis sur pied une entreprise assez particulière, dans laquelle son butin était blanchi à l'étranger. On invitait les «donateurs», comme on les désignait poliment, à faire un don de 105$ à la maison mère de l'église à Montserrat, un minuscule paradis fiscal des Caraïbes. En retour, ils avaient accès à une escroquerie complexe de type pyramidal. C'est une sorte de fraude qui pourrait être un exemple du dicton «Aide-toi et le ciel t'aidera», dans laquelle les derniers arrivés paient les précédents.

Le bon frère promettait aux fidèles donateurs qui faisaient leur part — c'est-à-dire celle d'embrigader deux autres donateurs qui, par la suite, faisaient de même — qu'ils pourront réaliser (potentiellement du moins) un profit de 46 720$ US. Et, tout en empochant leurs gains, exonérés de tout impôt, ils auront aussi la satisfaction de savoir que leurs 105$ étaient destinés à des oeuvres de charité spécialement choisies. Le Frère Eduardo leur garantissait que cette pratique n'avait aucun des défauts que l'on retrouvait dans ce qu'il appelait sarcastiquement les pratiques du marketing à niveaux multiples: «l'avidité, la mauvaise gestion et une stratégie de marketing imparfaite». Parmi les points positifs, il y avait Montserrat. Pourquoi utiliser un abri aux Caraïbes? Tout simplement «Afin d'assurer, de protéger et de garantir l'intégrité du programme de dons et de cadeaux de l'Église des Cercles de Lumière», comme l'expliquait un bulletin. «Cela permet d'éviter les détournements possibles et les problèmes que pourraient occasionner des individus trop zélés et de mauvaise foi». Il n'expliquait pas cependant ce qui motiverait les actions de ces individus trop zélés ou de mauvaise foi, ni qui ils pouvaient être.

Quelque 28 000 adhérents vivant en Ontario, au Québec, en Colombie-Britannique et dans 21 états américains mordirent à l'hameçon et furent escroqués par le Frère Eduardo de plus de 1,4 million US. Comme le découvrirent les enquêteurs de la Scotland Yard envoyés à Montserrat, une dépendance britannique, les dons ne parvenaient à aucune oeuvre de charité. Ils entraient plutôt dans un système complexe de blanchiment de l'argent n'ayant qu'un but: enrichir Robert Graven. L'argent était tout d'abord déplacé dans une institution financière locale au nom impressionnant de First American Bank. De là, il était divisé dans plusieurs plus petits comptes pour éviter tout soupçon et télégraphiés aux États-Unis[1]. Graven fut condamné en 1991 dans sa ville natale de Philadelphie.

Les escrocs de toutes sortes — y compris les petits escrocs du genre du Frère Eduardo — sont attirés par ce potentiel de camouflage qu'offrent les paradis fiscaux. Voici comment un rapport du Sénat américain en 1992, résumait la situation[2]: Comme l'étau s'était resserré aux États-Unis, où l'on retrouvait la majorité des marchés illicites potentiels, «les criminels ont tout simplement déménagé leurs opérations de blanchiment de l'argent à l'étranger où ils pouvaient déposer, de manière anonyme, l'argent liquide dans des banques pour ensuite l'envoyer par télégramme d'une enveloppe corporative (*shell company*) à une autre». Des escrocs bien connus utilisèrent les mêmes procédés. Prenons, par exemple, le cas de Robert Maxwell, le défunt magnat britannique des médias. Au printemps de 1991, alors que son empire s'écroulait, il fit une tentative désespérée (et camouflée) pour tenter de hausser le prix des actions de la Maxwell Communication Corp. (ou MCC), une de ses compagnies publiques. Ces actions ayant servi à garantir des prêts de plus de 300 millions de livres sterling à ses compagnies, si leur valeur baissait, Maxwell aurait été obligé de donner des garanties supplémentaires. Afin d'éviter d'être coincé dans une telle situation, Maxwell acheta secrètement (et illégalement) des actions de la MCC par l'entremise d'une série de compagnies anonymes dans des paradis fiscaux tels que la Suisse et les îles Vierges britanniques. Le coût total de cette opération fut un renversant 200 millions de livres sterling. Pire encore, ces fonds furent, en grande partie, clandestinement soutirés des coffres de ses propres compagnies et des fonds de pension des employés. Il semble qu'il ne sera possible de recouvrer qu'une infime partie de ces fonds[3].

Certains paradis fiscaux sont pires que d'autres. Pendant un certain temps, Montserrat — qui dans le milieu des années 80 vendit des licences de banques à la pelletée pour la modique somme de 10 000$ US chacune — avait la mauvaise réputation d'attirer «une horde d'artistes de l'escroquerie et d'arnaqueurs en plus d'une montagne d'argent louche appartenant, entre autres, au général Manuel Noriega»[4]. Les autorités britanniques prirent éventuellement des mesures pour nettoyer la maison. En mars 1991, l'île révoqua 311 licences de banque — incluant celle de la banque préférée du Frère Eduardo, la First American Bank[5]. Toutefois, d'autres paradis fiscaux n'étaient pas bien loin. Plusieurs des blanchisseurs opérant à Montserrat déménagèrent simplement leurs opérations tout près, dans l'île encore plus pauvre de Grenade, qui est mieux connue pour avoir subi l'envahissement des troupes américaines en 1983[6].

Si on veut être juste, il faut dire que le Panama, avant la chute de Noriega, avait une pire réputation que celles de Montserrat et de la Grenade. Dès le début des années 70, des avions chargés à capacité des profits du trafic de la drogue aux États-Unis arrivaient à l'aéroport de Panama et cet argent était rapidement absorbé par les banques du pays. La valeur de ces transferts de capitaux était effarante. Par exemple, en juin 1987, quelques 29 milliards US étaient en dépôt dans des banques panaméennes. C'est «six fois le montant que l'économie du Panama (qui utilise le dollar US comme monnaie nationale) est capable d'absorber et... l'équivalent de près de 10 pour cent de tout l'argent américain en circulation à travers le monde»[7]. Le Panama avait aussi la réputation d'être le refuge de la racaille. En 1973, par exemple, il abrita John C. Doyle, ce financier fugitif, le dirigeant tenace de la Canadian Javelin Ltd. Il avait été accusé à St-John's, capitale de Terre-Neuve, d'avoir fraudé Javelin de millions de dollars par le biais d'opérations pour le moins imaginatives. Cette saga judiciaire canadienne ne se termina jamais et traîna jusque dans les années 90. (Il fait face à une peine de trois ans de prison aux États-Unis pour fraude).

Peu de paradis fiscaux ont pu échapper aux fonds illicites. Il est encore plus rare que les grandes opérations de blanchiment de l'argent n'impliquent pas un sinon deux de ces paradis fiscaux. Par exemple, la Banque de Crédit et de Commerce International, aujourd'hui disparue, gardait la grande partie de ses affaires douteuses cachée en ayant son siège social au Luxembourg et en «recyclant» ses transactions les plus louches par le biais de ses activités aux îles Cayman. Ceci contribue à expliquer, en partie, la mystérieuse disparition de presque tout le capital de la BCCI.

Touche Ross, les syndics de la banque, estiment que les déposants ne peuvent espérer recouvrer que 10 cents pour chaque dollar de cette banque dont les avoirs étaient estimés à 20 milliards. Si tel est le cas, de dire *The Economist*, alors la BCCI aurait perdu, volé, donné ou caché au moins 15 milliards. «Une partie de cet argent a peut-être été tout simplement inventée. Pour des années à venir, les tribunaux et les enquêteurs sur les fraudes se demanderont où est passé le reste de cet argent»[8]. Pour trouver une réponse (probablement introuvable) à cette question, ils passeront une grande partie de leur temps à sillonner dans les paradis fiscaux. De fait, une équipe formée d'employés expérimentés du bureau torontois de Touche Ross — parmi lesquels on retrouve certains des enquêteurs qui contribuèrent à éclaircir les affaires de la banque italienne Banco Ambrosiano, qui s'effondra en 1982 — s'est immédiatement envolé pour les îles Cayman peu de temps après la chute de la BCCI en 1991.

Ces étroits liens entre les fonds douteux et les paradis fiscaux suscitent des soupçons, le scepticisme et soulèvent de nombreuses questions: Y a-t-il quelque chose de bon dans les paradis fiscaux? Leur utilité légale compense-t-elle leur rôle d'échappatoire pour tous les escrocs du monde? Curieusement, il semble y avoir consensus quant à la réponse à ces questions: Oui, les paradis fiscaux jouent un rôle vital dans le monde des affaires légitimes. Cette réponse peut surprendre plusieurs personnes qui ne sont pas des initiés du monde complexe de la haute finance et du commerce international. Mais, en effet, une large portion des activités bancaires et du commerce international cesserait sans eux. Les paradis fiscaux aident, par exemple, à conclure des ententes impliquant des investisseurs provenant de différents pays. Si de tels accords n'étaient pas signés en terrain neutre sur le plan fiscal, ils pourraient s'écrouler sous le poids des différents régimes fiscaux s'appliquant à chaque investisseur.

Voyons, par exemple, la situation des banques importantes: On admet que près de la moitié de l'argent du monde est déposé ou transite par le système sophistiqué des paradis fiscaux comme les îles Cayman, qui agissent aussi comme centres financiers internationaux[9]. Ils offrent aux banques des taux d'imposition attirants, des réglementations plus relâchées et une infrastructure moderne. En opérant dans un tel centre, une banque de Londres, par exemple, peut enregistrer un prêt dans un territoire où les impôts sont peu élevés comme aux Bahamas. En retour, elle peut transférer les coûts et les dépenses à Londres où les impôts sont élevés — et ainsi diminuer ses profits déclarés[10]. Ainsi, les coûts sont réduits et les profits augmentés pendant que les clients obtiennent des prêts à bon marché et de meilleurs rendements sur leurs dépôts. Vous n'avez qu'à visiter Georgetown, la capitale des îles Cayman pour constater à quel point les grandes banques trouvent cet endroit attrayant. On dit que le district financier de Georgetown a «la plus forte densité de banques et de télécopieurs au monde»[11].

Les transactions financières internationales les plus importantes se font sur les euromarchés. Ce sont, essentiellement, des transactions en monnaies fortes détenues à l'extérieur de leur pays d'origine — par exemple, des dollars US déposés au Luxembourg ou des yens japonais placés aux îles Cayman. Une banque opérant sur les euromarchés, par exemple, pourrait prendre 1 million en dollars américains d'un industriel du Vénézuela et le prêter à un commerçant du Sri Lanka pour l'aider à prendre de l'expansion. La raison pour laquelle on les appelle euromarchés demeure un mystère. Une explication plausible serait qu'à leur début dans le milieu des années 50, les euromarchés concernaient principalement des eurodollars — des dollars américains itinérants déposés à Londres. La raison qui entraîna la mise sur pied d'un tel type d'opération de recyclage est aussi une question sur laquelle on peut longtemps deviser. Certains experts pensent que l'élan vint de l'ex-Union soviétique. Durant la Guerre Froide, l'URSS voulait garder ses avoirs en dollars américains en sécurité à l'extérieur des États-Unis et de ses banques.

Par définition, les transactions sur les euromarchés ne sont pas réglementées. C'est-à-dire que les dépôts et les prêts en euromonnaie ne sont pas soumis aux contrôles internes (habituellement coûteux) des banques centrales et des autorités monétaires. Par exemple, une banque acceptant un dépôt en euromonnaie n'aurait pas à payer l'assurance-dépôt sur celui-ci, comme elle devrait le faire sur un dépôt domestique. Les transactions sur les euromarchés sont très profitables où qu'elle se produisent — même à Londres, où les impôts sont très élevés et qui est un important centre pour les euromarchés. Les transactions sur les euromarchés deviennent encore plus lucratives si elles sont enregistrées dans un centre financier étranger où le taux d'imposition est faible, comme les îles Cayman. Bien que, évidemment très profitables pour les banquiers, ces transactions attirent aussi les blanchisseurs d'argent sale. Comme le concluait un rapport du Sénat américain en 1983: «L'euromarché a une importance cruciale et est un maillon important du commerce international. Mais dans les paradis fiscaux où l'argent est blanchi et les opérations sont cachées, il n'est pas réglementé. De ce fait, les mêmes conditions qui facilitent le commerce international créent aussi des opportunités [criminelles] internationales»[12].

Pour les compagnies multinationales, les paradis fiscaux représentent un moyen légal de demeurer concurrentielles et de faire des profits en évitant le fouillis des diverses réglementations fiscales qui compliquent leurs diverses activités. Toutes sortes de compagnies le font. Dans les années 60, même les Musées de cire Tussaud Inc. ont tenté de réduire leurs impôts aux États-Unis en utilisant une firme des Antilles néerlandaises qui aurait détenu les droits sur les figurines de cire et qui les aurait louées au Musée Tussaud. Mais cette opération fut désapprouvée par les autorités fiscales américaines[13].

De nos jours, les trésoriers des compagnies parcourent le monde à la recherche d'endroits où les contraintes fiscales sont les plus faibles en ce qui a trait à la circulation des capitaux et des profits. Considérant la féroce concurrence existant sur le marché international c'est un comportement bien avisé, puisqu'on peut être sûr que leurs concurrents font de même. Ce procédé est connu sous le nom de «magasinage des accords» (*treaty shopping*). Un accord fiscal est une entente entre deux pays afin de permettre aux citoyens des deux pays «d'obtenir un traitement juste et équitable sur les revenus qu'ils gagnent dans le territoire de l'autre». Ils ont pour but, de fait, d'éviter qu'un même revenu soit imposé deux fois[14]. Le «magasinage des accords» implique donc l'étude de tels accords de manière à trouver le meilleur chemin pour diriger ses revenus entre l'endroit où il a été généré et l'endroit où l'on veut qu'il aille. Ceci n'implique pas nécessairement un paradis fiscal, mais les experts préfèrent les utiliser en raison de leurs faibles taux d'impôt.

Il s'agit en fait de «faire marcher ses doigts dans les accords fiscaux», de dire le chercheur David Perry de la Canadian Tax Foundation. Ou de relier entre eux les points d'un dessin qui représenterait les différentes destinations possibles. Déplacer les profits de l'Australie au Canada avec le moins de turbulence possible pourrait impliquer de faire passer les fonds par Hong-Kong, les Antilles néerlandaises et la Malaisie — pour finalement se retrouver au Canada. À chaque traversée de frontière les profits peuvent prendre une forme différente selon les termes de chaque accord fiscal: entrant à Hong-Kong sous la forme d'un paiement de dividendes ou les Antilles néerlandaises à titre de paiement de redevances. L'idée, dit-il, est «de s'assurer que l'ensemble [respecte] l'esprit de la loi»[15].

Certains logiciels sont conçus spécialement pour remplir cette fonction: afin de piloter ceux qui sont prudents à travers les eaux risquées de la fiscalité internationale. Un des programmes sophistiqués, connu sous le nom de Comptax, peut être trouvé au respectable Bureau international de documentation fiscale à Amsterdam (*International Bureau of Fiscal Documentation*). Utilisant les informations les plus récentes en ce qui concerne les réglementations sur les impôts dans plus de cent pays, il «calcule l'effet que le transfert de fonds (dividendes, redevances et intérêts) d'un pays à un autre a sur le plan fiscal»[16]. Dans certains cas, suggère Perry, les choses peuvent aller trop loin: «Le «magasinage des accords» devient un problème et vous en abusez si vous l'utilisez uniquement pour réduire les impôts à payer. Cela dépasse (alors) et de trop, le principe de base... que vous examiniez les systèmes d'imposition des deux pays avec lesquels vous faites affaire afin de vous assurer que vous n'aurez pas à faire face à des conséquences (fiscales) non désirées».

L'utilisation des paradis fiscaux par les multinationales contribue certes à augmenter leurs profits, mais aussi à minimiser leur assujettissement aux percepteurs d'impôts nationaux et aux contrôles des banques et, par extension, réduit les liens globaux de la firme avec les pays où elle opère. De l'autre côté de la médaille, cela réduit la marge de manoeuvre d'un État à mettre en application des politiques visant à favoriser le développement économique. Ainsi, les paradis fiscaux contribuent à l'impulsion d'un processus beaucoup plus important, qui est déjà bien en marche et probablement irréversible. Selon le *Business Week*, «Bien qu'un tout petit nombre de compagnies soient presque entièrement coupées de leur pays-hôte, il dénote une nette tendance vers la formation de compagnie «apatride»»[17].

Ces manoeuvres adroites sont profitables pour les individus et les compagnies qui sont suffisamment riches ou importants pour être en mesure de bénéficier des avantages procurés par les paradis fiscaux. Ceux qui croient que l'argent est mieux géré par des intérêts privés, hors de portée des gouvernements et des frontières; ou ceux qui ne croient pas en la légitimité des réglementations de sécurité concernant de telles transactions comme elles existent dans la presque totalité du monde bancaire occidental, peuvent y voir un intérêt.

Les bénéfices sont moindres pour ceux qui, comme la plupart d'entre nous, ne sont pas assez riches pour utiliser de telles mesures en vue d'échapper à la poigne du percepteur d'impôt. Ou qui s'inquiètent qu'une telle utilisation des paradis fiscaux par les grandes compagnies et les riches puisse défavoriser les moins bien nantis — (qui devront compenser ces manques à gagner par de plus fortes contributions -- Il n'est pas clair cependant dans quelle mesure cette situation se produise vraiment). Parmi ceux qui ne verraient que très peu de bénéfices dans l'utilisation des paradis fiscaux, on pourrait imaginer un ministre des Finances qui s'inquiète de la façon dont il pourra équilibrer un budget avec des revenus qui diminuent et une augmentation vertigineuse des coûts des soins de la santé et des mesures sociales. On pourrait aussi imaginer un critique du monde des affaires qui se demande si, en réalité, les compagnies multinationales ne cherchent pas, tout simplement, à éviter de payer des impôts dans les pays où elles se sont établies. Enfin, un consommateur qui a perdu de l'argent dans l'effondrement de la BCCI, cette banque qui évitait les réglementations et aimait beaucoup les paradis fiscaux.

Bien que paraissant légales, plusieurs des utilisations des paradis fiscaux tombent dans une espèce de zone grise. Nombreuses sont les anecdotes impliquant des Canadiens cachant des biens aux Bermudes ou au Panama afin de les mettre hors d'atteinte d'un époux ou d'une épouse ou d'un partenaire d'affaires acariâtre. En raison du secret qui les entoure, il n'existe aucun moyen d'estimer combien de personnes agissent de cette façon, bien que la plupart des experts estiment que le nombre soit plutôt petit. Aux États-Unis, où on semble raffoler des actions en justice, *The Economist* rapporte que des médecins et des avocats inquiets de la possibilité d'énormes poursuites en responsabilité — et déjà piqués au vif par les primes d'assurance vertigineuses — font de même. Un nouvel instrument financier très populaire est le Asset-Protection Trust, qui restreint de manière significative l'accès aux fonds contestés qui sont dans un paradis fiscal. Ceci pourrait même remplacer les arrangements prénuptiaux, suggère *The Economist*: «Un Roméo avisé peut tout simplement mettre ses avoirs financiers hors de portée de Juliette, et ne jamais le lui dire»[18].

On retrouve toutes sortes de paradis fiscaux: des jeunes débutants comme Vanuatu, une minuscule république du Pacifique sud, aux vétérans des Alpes comme le Liechtenstein (qui, incidemment, est aussi le premier producteur mondial de boyaux pour saucisses et de dentiers). Ce sont les atours du Liechtenstein qui ont attiré John C. Doyle, dont nous parlions plus tôt, parmi plusieurs autres. (Robert Maxwell aussi, aimait bien ce pays). En 1968, on croit que Doyle y a amassé près de 4 millions en faisant passer l'achat d'une concession forestière sans valeur du Labrador à une compagnie fantôme du Liechtenstein, la société Transhipping.

Plusieurs s'appuient sur les bonnes vieilles traditions anglaises. «Les paradis fiscaux qui opèrent selon les lois héritées d'Angleterre sont parmi les préférés, parce que la loi anglaise est comprise et respectée à travers le monde», écrit Richard Blum, l'expert américain sur les questions internationales. «Ainsi, on constatera que plusieurs paradis fiscaux sont, ou ont déjà été, des colonies de l'Empire britannique». De la même manière, l'anglais — la langue universelle des affaires de nos jours — est en général la langue parlée dans plusieurs des paradis fiscaux[19]. Il s'agit d'un autre point en faveur des paradis fiscaux ayant des origines britanniques.

Les paradis fiscaux doivent faire preuve de stabilité politique s'ils veulent continuer à attirer les fonds. Dans les années 70, la réputation de Beyrouth à titre de paradis fiscal pour les fonds du Moyen-Orient s'effrita rapidement. Les Suisses, immuables, ont toujours eu un énorme avantage dans ce domaine, comme le démontra l'énorme afflux de capitaux fuyant le Moyen-Orient durant les premiers jours de l'invasion du Koweit par l'Iraq en 1990.

Dans tous les paradis fiscaux, l'économie locale bénéficie de façon importante du secteur de la finance — un facteur que cite souvent leurs partisans. Montserrat, par exemple, a très peu d'attraits touristiques ou de ressources naturelles. Même ses plages ne peuvent se comparer à celles de ses voisins. Mais, dans les dernières années, les fonds provenant de l'étranger se sont révélés être une mine d'or, représentant à eux seul environ 5 pour cent des revenus du gouvernement: «un élément important pour équilibrer le budget»[20]. La contribution est encore plus importante dans l'île voisine de Curaçao où les fonds provenant de l'étranger représentent jusqu'à 25 pour cent du budget fédéral[21]. La chose est aussi vraie pour le Luxembourg qui sert de lieu de résidence pour certaines des compagnies de gestion de puissants Européens telle la famille Agnelli d'Italie, les propriétaires et fabricants de l'automobile Fiat. Le secteur de la finance internationale aida le Luxembourg à boucler son budget suite au déclin de sa puissante industrie de l'acier[22].

Le Canada a lui-même tenté de tirer profit des quasi-paradis fiscaux que représentaient Montréal et Vancouver. Les gouvernements provinciaux du Québec et de la Colombie-Britannique offrent des avantages fiscaux sur certains types de transactions bancaires et d'opérations sur des valeurs mobilières avec des étrangers si elles sont effectuées dans l'une de ces deux villes. Ces avantages provinciaux vont plus loin que les minces avantages offerts par Ottawa en 1986. À cette époque, le gouvernement fédéral désigna Montréal et Vancouver comme centres bancaires internationaux. Mais, prévoyant les réactions négatives de Toronto, la capitale financière du pays, Ottawa minimisa les avantages que ses deux rivales, Montréal et Vancouver, pouvaient en retirer. Ainsi, les profits, jusqu'à ce jour, ont été bien minces pour ces deux villes, n'approchant en rien les richesses récoltées par le Luxembourg ou le Liechtenstein[23].

Les paradis fiscaux sont gérés par une petite armée de professionnels: avocats, comptables et banquiers. Certains deviennent très riches grâce à leur travail, formant une petite élite qui tend à bénéficier grandement de ces paradis fiscaux des Caraïbes. À Montserrat, par exemple, la majeure partie des profits du secteur de la finance internationale est empochée «par un petit groupe d'avocats locaux très bien rémunérés... les frais légaux pour les demandes visant l'obtention d'une nouvelle licence sont probablement de plus de 500 000$ US par année et les frais annuels s'élèvent possiblement à un 2 millions US de plus»[24]. Dans certains cas, ce sont des expatriés qui ramassent la part du lion de cette manne.

Les paradis fiscaux qui ont du succès ont aussi besoin d'un certain nombre de firmes fournissant des services spécialisés. Certaines vendent des enveloppes corporatives (*shell companies*) un peu comme un détaillant vend un pain ou un tapis. Une compagnie panaméenne déjà constituée, par exemple, pourra vous coûter environ 800$ US; une compagnie de Hong-Kong, la toute petite somme de 350$ US. D'autres firmes créent et gèrent des fiducies et des compagnies fantômes, allant jusqu'à tenir les livres comptables et les livres de compagnie en bon ordre. Elles vous fourniront très souvent des actionnaires dociles et des candidats très soumis pour votre bureau de direction.

Si vous visitez plusieurs paradis fiscaux vous y découvrirez une philosophie curieusement amorale et des opinions très laxistes en ce qui concerne des activités comme le blanchiment de l'argent de la drogue. Récemment, durant l'été de 1990, un dirigeant des Antilles néerlandaises lançait l'avertissement suivant, tout en gardant son sérieux: Les paradis fiscaux des Caraïbes «auront des difficultés à être trop généreux en définissant l'infraction de blanchiment de la drogue. Ils sont légitiment préoccupés à conserver des affaires de bonne foi»[25].

Un point de vue semblable est partagé par deux individus que j'ai rencontrés un matin de neige de décembre 1990 à Lugano dans cette région de la Suisse où l'on parle italien. Cette ville élégante — nichée parmi les montagnes couvertes de neige et embellie par un long lac majestueux — a, depuis longtemps, une réputation entachée. Dans les années 80, par exemple, elle était l'un des endroits favoris de la mafia sicilienne pour blanchir de l'argent. Il y avait tellement d'argent sale qui passait par cette ville tranquille «qu'un procureur de la Couronne était inquiet à l'idée que cela pourrait discréditer des secteurs entiers de l'économie suisse»[26].

Lugano connut aussi sa part de liens plutôt louches avec le Canada. C'est là que ce Canadien controversé qu'était Walter Wolf s'établit en 1972[27]. (Wolf était un financier membre du «jet-set» qui, malgré ses liens avec Pierre Trudeau, ne se privait pas pour courtiser chaleureusement les membres de l'opposition conservatrice). C'est aussi à Lugano que Énergie Atomique du Canada (ÉAC) déposa un montant suspect de 2,5 millions en avril 1974, immédiatement après que l'Argentine eût accepté officiellement de faire l'acquisition d'un réacteur Candu. Une journée après son dépôt, l'argent disparut dans un compte portant le nom de code «Opera» dans une banque de Genève[28]. Le mystère ne fut résolu qu'une décennie plus tard quand une enquête argentine découvrit que l'argent s'était retrouvé dans les mains de Jose Galbard, le ministre des Finances qui avait mis sur pied la transaction. Alors que ÉAC a perdu de l'argent lors de cette vente, Galbard, lui, retira 4 millions en pots-de-vin avant d'émigrer aux États-Unis, où il vécut le reste de ses jours[29].

La plupart des résidents de Lugano, pour leur part, gagnent leur vie en offrant des services aux Italiens désireux d'éviter les impôts. Un jour, j'ai observé une limousine gris acier portant des plaques d'immatriculation de Milan s'arrêter devant une de ces banques discrètes que l'on trouve à Lugano. Il en sortit un homme distingué aux cheveux gris et son assistant, un homme costaud portant des gants de chamois et transportant une valise lourde. Ils pénétrèrent rapidement dans la banque et furent escortés avec diligence par un employé serviable dans une pièce spéciale et surveillée située à l'arrière de la banque.

Quand j'ai mentionné cet épisode à mes deux contacts — des frères qui demandèrent l'anonymat — ils haussèrent les épaules. Cela se produit tout le temps, dirent-ils. Nous nous sommes rencontrés dans un café chaleureux où flottait l'odeur de l'expresso et des bonnes pâtisseries. Les deux hommes, l'oeil brillant et les manières irréprochables, étaient particulièrement enthousiastes alors qu'ils m'expliquaient leur entreprise naissante. «Nous sommes consultants en affaires», m'expliquèrent-ils dans un italien distingué. L'aîné prit un bout de papier et commença à élaborer les plans d'un accord éventuel. Disons qu'un investisseur italien se présente avec une proposition complexe: Il veut utiliser des capitaux espagnols pour bâtir une usine d'engrais en Allemagne afin d'approvisionner un marché en expansion derrière l'ancien Rideau de Fer. Les deux frères vont utiliser des trucs de gestion financière afin de s'assurer que tous les transferts d'argent — de l'arrivée des capitaux espagnols à leur sortie à destination de l'Europe de l'Est — rencontrent le moins de problèmes d'impôts possibles. Toute cette opération impliquera une solide chaîne d'enveloppes corporatives (*shell companies*) étrangères et des comptes bancaires anonymes. Au cours de ce processus, ils s'assureront que toutes les informations — particulièrement l'identité de l'investisseur italien — demeurent secrètes.

Je leur demandai: «Que se passe-t-il si l'entreprise en question est impliquée dans des affaires louches, ou bien si l'usine d'engrais mentionnée plus tôt fait face à de sérieux problèmes environnementaux?» Les deux hommes haussèrent les épaules. Ils avaient déjà traité de problèmes semblables. Dans le milieu des années 80, une de leurs brillantes structures commerciales fut impliquée dans le louche trafic international des déchets toxiques. Des remords? Aucun. «Si je vous vends légalement un revolver et que par la suite vous l'utilisez (illégalement), c'est votre problème», me répondit un des deux hommes. Ils terminèrent leur café. Nous nous sommes serrés la main. Ils sortirent dans l'air frais des Alpes. Je pouvais les entendre, converser librement et rire tout en s'éloignant. Aucun scrupule, aucune nuit d'insomnie pour cette joyeuse paire.

Les paradis fiscaux sont issus d'une longue tradition, tout aussi ancienne que «la plus vieille profession du monde»[30]. Les marchands de l'Athènes antique désiraient tellement éviter une taxe de 2% sur leurs importations et exportations qu'ils effectuaient apparemment un détour de 20 milles[31]. Au Moyen-Âge, les villes de la ligue maritime et commerciale de la Hanse situées sur le territoire de ce qui est maintenant l'Allemagne, prospéraient en taxant légèrement le commerce[32], et au XVIIIe siècle, les colonies américaines firent passer leur commerce par l'Amérique latine afin d'éviter de payer les droits imposés par les Britanniques[33].

Dans les années 30, quelques Canadiens plutôt audacieux attrapèrent le virus de l'évasion fiscale internationale. Il y avait, parmi les premiers, Sir Harry Oakes, le magnat de l'industrie aurifère qui avait amassé son énorme fortune dans les tourbières de la région de Kirkland Lake dans le nord de l'Ontario. En 1933, il échappa à ce qu'il considérait comme une ponction fiscale exorbitante du gouvernement canadien en déménageant aux Bahamas où il fut mystérieusement assassiné une décennie plus tard. Certains enquêteurs ont émis l'hypothèse que Oakes ait même été impliqué dans une quelconque opération de blanchiment de l'argent — en versant des fonds dans des banques mexicaines afin de contourner les restrictions sur l'argent en temps de guerre. Ceci ne fut toutefois jamais prouvé de manière concluante[34].

Durant les années d'après-guerre, plusieurs autres Canadiens suivirent le même chemin. L'industriel E.P. Taylor, mieux connu comme propriétaire de la ferme où «Northern Dancer» — le gagnant du Derby du Kentucky — fut élevé, devint citoyen des Bahamas en 1975. Et, plus récemment, Michael DeGroote, qui mit sur pied l'importante firme de gestion de déchets qu'est la Laidlaw Inc., déménagea aux Bermudes en 1990. Mais peu de Canadiens ont aussi bien saisi la pleine valeur d'un paradis fiscal que les milliardaires Irving du Nouveau-Brunswick. En 1971, la famille — régulièrement inscrite parmi les plus riches du monde — commença à faire une utilisation spectaculaire d'une filiale de Irving Oil, leur compagnie de raffinage et de distribution. Faisant affaire sous le nom de Irving California Oil Co. Ltd., ou Irvcal, sa particularité était d'être située dans un paradis fiscal: les Bermudes. Le patriarche de la famille, K.C. Irving, utilisa Irvcal comme intermédiaire dans une entente qu'il signa avec la Standard Oil of California, maintenant connue sous le nom de Chevron. Cette transaction avait une valeur renversante de 1,2 milliard US entre 1971 et 1975. En utilisant une technique connue sous le nom de «transfert de prix» (*transfer pricing*), une grande partie des profits fut mise à l'abri sous le parapluie protecteur des Bermudes.

Conformément à cette entente, la Standard Oil ne vendit pas directement son pétrole brut d'Arabie Saoudite à la Irving Oil au Nouveau-Brunswick mais passa plutôt par la Irvcal. Celle-ci acheta le pétrole brut de la Standard Oil pour un prix de 2,10$ US le baril et le revendit à la Irving Oil pour 2,90$ US. La Irving Oil sortit les profits exempts d'impôts aux Bermudes sous la forme d'un dividende qui fut divisé entre la Standard Oil et la famille Irving[35]. Cette transaction fut révélée au grand jour quand les autorités fiscales canadiennes désapprouvèrent la légitimité de cette transaction au motif que la filiale des Bermudes n'avait aucune fin commerciale légitime. Ils déclarèrent que Irvcal n'était qu'un camouflage afin de dissimuler des revenus gonflés, une structure commerciale dont le seul but était de permettre de diriger les profits vers une destination où ils seraient exempts d'impôts.

La famille Irving en appela de cette décision, arguant que tout avait été fait ouvertement et que cette entente était légitime puisque le prix payé par la Irving Oil correspondait à celui du marché. Les consommateurs du Nouveau-Brunswick ne furent pas pénalisés par cette entente[36]; la défense des Irving se révéla très persuasive. En février 1991, la Cour fédérale d'appel rendit un jugement en faveur de la famille Irving, concédant que la Irvcal était «purement et simplement, une opération visant à éviter les impôts». Néanmoins, comme le déclarait la Cour, cela était acceptable, considérant qu'un juste prix avait été payé par la Irving Oil. La Cour déclara: «En résumé, une transaction ou un arrangement n'échouera pas de manière efficace à éviter l'impôt simplement en raison du fait qu'il y manque un but commercial de bonne foi». Revenu Canada dut rembourser quelque 200 millions d'impôts plus intérêts à la Irving Oil.

L'affaire Irving Oil met en relief les bénéfices potentiels qu'on peut tirer de l'utilisation d'un paradis fiscal — et soulève des doutes quant à la portée des actions de Revenu Canada dans le cadre de telles transactions. «Évidemment, c'est un gros problème», déclare un fonctionnaire de Revenu Canada qui a demandé à ne pas être identifié. Irving Oil n'est pas la seule compagnie dans une telle situation. Un grand nombre de multinationales établies au Canada ont aussi bénéficié des paradis fiscaux étrangers. Comme le disait un expert fédéral en fiscalité qui parlait en toute confidentialité, ce qu'elles tentent principalement de faire, c'est de réduire les impôts étrangers — et non pas les impôts canadiens. Des compagnies hollandaises, par exemple, sont souvent utilisées pour détenir les actions de filiales internationales de compagnies canadiennes et pour financer les activités internationales. Quels en sont les avantages? Si une compagnie a une importante filiale américaine, par exemple, le rapatriement des dividendes ou des profits directement au Canada entraînerait un impôt de 10% aux États-Unis. De nombreux pays imposent un tel impôt sur les dividendes et les profits qui sortent de leurs frontières. En dirigeant les investissements vers les Pays-Bas — et son régime fiscal plutôt amical envers les sociétés de portefeuille — l'impôt américain peut être réduit de moitié. Mieux encore, les paradis fiscaux peuvent réduire de manière significative les coûts d'emprunt en utilisant la technique dite du «double trempage» (*double-dip*).

La technique du «double trempage», dans un cas type, permet à une compagnie canadienne de financer ses activités étrangères à partir du Canada, tout en déduisant les frais d'intérêt au Canada. De plus, les revenus provenant de cet investissement n'auront pas grand chance d'être imposés au Canada. Ainsi, disons qu'une compagnie canadienne veut financer ses activités aux États-Unis. Elle empruntera au Canada, où les intérêts sont déductibles. Elle investira par la suite cet argent dans des actions d'une compagnie de portefeuille hollandaise, qui, par la suite, peut être enregistrée aux Antilles néerlandaises. La compagnie hollandaise réinvestira ensuite les fonds dans sa filiale américaine qui déduira, elle aussi, les frais d'intérêt. Les frais d'intérêt auront donc été déduits deux fois: dans un premier temps au Canada et dans un deuxième temps par la filiale américaine.

Le «double trempage» inquiète le vérificateur général du Canada. Ce chien de garde des dépenses fédérales a soulevé cette question dans son rapport pour l'année fiscale se terminant le 31 mars 1990, en donnant comme avertissement que «ceci pourrait se traduire par une perte de revenus d'impôts pour le Canada et une augmentation des revenus d'impôts pour les territoires étrangers». Un fonctionnaire expert en fiscalité qui parlait sous le couvert de l'anonymat est d'accord avec ces propos: «Ce sur quoi le Canada devrait s'interroger c'est sur les raisons pour lesquelles ces intérêts devraient être déductibles au Canada. Il n'y a pas de réponse facile à cette question. Si vous en venez à la conclusion qu'ils ne devraient pas être déductibles, qu'allez-vous faire pour résoudre cette situation — tout en considérant que vous vous attaquez à une importante compagnie multinationale». Probablement très peu de choses. Puisque les multinationales et les emplois qu'elles génèrent ont le pied léger, les gouvernements hésitent à toucher à cette question. Comme l'admet notre fonctionnaire fédéral: «Ces problèmes sont connus depuis longtemps. Trouver une solution qui soit juste et équitable est très difficile».

Revenu Canada est maintenant plus sévères en ce qui concerne les opérations de transfert de prix et a tenté de rendre plus compliquée la fuite des profits internationaux vers les paradis fiscaux[37]. Malgré cela, les paradis fiscaux continuent à attirer les firmes canadiennes. Personne ne connaît vraiment l'ampleur de leur utilisation ni leur impact sur les coffres fédéraux de même que leurs conséquences sur les payeurs de taxes. Notre fonctionnaire fédéral estime que la perte de revenus est «certainement dans les dizaines de millions» de dollars chaque année. Mais il met aussi en garde: «Je ne suis pas sûr que, dans les faits, il s'agisse d'un problème si important, en termes de volume, qu'il faille adopter une solution urgente». Donald Brean, l'expert en fiscalité de l'Université de Toronto dit qu'il est difficile de mesurer de façon précise les activités dans les paradis fiscaux ou «l'impact en termes de coûts sur les revenus des sources légitimes et des pays d'origine» pour l'unique raison «que les paradis fiscaux sont utilisés en tout premier lieu. Il est encore plus difficile de distinguer les fonds qui transitent par les paradis fiscaux et qui répondent à des stratégies de planification fiscale internationale et de politique financière intelligente (et légale) d'une compagnie multinationale, des manoeuvres peu scrupuleuses accomplies dans un but général d'évasion fiscale».

Bien que l'impact des paradis fiscaux sur les revenus des gouvernements soit impossible à mesurer, il est clair qu'ils offrent des avantages qui ne sont à la portée que d'un petit nombre de privilégiés. Est-ce que cela engendre des inégalités dans le système de taxation ? Oui, suggère l'expert fédéral en fiscalité David Dodge. Dans un article publié en 1988, il notait que «les opérations sophistiquées d'évitement des impôts sont principalement utilisées par les payeurs d'impôts bien nantis et bien informés. Les taux d'imposition plus élevés qui en résultent sont injustes envers la majorité des payeurs d'impôts»[39]. De manière à répondre à ce phénomène, le gouvernement fédéral place ses espoirs dans ce qu'on appelle, en anglais, la «general anti-avoidance rule», ou GAAR que l'on pourrait traduire ainsi: une réglementation générale face à l'évasion fiscale. Celle-ci a donné naissance à une nouvelle expression en anglais: on dira que les avocats qui mettent sur pied des opérations visant l'évasion fiscale sont inquiets d'être «GARR-ed». Présentée à la Chambre des Communes en 1988, cette réglementation vise à limiter les stratégies de planification fiscale ayant pour seul but de réduire les impôts sur les profits. On peut se demander si cette réglementation aurait pu contrer une opération comme celle utilisée par les Irving dans les années 70? Les opinions sont partagées à ce sujet. Un fonctionnaire de Revenu Canada déclare: «GARR permettrait à Revenu Canada de considérer cette affaire sous un nouveau jour... (Mais) je ne pense pas que cela garantirait qu'un cas similaire, se reproduisant ne réussirait pas de nouveau».

Ce qui rend cette situation délicate c'est que les aspects légitimes pour lesquels les paradis fiscaux sont utilisés dans le but d'éviter les impôts sont souvent reproduits par les opérations illégitimes de blanchiment des profits de la drogue. Ceci est inquiétant pour les avocats et les comptables qui y font des transactions légales de même que pour leurs clients qui ne désirent pas que leur réputation soit entachée par une association possible avec cet argent sale. Mais c'est encore pire pour les policiers qui luttent contre le trafic de la drogue, car cette situation contribue à augmenter les problèmes qu'ils ont à résoudre. Il est déjà assez difficile de faire la distinction entre évitement et évasion fiscale quand certaines transactions sont conclues par le biais d'un paradis fiscal. Il est encore plus difficile de repérer les agissements similaires de blanchisseurs d'argent sale qui se font passer pour de véritables hommes d'affaires cherchant à diminuer leurs impôts.

Les actions entreprises individuellement par les autorités locales font peu de choses pour faciliter le travail des policiers. Aussitôt qu'un pays réussit à éliminer certaines des échappatoires permettant le blanchiment de l'argent, ces capitaux sont transférés ailleurs. En 1991, quand la Suisse a annoncé qu'elle ne permettrait plus, désormais, aux avocats de cacher l'identité de leurs clients lorsqu'ils déposent des fonds dans des banques suisses son voisin, le Liechtenstein, a continué de permettre aux avocats et aux fiduciaires de fournir un tel anonymat. Résultat: l'argent traversa discrètement la frontière pour aller au Liechtenstein[40].

Le sénateur américain John Kerry proposa une approche plus globale. Ses déclarations donnèrent des palpitations à Ottawa il y a quelques années. En 1988, il pilota au Congrès ce qu'on appela l'amendement Kerry. Cet amendement ordonnait au département du Trésor américain de conclure des ententes avec des pays étrangers — et particulièrement les paradis fiscaux étrangers — les obligeant, entre autres choses, à enregistrer toutes transactions en dollar américain dont la valeur dépassait 10 000$ qui avait lieu sur leur territoire. S'ils refusaient, le président des États-Unis avait le pouvoir de couper les liens de ce pays avec CHIPS et tout autre système électronique américain de transferts de fonds. Il s'agissait là d'un lourd coup de matraque, puisque ces systèmes sont les fondements du commerce et des finances internationales[41]. Un paradis fiscal qui n'y était pas relié ne pourrait survivre très longtemps.

Jusqu'à maintenant, cependant, Washington ne semble pas pressé d'appliquer les dispositions de l'amendement Kerry. Ce n'est pas vraiment surprenant puisque, depuis toujours, il est dangereux de se mêler des affaires des paradis — ainsi que l'a constaté un amiral britannique au XVIIIe siècle. Durant la Guerre d'Indépendance américaine, cet amiral envahit le paradis fiscal qu'était l'île de St-Eustache dans les Caraïbes, cette île fournissant en armes et en marchandises les colonies rebelles. Il commit l'erreur de détruire les entrepôts et de saisir toutes sortes de marchandises. Malheureusement pour lui, celles-ci étaient la propriété de marchands britanniques qui lui intentèrent des poursuites. Il dut subir les problèmes juridiques qui en résultèrent pour le reste de ses jours[42].

Le Trésor américain, chargé de mettre en application l'amendement Kerry, vécut une expérience similaire lors d'un incident qui fut baptisé dans une manchette de journal comme «La Gaffe au Paradis» («*Blunder in Paradise*»). Le 29 juin 1987, le département du Trésor américain annonça la fin de l'accord fiscal entre Washington et les Antilles néerlandaises. Une trop grande part des revenus fiscaux américains disparaissait dans ce groupe d'îles ensoleillées au large des côtes du Vénézuela. Personne n'avait anticipé les répercussions, parce que personne n'avait porté une attention particulière aux euro-obligations (des obligations libellées en euromonnaies) d'une valeur de 32 milliards US qui passaient annuellement par ces îles.

Peu de temps après l'annonce, cependant, les officiers américains se rendirent compte du rôle important que jouaient les paradis fiscaux dans le monde des finances internationales: les marchés internationaux réagirent très fortement. «Les prix des obligations chutèrent de 15 à 20 pour cent, entraînant une perte potentielle totale de 900 millions à 1,2 milliard US pour les investisseurs américains et un total de 3 milliards à 4 milliards US pour les investisseurs étrangers», écrivit le *New-York Times*[43]. Les Américains qui émettaient de grandes quantités d'euro-obligations tel RJR Nabisco et J.C. Penney envisagèrent, pendant un moment, de racheter leurs obligations. Moins de deux semaines plus tard, le Trésor américain abandonna et, tout en perdant la face, modifia drastiquement sa décision[44].

On comprit rapidement avec cette affaire qu'il était très problématique de tenter de toucher aux paradis fiscaux — même si c'était dans le but louable et populaire de mettre fin au blanchiment de l'argent de la drogue. D'une part, les sanctions sévères de l'amendement Kerry pourraient, si elles étaient imposées de manière unilatérale, avoir un effet très différent (et imprévu) que celui souhaité. Salvatore Martoche, le secrétaire adjoint du département du Trésor américain, lance comme avertissement que les banques et les compagnies étrangères pourraient tout simplement ramasser leurs billes et aller jouer ailleurs: «Des méthodes de paiements concurrentielles (pourraient) être élaborées et des chambres de compensation concurrentielles semblables à CHIPS pourraient aussi se développer... un système comparable ayant déjà été mis sur pied au Japon». Pour réfuter ceux qui maintiennent que cela ne pourrait jamais se produire, Martoche fait une comparaison entre les États-Unis et l'Empire romain qui, lui aussi, «pensait qu'il durerait toujours»[45]. Ce qui veut dire que même les États-Unis ne sont pas assez puissants pour bannir unilatéralement certains types d'activités financières et défier les forces que ces innovations financières peuvent déclencher.

Ainsi, y aura-t-il dans un futur prévisible quelqu'un qui, incluant les partisans de l'amendement Kerry, aura un impact tangible sur les abus commis dans les paradis fiscaux? Il ne semble pas que ce soit le cas. «En théorie, vous pourriez les fermer», de dire Stamler, l'ancien commissaire adjoint de la GRC. Mais il s'agit ici, dit-il, d'une activité basée sur un «consentement mutuel». «Les citoyens de tous les pays du monde veulent ce genre de service. Ils veulent pouvoir avoir la possibilité d'éviter les impôts».

En fin de compte, il est peu probable que l'on modifie profondément les paradis fiscaux — d'autant plus qu'ils sont devenus une partie intégrante du système financier international. Les escrocs et les criminels du monde entier n'en seront que plus riches.

Chapitre 7
LE PIONNIER CANADIEN

Le 21 septembre 1966, un homme âgé à la voix grave téléphona à une suite de l'hôtel Royal York à Toronto. La conversation fut brève, juste assez longue pour arranger une rencontre avec l'occupant de la suite. Puis, celui qui avait fait l'appel dit: «Continuez comme vous le faites déjà», et il raccrocha[1]. Cette conversation ne passa toutefois pas inaperçue. Elle fut interceptée par un micro de la GRC, enregistrée et transmise aux autorités américaines. Qu'une telle conversation, apparemment anodine, reçoive un tel traitement s'explique en partie par l'identité de celui qui avait téléphoné. Il s'agissait de Meyer Lansky, un élégant joueur au début de la soixantaine mesurant 5 pieds et 4 pouces. À cette époque, les policiers luttant contre le crime organisé croyait qu'il était le génie financier qui avait mis sur pied des systèmes bancaires élaborés à l'étranger afin de blanchir les profits illicites du crime organisé.

Lansky était certainement un gangster de premier ordre et, à un moment donné, l'une des forces majeures des activités du crime organisé dans le monde des casinos au Nevada et dans les Caraïbes. Incidemment, il était aussi ce genre de criminel plus grand que nature dont raffolait Hollywood. (Il fut dépeint dans le film *Bugsy* de Warren Beatty et, sous les traits du personnage de Hyman Roth, dans *Le Parrain*, 2ème partie). Mais de là à le décrire comme un pionnier du blanchiment de l'argent par le biais des banques étrangères? Pas tout à fait. Selon les recherches méticuleuses du biographe de Lansky, Robert Lacey, et d'autres informations, si on devait accorder le crédit d'une telle innovation à quelqu'un, ce n'est pas à Lansky mais bien à l'occupant de la suite de l'hôtel torontois[2]. Il avait environ le même âge que Lansky, et était un peu plus grand que lui (par un petit deux pouces) quoique tout aussi élégant. Il s'appelait John Pullman et était un citoyen canadien vivant en Suisse, la plupart du temps. Selon Lacey, ce fut Pullman qui présenta à Lansky l'idée que plusieurs considèrent comme étant une innovation-clé de ce dernier: «les possibilités d'utiliser des banques étrangères comme canaux de circulation et comme lieux de dépôt pour l'argent généré par les intrigues de Meyer à Las Vegas»[3].

La réputation de Lansky a terni depuis sa mort en 1983. Il avait de l'influence, c'est certain, mais il n'était pas à la tête de ce que le FBI et certains autres croyaient, dans les années 60 et 70, être un empire criminel opérant selon les mêmes principes que la General Motors[4]. Le crime organisé américain, version Lansky, ressemblait moins à un monolithe corporatif qu'à une association plutôt informelle d'entrepreneurs collaborant lors de transactions spécifiques — associés davantage dans le but de réaliser un gain que par des liens ethniques ou la loyauté à un clan[5]. De façon similaire, on croit maintenant que la fortune de Lansky était bien moindre que l'évaluation à 300 millions US faite par certains observateurs de la mafia[6]. De façon plus spécifique, il n'était pas très habile dans la gestion clandestine de ses avoirs, pas plus, d'ailleurs, que les autres importants criminels américains de sa génération[7]... jusqu'à ce qu'il rencontre Pullman. Il existe une anecdote révélatrice à ce sujet concernant un ancien preneur de paris: il se rappelle avoir emprunté 150 000$ US du chef d'une des cinq familles réputées du crime de New York et avoir reçu «un sac d'épicerie plein de billets, enveloppés dans des journaux vieux de 30 ans»[8]. Cela ne dénote pas une grande habileté financière. Et un net contraste avec les méthodes de Pullman. De dire Lacey: «Ceux qui ont fait personnellement des affaires avec Meyer (dans les années 60) s'entendent pour affirmer que son gourou était l'aimable et éloquent John Pullman qui faisait tout de façon brillante et innovatrice et n'avait jamais rencontré de problème qu'il ne pouvait résoudre»[9].

Pullman, décédé en 1985, fit partie de ce que Rod Stamler, adjoint au commissaire de la GRC et maintenant à la retraite, considère comme une contribution typiquement canadienne à l'essor des opérations de blanchiment de l'argent. Historiquement, dit-il, «il y a eu une grande implication des avocats, comptables, etc. canadiens qui se sont rendus dans des pays étrangers et qui y ont mis sur pied des systèmes (de blanchiment de l'argent)». Stamler cite, à cet effet, le cas de Robert Vesco, le fugitif américain qui aurait, paraît-il, détourné des millions de dollars provenant d'un empire de fonds mutuels au début des années 70. Vesco, dont on dit qu'il a blanchi l'argent à travers un labyrinthe de «trous noirs» étrangers, utilisait un Canadien, Norman Leblanc, comme comptable et homme de confiance. Pourquoi des Canadiens? «Nous avons une vision très internationale» dit Stamler. «Les criminels américains voient le Canada comme étant très près de l'Angleterre et, de ce fait, en relation étroite avec les paradis fiscaux (du Commonwealth britannique) dans les Caraïbes... Il y a toujours eu ce lien avec le Canada. Nos criminels canadiens et les criminels américains s'associent naturellement».

Né sous le nom de Wolhyn Pullmer en Russie le 19 septembre 1901, Pullman émigra au Canada avec sa famille en 1908. Les premières années de Meyer Suchowljansky, qui deviendra Meyer Lansky, furent étonnamment similaires — c'est peut-être l'une des raison qui les ont amenés à se faire mutuellement confiance. Lansky était aussi né en Russie au début des années 1900 — personne ne connaît la date exacte — et sa famille est arrivée aux États-Unis en 1911. Pullmer alla à l'école à Toronto jusqu'à l'âge de dix ans mais ne demeura pas longtemps au Canada. Après avoir travaillé comme chasseur dans un hôtel à Penetanguishene, en Ontario, il émigra aux États-Unis en 1918, changea son nom pour celui de John Pullman et s'enrôla dans l'armée américaine. Après avoir terminé son service militaire, Pullman vécut à Chicago et travailla pour une compagnie du nom de Yankee Amusement Co.[10] Par la suite, quelque part dans les années 20, il fit de la contrebande d'alcool et eut ses premières rencontres avec Lansky.

Le 18 mai 1931, Pullman fut accusé d'une infraction à la prohibition à Grand Rapids au Michigan, près de Chicago[11], et fut condamné à une peine de quinze mois de prison de laquelle il ne purgea que six mois. C'était la seule tache de nature criminelle à son dossier. Il n'y a pas de preuve qu'il ait été impliqué, à cette époque, dans les opérations financières de la contrebande d'alcool. Il n'est pas plus clair non plus que ses relations avec Lansky à l'époque de la prohibition — alors l'un des importants contrebandiers d'alcool avec, entre autres, Charles «Lucky» Luciano — étaient aussi étroites que s'en vantera Pullman plus tard en privé[12]. Néanmoins, la prohibition permettra à Pullman de fréquenter les plus importants contrebandiers d'alcool de l'heure et de se faire ce qui se révéleraient des contacts très utiles.

Durant les années «d'apprentissage» de Pullman, dans les années 20 et 30, les opérations de gestion confidentielle de l'argent étaient très peu développées. Une exception remarquée, toutefois, était la façon dont étaient gérés certains des profits de la famille qui avait fondé l'empire des distilleries Seagram, les Bronfman. Leurs activités durant la période de la prohibition ont longtemps été source de controverse. En effet, bien qu'il soit certain que l'interdiction de la vente de l'alcool aux États-Unis ait grandement contribué à accroître leurs profits, on omet souvent de mentionner que leurs activités étaient tout à fait légales — et que les autres distilleurs canadiens agissaient de la même manière. De plus, la majeure partie de l'immense fortune des Bronfman a été accumulée après l'abolition de la prohibition aux États-Unis en 1933 — grâce à des stratégies de marketing imaginatives, à des coups bien planifiés et au sens des affaires de Sam Bronfman. Comme le remarque l'historien Michael Marrus, plusieurs autres distilleurs qui bénéficièrent de l'époque de la prohibition ne surent pas tirer profit de son abolition[13]. Ceci étant dit, les Bronfman prirent grand soin de camoufler la façon dont des millions de dollars leur parvinrent entre les mains en provenance de clients cherchant à contourner la prohibition aux États-Unis.

Certains détails sont contenus dans des dossiers de la GRC rendus publics en mai 1991 suite à une demande en vertu de la Loi sur l'accès à l'information[14]. Ces dossiers — regroupés dans un volume relié de 900 pages — résument les preuves présentées par la Couronne en 1935 lors du procès de membres importants de la famille Bronfman. Ils faisaient face à quatre chefs d'accusation de conspiration en vue de frauder Ottawa d'une somme de 5 millions en droits de douane sur de l'alcool canadien qu'on soupçonnait avoir été ramené en contrebande dans le pays et qui était visiblement destiné aux marchés étrangers. Le cinquième chef d'accusation concernait la contrebande d'alcool vers les États-Unis[15]. La Couronne prouva que les Bronfman exportaient d'importantes quantités d'alcool — parfois en passant par des lieux exotiques comme les Bermudes et Bélize. Mais elle ne put prouver que l'alcool destiné aux marchés étrangers avait, de fait, été ramené en contrebande au Canada et vendu sans que les taxes aient été acquittées. Pas plus qu'elle ne put prouver qu'il était du ressort des cours canadiennes d'appliquer les lois des États-Unis concernant la prohibition. À l'issue de toutes ces procédures, la cour de Montréal rendit une décision déclarant que les Bronfman n'avaient rien fait d'illégal — puisque, selon les lois canadiennes, les vendeurs n'avaient pas à produire de documents indiquant la destination ultime de l'alcool vendu. Comme le rapportait le jugement: «Les agences ont vendu de l'alcool à tous ceux qui voulaient en acheter et ces agissements étaient légaux dans les pays où elles opéraient. Elles n'avaient pas l'obligation de vérifier la destination des marchandises vendues, pas plus qu'elles ne devaient s'informer auprès des acheteurs de ce qu'ils entendaient faire de leurs marchandises»[16].

Bien que leurs importantes activités d'exportation furent jugées légales par une cour canadienne, les Bronfman adoptèrent une approche nettement plus secrète dans la gestion de leurs revenus américains. La cause de tels agissements est encore obscur, bien qu'il soit probable qu'ils aient voulu déjouer le système fiscal canadien. Une lettre de la Banque de Montréal datée du 26 décembre 1931 et saisie par la GRC faisait référence à la volonté des Bronfman «de ne pas signer personnellement de lettres, puisqu'une telle action pourrait soumettre la compagnie aux impôts dans le Dominion du Canada»[17]. On peut présumer que les Bronfman voulaient protéger leurs clients américains d'une attention non souhaitée de la part du gouvernement — que ce soit des autorités appliquant la prohibition ou du Internal Revenue Service[18].

Ce qui explique les opérations de blanchiment des Bronfman. Ces opérations impliquaient l'utilisation de ce que les enquêteurs de la GRC décrivirent comme des «appellations fictives». Une de ces inventions — «John Norton» — fut utilisée de concert avec la Atlas Shipping Co., une compagnie de commerce contrôlée par Brintcan Investments, la société de portefeuille de la famille Bronfman. Il n'existait, de fait, personne du nom de «J. Norton». Cependant «il» était le destinataire de différentes sommes d'argent. Le nom de «J. Norton» agissait comme un filtre pour Atlas Shipping, «nettoyant» les revenus américains accumulés par d'autres firmes d'exportation contrôlées par les Bronfman. Ce stratagème était semblable aux systèmes de blanchiment de l'argent plus modernes. Comme l'indiquait une note de service de la GRC: «Vers la fin de l'année 1930, un stratagème fut mis sur pied de manière à éviter que les noms de la Atlas Shipping Company ou des Bronfman soient dévoilés lors de transactions impliquant des paiements en provenance des États-Unis. Le nom de J. Norton, fictif et inexistant, fut utilisé dans les transactions. Les clients remettaient les fonds par le biais de transferts télégraphiques, de mandats bancaires ou de chèques personnels faits à ce nom»[19].

«J. Norton» était un réceptacle anonyme pour accueillir les fonds. Il agissait en tant que «tamis» secret, brisant la chaîne existant entre les origines de l'argent — des clients des États-Unis qui avaient réussi à contourner les règlements de la prohibition — et les Bronfman eux-mêmes.

Comment cela fonctionnait-il? Selon une autre note de service de la GRC: «Dans certains cas, l'argent était télégraphié directement au nom de J. Norton, Montréal, en provenance de différents endroits des États-Unis. Dans d'autres cas, les fonds ou les chèques américains étaient apportés à la succursale de la Banque de Montréal aux coins des rues Drummond et Sainte-Catherine (à Montréal) et un mandat était acheté au nom de J. Norton. Ce mandat était alors déposé dans l'un des comptes de la Atlas Shipping Company (à la même banque)»[20].

Une autre appellation commerciale populaire était «Joseph White Reg'd.». Celle-ci aussi fut apparemment utilisée pour recevoir des paiements de façon anonyme. Dans la seule année 1933, la GRC recueillit des preuves attestant que quelque 8 millions furent déposés dans le compte de «J. White Reg'd.» à la Banque de Montréal[21]. Plusieurs des bordereaux de dépôt pour ce compte étaient initialés par David Costley, le secrétaire-trésorier de Brintcan. Selon les dossiers de la GRC, d'importantes sommes furent transférées de ce compte à ceux détenus par la Atlas Shipping Co. à la même succursale bancaire. Encore une fois, plusieurs des documents nécessaires à ces transactions étaient initialés par Costley[22].

D'autres Canadiens opérant du côté plus louche du commerce de l'alcool dans les années 20 auraient eu avantage à prendre des leçons des Bronfman. Prenons le cas de Rocco Perri, un truand de Hamilton se glorifiant d'être le «roi des contrebandiers». Apparemment, il s'appuyait sur des techniques relativement transparentes pour gérer ses revenus. Une bonne partie de ses avoirs semble avoir été gardée dans de simples comptes de banque. Parmi les quelques tentatives de subterfuges qu'on lui connaît, une eut un effet limité: l'argent fut placé dans des comptes au nom de sa maîtresse, Bessie Starkman. Une enquête rapide sur leurs affaires financières, en 1927, permit de découvrir huit comptes dans lesquels avaient été déposés plus de 860 000$ entre 1922 et 1927[23].

Personne ne sait ce qui a d'abord attiré Pullman vers le monde de la finance «obscure» — ou même quand il a commencé à apprendre les trucs du métier. Cela n'a rien de surprenant; car Pullman passa la majeure partie de sa vie à essayer de ne pas se faire remarquer. «Si vous le voyiez dans un aéroport ou dans un hôtel, il était très simple et modeste», se rappelle George Wool, un avocat de Vancouver qui a enquêté sur quelques-unes des activités de Pullman dans les années 70, alors qu'il était employé de la GRC. «Il était bien aimable. Je ne l'ai jamais vu en colère. Il était très diplomate». Don Docker, un autre agent de la GRC à la retraite qui était familier avec les activités de Pullman, a de semblables souvenirs: «Personne ne le reconnaissait jamais car il était très discret. Il pouvait marcher sur Bay Street (à Toronto) et je parie qu'il n'y aurait pas eu une douzaine de personnes qui auraient su qui il était.»

On sait toutefois que Pullman a vécu aux États-Unis pendant trois décennies, devenant citoyen américain en 1943 à Chicago. Il revint au Canada en 1948 et obtint sa citoyenneté six ans plus tard. Entre la prohibition et les années 60, Pullman devint passablement riche, sans que l'on sache comment, bien qu'il soit difficile de déterminer dans quelle mesure sa fortune avait été acquise de manière illégale. Il tira profit d'un certain nombre d'entreprises légitimes aux États-Unis, incluant une chaîne de magasins de pièces automobiles dans le midwest américain et des razzias dans le commerce de l'alimentation. À un moment donné, il fut propriétaire d'une compagnie appelée Federal System of Bakeries. Comme se le rappelait Pullman: «Nous montrions comment faire du pain sans que les mains le touche»[24]. Il dit qu'il l'a vendue pour 2,5 millions US.

Pullman continua à prospérer après être déménagé au nord du quarante-neuvième parallèle — grâce, disait-il, à sa perspicacité lui permettant de saisir les occasions dans le marché immobilier et dans les émissions d'actions rentables. Les officiers de police et les enquêteurs étaient plutôt sceptiques face à ces déclarations. Malgré le fait qu'il avait de nombreuses compagnies légitimes et faisait des affaires légales, il subsisterait toujours des doutes concernant l'origine de certains de ses biens. «Il était indépendant financièrement» dit Wool, ex-enquêteur à la GRC. «Mais je ne savais pas d'où provenait spécifiquement son argent».

Mais ce qui attira l'attention des forces policières au début des années 60 fut le rôle de Pullman «dans la peau» d'un financier sophistiqué ayant des activités à l'étranger et une clientèle franchement louche. À la fin de cette décennie, il était décrit dans les cercles policiers américains comme «un des plus influents associés et un des conseillers financiers de la mafia (qui) est fréquemment utilisé par ceux-ci pour investir l'argent du syndicat»[25]. Un indice important de ce rôle joué par Pullman se révéla le 19 mars 1965, à l'aéroport de Miami. Ce fut le résultat d'une gaffe de Sylvain Ferdmann. Celui-ci était un économiste suisse âgé de trente ans, qui fit ses études à Harvard. Pendant qu'il chargeait des sacoches dans une voiture, Ferdmann échappa un morceau de papier, qu'un préposé remit aux autorités américaines. Il s'agissait d'un reçu mentionnant: «La présente confirme la réception, ce vingtième jour de décembre 1964, de la somme de trois cent cinquante mille dollars (350 000$) en billets de banque américains en vue de son dépôt dans le compte de Maral 2812 à la International Credit Bank de Genève, ladite somme m'étant remise en présence du signataire ci-mentionné». Le témoin était John Pullman. Il apparut alors que Ferdmann, avec ses allures de rat de bibliothèque, était en fait un messager chargé de transporter de l'argent et amenant, pour fins d'évasion fiscale, les profits que Lansky et d'autres personnes avaient tirés des différents casinos de Las Vegas. Et, comme l'indiquait le reçu, il aidait Pullman à transférer ces fonds illicites des États-Unis vers un abri sûr en Suisse[26].

Dans sa forme la plus simple, la fraude fiscale des profits des casinos se fait de la façon suivante: un pourcentage des revenus de chaque soir est détourné avant même qu'ils soient officiellement comptés et enregistrés. Le FBI a calculé que les sommes détournées de cette façon à Las Vegas entre 1960 et 1965 totalisaient 12 millions US par année. Selon l'agence américaine, les sommes détournées étaient rassemblées à Miami puis expédiées à l'étranger, souvent transportées en personne par des individus du genre de Ferdmann. Pullman jouait un rôle de premier plan dans ces transactions. Des enquêteurs ont reconstitué ses voyages afin de récupérer l'argent, de Miami aux Bahamas — où, pendant un certain temps, il fut président de la Bank of World Commerce, qui avait très mauvaise réputation — et par la suite vers la Suisse[27].

Il est intéressant de noter que Pullman avait aussi un bureau à la International Credit Bank — la destination des fonds que transportait Ferdmann. Il fut par la suite révélé que Pullman avait aussi «certains intérêts financiers» dans cette banque[28]. De fait, il avait reçu une commission de 1% sur les dépôts qu'il amenait à la banque et, pendant un certain temps, était près de son dirigeant, le flamboyant Tibor Rosenbaum. Celui-ci était une sorte de mentor pour Pullman et on croit qu'il fut à l'origine de plusieurs des idées de Pullman concernant les finances internationales[29].

Le reçu de Ferdmann concordait avec d'autres informations que les autorités américaines recueillaient au sujet de Pullman. En 1967, elles le décrivaient comme «le contact (de la banque de Genève) pour la manipulation de l'argent de la mafia» et «un associé très près de Meyer Lansky et on soupçonne, de source sûre, qu'une grande partie de l'argent de la mafia lui est envoyée par le biais de Lansky»[30]. Grâce à une fuite opportune du FBI, les activités de Pullman et Ferdmann furent publiées, avec éclat, dans l'édition du 8 septembre 1967 du magazine *Life* — accompagnée d'une photo un peu floue de Ferdmann qu'on voit transporter une sacoche remplie et se dirigeant vers un avion. Ferdmann fut longtemps ébranlé par ces révélations. Des années plus tard il déclara à un journaliste du *New York Times* qui avait réussi à le retracer: «J'ai peur depuis 1967. J'ai terriblement peur. S'il-vous-plaît, ne parlez pas de moi dans votre article»[31].

Pullman fit comme si de rien n'était. Il ne poursuivit pas le magazine *Life*, mais il transféra ses comptes personnels de la International Credit Bank au plus important Crédit Suisse où son compte était tout simplement identifié au nom de «John Pullman»[32]. Il expliqua qu'il s'était tout simplement «séparé» de Rosenbaum pour des raisons d'affaires. «M.

Rosenbaum, qui était le président de la banque, investissait trop d'argent dans un seul pays et je n'aimais pas cela», de dire Pullman. «Ce pays était Israël. Il était très près d'Israël et je croyais qu'il était dangereux, pour une banque, d'investir la majeure partie de ses capitaux dans un seul pays. Cela explique le retrait de mes capitaux de cette banque et leur placement dans une institution plus importante et plus stable»[33].

Ce divorce n'était cependant pas définitif, malgré les allégations de Pullman au contraire. Pullman était peut-être inquiet au sujet des méthodes d'affaires de Rosenbaum, mais il continua d'attirer de nouveaux clients vers la International Credit Bank — et d'avoir un bureau là — bien après qu'il ait transféré ses comptes personnels ailleurs. Un de ses clients de choix était Lansky, dont le compte portait le nom de code «Bear». Pullman recruta aussi d'autres déposants du même acabit, dont Joseph «Doc» Stacher, un autre fraudeur de Las Vegas et ancien contrebandier d'alcool[34]. Comme l'admit Pullman des années plus tard: «Quand je partais à la recherche de nouveaux comptes, je ne m'adressais pas à des journalistes gagnant 10 000$ par année. J'allais voir des millionnaires qui avaient de l'argent. Je ne pouvais pas aller voir des éboueurs (*ditch-digger*) donc j'allais à Las Vegas. J'essayais d'obtenir des comptes des propriétaires de casinos. C'est ainsi que je connus beaucoup de gens»[35].

De plus, Pullman agissait à la fois comme hôte et comme conseiller financier quand nombre de représentants du crime américain visitaient la Suisse. Pullman parlait français, une habileté estimée à Genève, qui avait été longtemps la mecque de la fuite des capitaux pour les francophones du monde. Quand Lansky et sa femme Teddy visitèrent la Suisse en 1965, par exemple, Pullman les rencontra à l'aéroport de Genève et par la suite «accompagna les Lansky à Lausanne et dans un voyage en Allemagne de l'Ouest»[36]. De tels voyages étaient souvent surveillés. En 1967, des officiers de la police américaine avaient identifié Pullman «comme un guide pour les membres les plus importants de la mafia et pour les principaux associés non membres lorsqu'ils sont en voyage en Europe»[37].

La banque de Genève s'effondra en 1974, suite à des accusations d'avoir collaboré à des fraudes et à d'autres délits, mais Pullman ne fut jamais impliqué dans aucun méfait. Outre les actions qu'il avait pu détenir, il semble qu'il ne perdit pas d'argent dans cette faillite — ayant transféré ses fonds au Crédit Suisse. Cependant, son ami Lansky semble avoir beaucoup plus souffert. Les liens serrés de Rosenbaum avec Israël — qui avaient apparemment offusqués Pullman — avaient eu un effet opposé sur Lansky. Il avait consacré une grande partie de la fin de sa vie à explorer ses racines juives et il était enthousiaste à l'idée d'investir en Israël. Bien que certains récits suggèrent que Lansky fut miraculeusement en mesure d'extirper ses avoirs de la banque suisse avant que celle-ci ne s'effondre, il semble plus probable qu'il fut parmi ceux qui les ont perdus lors de cet effondrement[38].

L'expertise de Pullman ne se limitait pas au système bancaire suisse. Il s'y connaissait aussi en paradis fiscaux tels le Liechtenstein et le Panama. Au Liechtenstein, il détenait une fiducie au nom de Delami Establishment qui, selon une déclaration assermentée faite en 1975, lui rapportait des «millions de dollars» en profit[39]. Delami avait été, entre autres choses, une société de portefeuille pour un hôtel nommé le Delmonico à Miami. Il vendit le Delmonico, à son grand regret, pour un maigre 500 000$ US au début des années 60[40]. À Panama, Pullman avait une compagnie du nom de Samson International S.A. qu'il avait établie dans les années 50. Elle détenait principalement des obligations, des certificats de dépôt et des fonds hypothécaires. Ni Delami ni Samson n'ont pu être liés à quelque affaire illégale.

La compréhension du rôle et de l'importance de Pullman dans le milieu du crime organisé se révéla, pour les agences policières, une tâche longue et ardue. Si l'on exclut la note de Ferdmann, c'est par le biais de différentes opérations d'écoute électronique qu'elles recueillirent le plus d'informations sur lui. Une conversation enregistrée le 20 septembre 1966 à sa suite du Royal York vient souligner les liens financiers étroits entre Pullman et Lansky, qui était très malade à cette époque. Cette conversation contrastait avec les déclarations publiques de Pullman à l'effet que Lansky n'était qu'une connaissance. Les micros de la GRC captèrent les commentaires plutôt énigmatiques de Pullman à sa femme Yvonne: «Il est à l'hôpital, c'est très grave, tu sais ... Si je pouvais voir Meyer, j'aurais immédiatement 20 000 francs pour déposer à la banque. Si Meyer décède, cette somme revient à sa succession. Mais j'ai 200 000$ qui ne lui reviennent pas. Le problème, c'est que Meyer est le seul sur qui ils peuvent dépendre. Avec Meyer, cela viendra toujours»[41]. De fait, ainsi que mentionné plus tôt, Lansky appela Pullman le lendemain pour organiser une rencontre.

Une autre conversation, qui nous donne un aperçu des méthodes de Pullman, fut enregistrée sept jours plus tard. Cette conversation se déroulait entre Pullman et Alvin Malnik, un avocat de Miami qui faisait l'objet d'une enquête par les autorités responsables du jeu au Nevada et au New Jersey dans les années 70[42]. Selon le résumé de la conversation établi par un enquêteur: «Des relations d'affaires compliquées furent discutées en détail et un accord fut conclu, point par point, déterminant comment chacune des transactions serait déclarée pour fins d'impôt... La discussion porta ensuite sur un casino de Paris, «entre la tour Eiffel et la place de la Concorde». Pullman fit bien comprendre que Lansky avait donné son accord». Plus tard, les deux hommes discutèrent du sens aigu des affaires de Lansky et Pullman confirma la commission qu'il recevrait pour s'occuper des fonds de Lansky — soit 1% du montant[43].

Le 12 août 1963, un micro placé dans le bureau de Malnik capta un messager de Lansky qui y livrait un document contenant des informations obtenues auprès d'une personne bien informée au département de la Justice américain. Une autre copie, disait-il, était envoyée à Pullman[44]. La réaction de Pullman à ce que le messager décrivait comme «de l'information de contre-espionnage» ne fut jamais enregistrée. Mais dans la mesure où il reçut effectivement le document, celui-ci dut attirer son attention. En effet, il traitait de la Bank of World Commerce, la célèbre institution des Caraïbes dont il était le président et qui avait été fondée en juin 1961, à Nassau aux Bahamas.

Pullman n'était pas un étranger dans les Caraïbes ou en Amérique latine. Non seulement avait-il une société enregistrée au Panama mais il affirmait avoir aussi été propriétaire d'une plantation de café en Colombie[45]. Et, en 1959, il fit un bref séjour dans le Cuba révolutionnaire où Lansky opérait un casino, le Riviera. Lansky avait quelques problèmes à cette époque, car le nouveau régime de Fidel Castro voyait d'un oeil particulièrement désapprobateur les casinos de la Havane soumis à l'influence de la mafia. Ils étaient le point de mire d'un mécontentement général causé par les excès du dictateur précédent, Fulgencio Batista. Dans l'éventualité où les casinos seraient nationalisés, Lansky faisait face à une importante catastrophe financière. Utilisant sa citoyenneté canadienne comme influence, Pullman intervint de manière répétitive auprès de Castro afin de permettre à Lansky de sortir de Cuba ses énormes investissements dans les casinos du pays. Ses efforts furent vains, en dépit du fait qu'il soit devenu très intime avec Castro au point qu'on le vit une fois sur le podium avec le leader cubain. Lansky finit par perdre des millions de dollars lorsque les casinos de la Havane furent nationalisés en 1960[46].

Pullman eut plus de succès à la Bank of World Commerce, qui se révéla un véhicule fort utile pour la circulation des fonds illégaux. La liste de ses administrateurs et directeurs alarma aussi les autorités américaines. Alvin Malnik en était un administrateur de même que Edward Levinson

— condamné pour détournement de fonds à Las Vegas dans les années 60 — ainsi que Mike Singer, un ancien dirigeant controversé du syndicat des Teamsters qui était près de Jimmy Hoffa. Celui-ci, qui incarnait les pratiques corrompues et les liens étroits des Teamsters avec le crime organisé, en était également actionnaire. Comme le concluait une étude du département de la Justice américain basée sur une enquête du U.S. Internal Revenue Service en 1962 concernant cette banque et d'autres institutions similaires: «Les institutions bancaires «fantômes» (shell) ont été établies aux Bahamas par des individus ayant des liens étroits avec les intérêts du jeu, les messagers du monde interlope international, James Hoffa et le syndicat des Teamsters... Il semble que les banques ont été mises sur pied par le monde interlope comme lieux de dépôt pour l'argent du jeu détourné des États-Unis dans un endroit situé à l'extérieur de la juridiction du Internal Revenue Service»[47]. Il n'est pas surprenant que la Bank of World Commerce ait été fermée en 1965 suite aux pressions des États-Unis.

À la fin des années 60, alors que Pullman était dans la soixantaine, des allégations concernant ses liens criminels commencèrent à se manifester par l'entremise de Robert Morgenthau. Ce procureur de New York allait jouer un rôle crucial au début des années 90 dans la révélation des activités de la Banque de Crédit et de Commerce International. «John Pullman fut, pendant des années, un messager pour le crime organisé», disait en 1969 Morgenthau, alors qu'il était procureur pour le district sud de New York. «Maintenant, il s'occupe de leurs investissements, par le biais de comptes bancaires suisses»[48]. Une partie des informations de Morgenthau semblait venir d'un informateur de l'intérieur même de la Banque de Crédit et de Commerce International[49]. Morgenthau reconnaissait, dans une entrevue récente, qu'une part importante de ses informations provenait d'opérations d'écoute électronique de la GRC — comme celles de septembre 1966 dans sa suite de l'hôtel Royal York — durant les fréquentes visites de Pullman au Canada.

Morgenthau et d'autres étaient particulièrement intéressés par les investissements de Pullman dans des propriétés canadiennes. Il était évident pour toute personne opérant dans le secteur immobilier de Toronto de la période d'après-guerre que Pullman possédait des fonds immobiliers importants. Il consentait des prêts à toutes sortes d'entreprises, y compris des compagnies de construction, des maisons de retraite et des firmes dans l'industrie de l'alimentation. Dans l'un des cas qui fut documenté, il aida à financer le parachèvement de l'un des premiers centres commerciaux de la ville, le Dufferin Plaza, dans le secteur ouest. (Les propriétaires actuels du centre commercial n'ont jamais été impliqués avec Pullman)[50].

D'où les capitaux d'investissement de Pullman provenaient-ils? S'agissait-il, en totalité, de son propre argent? Oui, maintint-il jusqu'à sa mort. Les corps policiers du Canada et des États-Unis en doutaient. Ils avaient prouvé à l'aide de documents comment Pullman avait été impliqué, à un moment ou à un autre, dans la plupart des facettes du blanchiment des profits du crime organisé américain — en étant d'abord un messager, en gérant une banque étrangère louche et en agissant comme agent pour une banque suisse. Ils se demandaient si ses investissements dans les secteurs canadiens de l'immobilier et des hypothèques n'étaient pas tout simplement un service additionnel, un petit surplus pour ses clients, les criminels américains étant à la recherche d'un lieu de dépôt sûr pour leurs fonds blanchis. Bien qu'il s'agissait d'une supposition raisonnable, elle ne fut jamais prouvée en cour. Pullman soulignait inévitablement, lors des rares entrevues qu'il accordait, que l'argent qu'il investissait dans le marché immobilier canadien (et qu'il déclarait totaliser 2,5 millions au début des années 70) était son propre argent. Il ajoutait que toutes les autres allégations pesant contre lui, particulièrement les accusations de Morgenthau, étaient sans fondement. Il niait tout: qu'il s'était occupé de fonds criminels, qu'il ait déjà été un messager et qu'il était très près de Meyer Lansky. Il affirmait que ses seuls contacts avec Lansky étaient peu fréquents et innocents, qu'ils ne s'étaient rencontrés que pour une partie de cartes en Floride[51].

Alors, pourquoi ne pas aller aux États-Unis pour dissiper toutes ces fausses idées? Après tout, Morgenthau et d'autres fonctionnaires américains qui avaient essayé sans succès pendant des années de l'interroger, lui avaient même offert l'immunité. «Pas question», disait Pullman. Comme il le déclarait à Peter Moon du *Globe and Mail* en 1974: «Ils veulent que je leur dise tout ce que je sais. Et alors, s'il arrive que j'oublie quelque chose ils vont m'accuser de parjure et m'emprisonner». Il ignora aussi une citation à comparaître lui ordonnant de se présenter devant un grand jury à Detroit, expliquant à Moon: «Le FBI trahirait sa propre mère. Je n'ai pas de temps à leur consacrer»[52]. Il n'avait pas plus de temps pour la GRC, qu'il accusait de le harceler. Assurément, il détestait leur faire quelque révélation que ce soit. Après qu'ils eurent perquisitionné sa maison en Suisse en 1975, il téléphona à sa femme et lui dit «d'allumer un feu et de tout détruire dans la maison afin que, dans l'éventualité où la police reviendrait, il n'y ait rien à trouver»[53].

En supposant qu'il existait tant de preuves contre Pullman, pourquoi n'a-t-il jamais été arrêté? C'est en partie, comme le disent certains de ses anciens poursuivants, parce que ce que faisait Pullman dans chaque étape du cycle de blanchiment était parfaitement légal. Il n'y avait rien d'illégal, à première vue, dans le fait d'attirer des déposants (bien que louches) à une banque de Genève ou de faire un prêt (avec des fonds plutôt mystérieux) à des promoteurs immobiliers de Toronto. Tout aussi problématique était le fait que ses activités dans un cycle de blanchiment ne pouvaient pas être mises en relation avec celles d'un autre cycle. Il était impossible de démontrer, par exemple, que les fonds investis dans l'immobilier au Canada provenaient des opérations de détournement de profits des casinos de Las Vegas. Ceci parce que les activités de Pullman étaient fragmentées à travers trop de juridictions et de paradis fiscaux. Il était un Canadien vivant en Suisse, s'occupant de fonds provenant de Las Vegas par le biais des Bahamas. Et, par la suite, il investissait de larges sommes — qui pouvaient provenir ou non de Las Vegas — de Suisse ou même peut-être à travers des compagnies établies dans d'autres paradis fiscaux, dans le marché immobilier canadien.

En rétrospective, on s'aperçoit que les recherches afin d'établir les liens permettant de compléter le cercle, ne furent pas des plus exhaustives. Après tout, le blanchiment de l'argent n'était pas un crime au Canada, à l'époque, et ne devint un crime qu'après la mort de Pullman. George Wool, l'ex-enquêteur de la GRC, se rappelle que lorsqu'il examina les affaires de Pullman dans les années 70 c'était dans un but spécifique: afin d'enquêter sur les liens possibles entre Pullman et une fraude dans le secteur boursier à Toronto. «À titre d'officier de police, je ne cherchais pas de preuves concernant le blanchiment de l'argent», dit-il. «Je m'en suis rendu compte quand je suis allé en Grande-Bretagne, ils nous parlaient toujours de violations sur les marchés monétaires. Cela ne me disait rien... J'aurais dit que c'est intéressant de savoir d'où provient l'argent de Pullman. Mais cela n'avait aucun intérêt légal pour moi. Le Canada, à l'époque, était à la recherche d'investissements. Pourquoi aurais-je cherché à savoir d'où venait l'argent? Nous avions l'habitude de recevoir, de façon répétée, des requêtes concernant des violations monétaires. Cela ne m'intéressait pas. D'où provenait l'argent de Pullman, qui s'en soucie? Mon but, en tant qu'enquêteur, était de découvrir les transactions boursières frauduleuses».

Dans l'affaire de la fraude sur des valeurs mobilières que Wool avait enquêtée, Pullman fut acquitté de méfait, en 1977. Cette fraude révélait un subterfuge compliqué qui impliquait des actions de Aquablast Inc., une compagnie maintenant dissoute qui était établie à Toronto et qui s'occupait de nettoyage industriel. Mais il subsiste toujours des doutes quant aux importants investissements de Pullman dans des titres canadiens qui auraient servi de véhicule de blanchiment. Relativement à cette cause particulière, de dire Wool: «Pullman acheta les actions (d'Aquablast). Pullman garda les actions. Pullman en ordonna la vente. L'argent vint de Suisse, fut blanchi au Canada à Toronto, puis fut retourné en Suisse». Mais s'agissait-il de blanchiment d'argent? Peut-être... Mais il n'existait pas de preuves concluantes.

Ce sont les autorités fiscales qui portèrent le plus grand intérêt à la provenance des fonds de Pullman et à ce qu'on soupçonnait être ses activités de blanchiment. Dans les années 70, le ministère du Revenu national (maintenant Revenu Canada) entreprit une importante enquête concernant les opérations considérables de prêt d'argent de Pullman, enquête qui ne fut pas complétée avant 1983. S'intéressant particulièrement à ses déclarations d'impôt de 1971 et 1972 et à quelques 708 transactions au Canada, ils suspectaient qu'il utilisait sa résidence en Suisse pour faire de l'évasion fiscale. Le manque à gagner en impôt non payé, accusaient-ils, était un renversant 2 051 403,10$. Ce n'est pas vrai, affirmait Pullman, qui avait déjà été impliqué dans un problème apparemment mineur d'impôt en 1958. (Selon les dossiers judiciaires à Ottawa, Pullman perdit cette cause). Dans cette poursuite beaucoup plus importante, Pullman interjeta aussi appel. Après tout, argumenta-t-il, il ne demeurait pas au Canada. Il n'y avait pas de bureau. Il n'était pas employé ici. Et il n'avait pas négocié de transactions ici. Bien sûr, en bout de ligne, ses fonds avaient pu être investis au Canada, mais uniquement sur une base occasionnelle, et toutes les négociations s'étaient déroulées à l'extérieur du Canada. De plus, il précisait dans une requête en 1976 qu'il était «dans un état virtuel de retraite».

Pullman demeura avec une de ses trois soeurs dans un appartement de Toronto durant les longues procédures. (La preuve de la poursuite, dans la cause d'Aquablast, fut assemblée durant la même période). Sa fatigue transparaissait durant certains des contre-interrogatoires des avocats fédéraux. Il était souvent sec et irritable. Cependant, à l'occasion, il était capable d'un humour sarcastique et pouvait avoir l'esprit prompt. Durant son témoignage en 1977, lorsqu'il fut interrogé par un procureur de la Couronne au sujet de Chillon, l'une de ses compagnies, Pullman alors âgé de 76 ans répondit: «Vous devrez le demander à un homme du nom de M.

McDonald qui, à l'époque, était avec McCarthy et McCarthy». Qui était ce McDonald, à la prestigieuse étude légale de Toronto? Et bien, l'avocat qui avait formé la compagnie durant les années 60. Comme le déclara Pullman, avec un visage très sérieux: «Vous ne pouvez pas me demander des informations sur des choses qui remontent à si loin. Je ne m'en rappelle pas, mais je me rappelle qu'il a formé cette compagnie». Pullman faisait apparemment référence à Donald MacDonald (le sténographe de la cour avait mal épelé le nom en écrivant McDonald), le ministre fédéral du Revenu national à l'époque — et donc, une des parties adverses de Pullman dans cette cause[54].

Au fur et à mesure que la cause progressait, il devint évident que le ministère du Revenu national avait découvert quelque chose de vraiment intéressant. Bien que Pullman possédait des demeures à Lausanne en Suisse et à Monte Carlo, il gardait des liens importants avec le Canada. Comme le soutenait un document du gouvernement: «L'appelant est et a toujours été un citoyen canadien, et d'autre part, il a trois soeurs qui demeurent au Canada. Il séjourne fréquemment au Canada, y maintient des comptes en banque, un coffret de sécurité et des comptes chez des courtiers en valeurs mobilières de Toronto. De plus, il est propriétaire ou contrôle plusieurs sociétés en Ontario et a une participation, directement ou indirectement, dans divers investissements à long terme au Canada»[55]. Les preuves amenaient une seule conclusion, argumentait le Revenu National: (il s'agissait d') «une entreprise de prêt d'argent opérée par lui au Canada». Et une des plus compliquées. On ne pouvait en saisir la portée que comme étant une partie d'une plus grande entreprise — une entreprise dont le seul et unique but était de blanchir de l'argent.

Même s'il ne s'agissait pas encore d'un crime, la Couronne tentait d'utiliser l'argument du blanchiment de l'argent afin de démontrer que ses manoeuvres financières n'avaient pas un but d'affaires légitime. Ainsi qu'il était énoncé dans la déclaration sous serment de la Couronne en 1977, il y était allégué que ses activités: «incluaient le transport, le recel et le camouflage, ou «blanchiment» de certains argents dans le but de réinvestir de tels argents dans des entreprises»[56]. C'est-à-dire que, prises individuellement, les activités de Pullman pouvaient sembler légales mais lorsque mises ensemble, comme le déclarait la Couronne, on pouvait voir qu'elles constituaient les maillons d'une chaîne très complexe visant le blanchiment de l'argent et, de ce fait, n'étaient pas un moyen valide de réduire les impôts qu'il devait.

Les avocats de Pullman exigèrent que la référence au «blanchiment de l'argent» — qu'ils qualifièrent de «scandaleuse, frivole et vexatoire» — soit retirée[57]. Ils argumentèrent, avec succès, qu'il était contraire aux règles de procédure de faire une telle référence et cette allusion fut retirée de la défense du gouvernement. Les avocats fédéraux firent une dernière tentative, argumentant que même si les allégations de blanchiment n'étaient plus mentionnées dans un des documents clés du procès le concept de blanchiment de l'argent était essentiel. Et ils demandèrent qu'il demeure dans leur plaidoyer — déclarant que les transactions de Pullman au Canada ne pouvaient être comprises que comme faisant partie d'une «plus grande entreprise de blanchiment de l'argent». Ceci «pourrait bien être le facteur déterminant l'issue de cet appel». Le juge du procès rendit un jugement à l'encontre de cette prétention et l'allégation de blanchiment fut rayée du plaidoyer de la Couronne.

Le dernier clou dans le cercueil de l'argumentation de «blanchiment de l'argent» de la Couronne fut enfoncé en 1981 lors de l'interrogatoire de Ralph Cox, un enquêteur clé du ministère du Revenu national. Après une série d'échanges véhéments, l'avocat de Pullman posa cette question centrale à Cox: «Avez-vous trouvé quelque preuve que ce soit qu'il y ait eu blanchiment d'argent au Canada?» Sa réponse: «Non, nous n'en avons pas trouvé». Pullman gagna finalement sa cause, qui se termina en 1983. Il décéda deux ans plus tard.

En bout de ligne, personne ne fut capable de prouver devant un tribunal canadien que Pullman avait été un blanchisseur d'argent. Comme le dit l'ex-enquêteur de la GRC, Don Docker: «Il n'existait pas de mystère quant à ce qu'il faisait en général. En ce qui a trait à ce qu'il faisait spécifiquement, je pense que personne ne le saura jamais». Et, selon Stamler, l'ancien adjoint au commissaire de la GRC, le cas Pullman souligne la difficulté de poursuivre quelqu'un qui utilise le Canada pour camoufler des fonds acquis de manière illégale ailleurs: «Il est très difficile, au Canada, de traiter un tel type de blanchiment de l'argent car vous devez prouver qu'un délit a été commis, par qui, et vous devez démontrer que ces fonds sont les profits d'un acte criminel commis ailleurs, alors qu'il n'y a pas de délit au Canada.»

Deux dossiers récents viennent ajouter un intriguant post-scriptum.

Le premier suggère que des messagers suisses continuent de transporter d'importantes sommes au-delà de l'Atlantique. Un enquêteur canadien mentionne le cas d'un citoyen suisse qui déclarait être employé par une banque suisse pour se rendre au Canada en avion en transportant des valises pleines d'argent. Une fois ici, il le changeait dans une autre devise. Pour une raison quelconque, il semblait qu'il était rentable d'agir ainsi. C'est du moins ce dont le messager convainquit les autorités canadiennes — ce qui n'était pas une tâche insurmontable, considérant le fait qu'il est légal de franchir la frontière canadienne en transportant de l'argent liquide.

La seconde enquête suggère qu'une opération que Pullman et son protecteur Lansky connaissaient bien se poursuit toujours. Elle implique un important casino de Las Vegas qui était «écrémé» «de sommes phénoménales d'argent», tel que décrit par une personne bien informée du milieu policier. Cette personne déclarait qu'un Canadien «était, en effet, l'homme de main, le blanchisseur transportant l'argent. Cet individu recevait une commission d'environ 4 à 5 pour cent de ce qu'il blanchissait. Il opérait à Toronto». Le blanchisseur canadien reçut entre 5 et 6 millions en commissions, réparties sur une période de dix-huit mois. «On parle de plus de 100 millions en un an et demi qui furent «écrémés» de là», de dire cet informateur. «Ce gars-là n'avait rien à voir avec «l'écrémage». Tout ce qu'il faisait, c'était de transporter l'argent ici. Il y a une intersection de rues à Toronto où il y avait quatre banques, une sur chaque coin. Il avait des comptes dans chacune d'elles. Il n'avait qu'à se promener d'un côté à l'autre de la rue puis faire circuler l'argent qui se retrouvait, par la suite, caché de nouveau au sud de la frontière sous forme de prêts à diverses sociétés... Il était blanchi par le biais des banques canadiennes et ressortait par l'intermédiaire de ce qui équivaut à nos compagnies à numéro, partout à travers les États-Unis.»

John Pullman aurait approuvé.

Chapitre 8
LES BANQUIERS DU PARADIS

Michele Sindona était un audacieux banquier italien qui amassa une fortune personnelle estimée à plus de 500 millions[1]. Il vénérait Machiavel, gérait les finances les plus obscures du Vatican et de la mafia italienne et s'amusait à plier des papiers en forme de mitre papale durant les réunions. (Les voyous menaçant ses ennemis utilisaient ce genre de mitre papale comme carte de visite).

Le protégé le plus célèbre de Sindona, Roberto Calvi, avait une toute autre allure. Alors que Sindona avait du charisme, Calvi était froid et réservé. Tandis que Sindona se vantait de porter des costumes rayés à mille dollars, Calvi préférait des vêtements sobres et foncés. Et si Sindona aimait agrémenter ses conversations de citations du poète italien Dante, Calvi considérait comme un chef-d'oeuvre le roman américain à sensation *Le parrain*[2].

Toutefois, les deux hommes avaient plusieurs choses en commun — dans la vie comme dans la mort. Ils étaient nés à trois semaines d'intervalle, au printemps de 1920 et ils moururent dans des circonstances tout aussi curieuses qu'inexpliquées. Calvi fut retrouvé pendu sous le pont Blackfriars de Londres en juin 1982 alors que Sindona fut empoisonné dans une prison italienne à sécurité maximum en mars 1986. (On a dit que Calvi et Sindona avaient tous deux des ennemis mortels — incluant certaines personnalités de la mafia. Mais la question de savoir si la mafia ou d'autres adversaires furent impliqués dans leur mort demeure un mystère).

De leur vivant, leurs affaires avaient emprunté un parcours similaire. Tous les deux entretenaient, par exemple, des liens étroits avec le Vatican. Sindona était connu comme «le banquier du pape» et Calvi portait le titre plus noble de «banquier de Dieu». Tous les deux dirigeaient des banques qui firent faillite de façon spectaculaire en raison de fraudes massives: la Franklin National Bank de Sindona, aux États-Unis, en 1974 et la Banco Ambrosiano de Calvi, en Italie, en 1982. De plus, ils supervisaient la manipulation illégale de centaines de millions de dollars — blanchissant de l'argent à une échelle gargantuesque. Les deux partageaient aussi un intérêt marqué pour le Canada, se joignant ainsi à la longue liste de détenteurs de fonds louches qui étaient attirés par le «vrai nord».

Dans les années 50, la manière à la mode de devenir riche au Canada c'était de trouver de l'uranium. En plein coeur de la Guerre Froide, cet élément métallique gris semblait être la clé magique pouvant ouvrir la porte à une prospérité sans limite. Après tout, ses usages étaient très variés, des armements nucléaires à l'industrie naissante de l'énergie atomique et, à cette époque, il était rare d'en trouver. Cependant, il semblait y en avoir tellement au Canada que même les petits investisseurs pouvaient devenir riches. Comme le disait l'historien Michael Bliss: «Des découvertes massives d'uranium furent faites, accompagnées des histoires habituelles d'intrigue, de romance et d'aventure de prospecteurs... Il était même préférable d'avoir une mine d'uranium qu'une mine d'or dans les années 50...»[3]

La rumeur d'un «boom» de l'uranium se répandit à travers l'Europe et jusqu'en Italie, qui envoya plusieurs de ses citoyens travailler dans les mines à Elliot Lake, en Ontario. Sindona prit aussi bonne note de cette rumeur. En 1954, un article publié dans un journal italien, portant sur cette folie de l'uranium, piqua sa curiosité. À cette époque, il était en voie de devenir l'un des plus importants avocats fiscalistes de Milan, reconnu pour son génie en matière d'abris fiscaux — et un tout nouveau millionnaire. Avec un associé, le comptable Raul Baisi, il s'envola pour le Canada et y acheta une ferme ayant 530 acres de terrain près de Blind River, en Ontario, pour la somme de 12 500$. Bien que les prospecteurs d'uranium aient été très actifs dans cette région, Sindona n'y fit pas fortune[4]. Il utilisa tout de même la ferme comme refuge pour une cinquantaine de réfugiés ayant fui la Hongrie durant le soulèvement populaire avorté de 1956. (Sindona était un anti-communiste reconnu, ce qui explique sa sympathie pour de tels réfugiés). Il les aida finalement à trouver du travail — devinez où? — dans l'industrie canadienne de l'uranium[5].

Ce voyage de 1954 aiguisa l'intérêt de Sindona pour le Canada. Comme se le rappelle Charles-Albert Poissant, un comptable de Montréal maintenant à la retraite et qui travailla pour l'une des firmes reliées à Sindona au Canada: «Quand je l'ai connu (Sindona), il était très honnête et actif et particulièrement dynamique. Le Canada l'intéressait». Ce qui intriguait particulièrement Sindona, c'était la facilité avec laquelle des propriétés pouvaient être anonymement détenues au Québec. Comme l'a découvert le journaliste Robert Hutchison, les transactions immobilières effectuées par le biais d'un fiduciaire au Québec pouvaient se soustraire à «la loi sur les droits de transfert de terrain et, comme garantie supplémentaire d'anonymat... pouvaient échapper, par le fait même, à l'enregistrement de l'acte de vente d'un terrain»[6]. Cela convenait parfaitement aux besoins de Sindona.

Bientôt, il investissait dans le marché immobilier canadien par l'entremise de son «homme de confiance» Amadeo Gatti, un comptable italien qui émigra à Montréal en 1961. En 1971, les investissements canadiens de Sindona avaient prospéré pour atteindre quelque 100 millions, selon sa propre estimation[7]. Ils étaient constitués, en majorité, de propriétés immobilières dans la région de Montréal, incluant l'édifice de la Bourse de Montréal[8]. Tout cela était géré, en majeure partie, par la Societa Generale Immobiliare, un gigantesque conglomérat immobilier qu'il avait secrètement acquis du Vatican. Les opérations de Sindona au Canada étaient très obscures. Gatti recevait ses ordres et les exécutait discrètement. De dire Poissant: «Tout ce que nous savions c'est que M. Gatti le représentait ici... Mais nous n'avons jamais su le véritable rôle de Sindona».

Pourquoi tant de secret? Probablement à cause de la provenance des fonds qu'il investissait. À l'époque, la capacité des banques italiennes à exporter des lires ou à prêter à l'étranger était sévèrement limitée par le gouvernement de Rome. Cependant, de telles réglementations étaient contournées de façon routinière par Sindona et, durant sa carrière, il blanchit d'énormes sommes siphonnées de ses banques en Italie — un service qu'il rendait aussi à d'autres clients. Après avoir transféré clandestinement l'argent à l'étranger, il complétait le cycle de blanchiment en injectant les fonds recyclés dans des entreprises légitimes. Certains des investissements de Sindona dans des propriétés canadiennes étaient blanchis de cette manière selon Luigi di Fonzo, le biographe de Sindona. En une occasion, dans les années 60, Sindona acheta des terrains au Canada d'une valeur totale de plusieurs millions de dollars pour lui-même et son principal client, le Vatican. Tout ceci fut accompli par l'entremise d'une série de sociétés du Liechtenstein dont deux appartenaient au Vatican: Tuxanr, A.G. et Ravoxr, A.G. Les terrains étaient ensuite subdivisés en lots à bâtir et vendus. Les profits aboutissaient dans des comptes bancaires en Suisse contrôlés par Fasco, A.G., la société de portefeuille de Sindona.

Durant la majorité de la période d'après-guerre, l'Italie exerçait des contrôles monétaires très serrés. Quoique assez efficaces contre les petites gens ils étaient facilement contournés par les nombreux membres de la classe privilégiée désireux d'éviter les impôts, ce qui aida Sindona à parfaire ses techniques de blanchiment. Comme il l'admit à une occasion: «Ce n'est pas sans raison que je dirigeais le bureau d'avocats fiscalistes le plus populaire en Italie»[9].

Toutes sortes de gens semblent avoir utilisé ses échappatoires, y compris des habitués de l'évasion fiscale et monétaire. Deux groupes de clients étaient cependant beaucoup plus louches: Il s'agissait des membres de la mafia italienne et ensuite de membres (tout comme Sindona) de la loge franc-maçonnique conspiratrice «Propaganda Due» ou P-2 une faction secrète composée d'Italiens influents dont la liste de membres incluait dix-sept généraux de l'armée, les chefs des trois services secrets italiens, quatorze magistrats, trois ministres d'État et trente-huit députés et sénateurs. La Commission du président des États-Unis sur le crime organisé en 1984 affirmait, à cet effet :«On soupçonnait que le financement des activités de la loge P-2 provenait aussi du trafic des narcotiques de la mafia et était blanchi par Sindona à travers des comptes en fiducie en Suisse»[10]. Un des canaux présumés de ces opérations était Finabank, une institution financière établie à Genève dont Sindona était propriétaire conjointement avec le Vatican (le compte personnel de Sindona à cette banque portait le nom de code MANI-1125). Voici comment Carlo Bordoni, un ancien collaborateur de Sindona, la décrivait: «La buanderie de l'argent sale de la mafia et des loges franc-maçonniques».

La Finabank s'écroula en 1974, peu de temps après que la Franklin National Bank de Sindona eût fait faillite aux États-Unis. La Finabank semble avoir eu aussi un lien avec le Canada. Dans une déclaration sous serment détaillée de 158 pages déposée devant un juge de Milan en 1977, Bordoni déclarait que des fonds illicites appartenant à des membres de la mafia et de la loge P-2 furent transférés de la Finabank vers les États-Unis via le Canada et le Mexique par l'entremise de trois firmes ayant un lien avec Sindona, incluant une compagnie de Montréal, maintenant dissoute[11]. Une autre entreprise contrôlée par Sindona, Moneyrex, située à Milan et qui avait été, dans les années 60, l'une des pionnières dans le domaine du courtage international des monnaies était aussi utilisée aux mêmes fins.

Une commission parlementaire italienne découvrit que bien qu'il existait plusieurs variantes aux méthodes de blanchiment de Sindona la banque du Vatican, le Instituto per le Opere di Religione (ou IOR), figurait dans plusieurs d'entre elles. Utilisant le statut d'état souverain du Vatican, la IOR a le statut d'une banque étrangère et ce, au coeur même de Rome. Il était donc aussi efficace pour un Italien de transférer ses fonds à la IOR que de les envoyer au Liechtenstein ou aux îles Cayman. Sindona adorait cette échappatoire. Le cheminement classique était le suivant: un client italien voulant sortir de l'argent du pays commençait par déposer les fonds à la Banca Privata Finanziaria de Sindona à Milan. L'argent était alors transféré dans un compte de la IOR à la Banca Privata. Cette transaction serait expliquée aux autorités comme une transaction interbanque normale impliquant les propres fonds de la Banca Privata. La IOR transférait alors l'argent, dans la devise choisie par le client en contrepartie d'une commission, dans un compte qu'elle détenait à la Finabank à Genève. De là, l'argent était encore blanchi en passant à travers une série de compagnies contrôlées par Sindona et situées dans des paradis fiscaux.

Une des compagnies le plus fréquemment utilisée était la Monrovia Financial Corp. Enregistrée au Libéria (un de ces paradis fiscaux), elle joua un rôle important, comme nous le verrons bientôt, dans une affaire canadienne louche en 1971[12]. À la fin de ce processus, l'argent était blanchi, toute trace de ses origines ayant disparu et rien pouvant indiquer qu'il avait été accumulé à l'étranger en contournant les lois fiscales et monétaires italiennes. Cet argent était maintenant disponible pour être investi à travers le monde et pouvait retourner en Italie sous forme de prêt consenti par des investisseurs étrangers anonymes[13].

Sindona utilisa un tel stratagème à la perfection en 1971 pour blanchir de l'argent au Canada — et ainsi régénérer un des rouages déficients de son empire corporatif américain. Il s'était en effet risqué aux États-Unis pour la première fois dans le milieu des années 60 et avait mis sur pied une importante société de portefeuille par une série de prises de contrôle agressives. (Il fut même, à un certain moment, propriétaire du célèbre immeuble du Watergate à Washington D.C.). Toutes ces transactions ne furent cependant pas toutes glorieuses comme les états financiers d'une de ces compagnies américaines, Argus Inc. le démontrent. En 1970, il avait utilisé Argus dans une tentative pour acquérir une compagnie située à Toronto du nom de Seaway Multicorp. Cette tentative échoua. Mais, dans ce processus, Argus fut handicapée par une dette de 5,896 millions utilisés pour acheter des actions de Seaway[14]. Afin de réparer les dégâts, une entente fut conclue avec Seaway Multicorp.: les actions de Seaway que Sindona avait achetées furent échangées contre sa division hôtelière. Elle consistait en sept motels situés dans le corridor Montréal-Windsor. Voilà le portrait de l'opération, telle qu'elle apparut publiquement. Ce qui ne fut révélé que bien plus tard c'est que les coffres d'Argus seraient regarnis avec de l'argent siphonné des banques de Sindona et blanchi au travers de quelques paradis fiscaux — tout cela sous le couvert d'une transaction légale au Canada.

L'opération Argus est un exemple classique de l'habileté que démontrait Sindona pour les opérations effectuées au moyen d'enveloppes corporatives étrangères (*shell companies*). Les pivots de cette entreprise étaient deux entités obscures: le Interlakes Canada Holding S.A. du Luxembourg et sa filiale à part entière, Interlakes Canada Realty Corp., installée à Delaware au Maryland. Ce stratagème était si complexe que les liquidateurs de la Interlakes Canada Holding S.A. du Luxembourg ne complétèrent leur travail — amorcé après l'écroulement de l'empire international de Sindona durant les années 70 — que vers la fin de la décennie suivante. Les documents et les informations amassés par ces liquidateurs et les enquêteurs italiens nous permettent de reconstituer, comment cette opération fonctionna:

Le 28 juin 1971, Interlakes fut constituée au Luxembourg. La filiale de Delaware fut créée quelques jours plus tard. Toutes les deux étaient contrôlées par la Monrovia Financial Corp., située au Libéria et aussi connue sous le nom de MOFI.

Le 11 août 1971, Argus fit l'acquisition de la division hôtelière de Seaway Multicorp. en échange des actions de Seaway achetées l'année précédente.

Le lendemain, Argus vendit cette division pour 6 millions à la compagnie Courier Hotels International Ltd., dont le président était nul autre que l'homme de confiance canadien de Sindona, Amadeo Gatti. Les coffres de Argus, vidés par la prise de contrôle ratée de l'année précédente étaient donc regarnis — du moins sur papier. Mais aucun argent ne fut véritablement transféré étant donné que la Compagnie Courier, rebaptisée Seaway Hotels, n'avait pas encore reçu les 6 millions. Cela ne se produisit qu'environ deux mois plus tard. Mais, ce qui importait en tout premier lieu, était que l'argent puisse être sorti clandestinement d'Italie.

Le 22 octobre 1971, la Banca Privata Finanziaria de Sindona déposa 3,35 millions US chez la Luxbank, une institution financière du Luxembourg. La Luxbank avait un accord fiduciaire avec la Banca Privata. Il s'agit d'un service spécial offert par les banques dans des endroits comme la Suisse et le Luxembourg. Elles acceptent des dépôts et ensuite les prêtent selon les instructions et au risque des déposants[15]. En vertu d'une telle entente, la Luxbank prêta les 3,35 millions (à un taux d'intérêt légèrement plus élevé que celui versé pour un dépôt à la Banca Privata) à la Monrovia Financial, qui les injecta dans le Interlakes Canada Holding, l'entité luxembourgeoise.

La Luxbank chargea à l'emprunteur, Sindona, un taux établi par le déposant — qui, dans ce cas ci, était Sindona. La banque fut payée séparément et n'eut pas, ainsi, à compter sur sa source habituelle de profit: l'écart entre le taux payé sur les dépôts et celui chargé sur les emprunts. Ce qui explique la minuscule différence de taux d'intérêt entre le dépôt à la banque luxembourgeoise et le «prêt» subséquent à la Monrovia Financial.

À peu près à la même époque une autre banque de Sindona, la Banca Unione, déposa 2,706 millions US dans une autre banque du Luxembourg, le Crédit Industriel d'Alsace et de Lorraine. Cette seconde banque luxembourgeoise, à son tour, prêta ce montant en vertu d'un autre accord fiduciaire et, encore une fois, à un taux légèrement plus élevé que celui versé pour le dépôt. Le récipiendaire de ce prêt était un autre des «ponts anonymes» de Sindona, la Romitex Corp. du Panama. Romitex imita Monrovia Financial et injecta aussi les 2,706 millions dans le Interlakes Canada Holding. Le Interlakes Canada Holding transféra alors les 6,056 millions accumulés — en passant par d'autres intermédiaires étrangers, brouillant encore davantage la piste — à sa filiale, au nom quasi semblable (et confondant), la Interlakes Canada Realty Corp.

Le même jour, le 22 octobre 1971, Seaway vendit les terrains sur lesquels étaient construits quatre des hôtels à la Interlakes Canada Realty Corp. pour la somme de 6,056 millions. En échange, Seaway accepta un contrat de location selon lequel elle pouvait opérer les hôtels situés sur des terrains appartenant à la Interlakes Canada Realty. Le coût de location: un paiement mensuel de 62 500$ pour une période de vingt ans à la Interlakes Canada Realty. En vendant les terrains, Seaway obtint les fonds pour liquider sa dette envers Argus qui fut régénérée par cet apport de capitaux neufs[16].

Si un contrôleur de banque ou un enquêteur du fisc italien avaient fait des recherches sur cette affaire, les transferts de la Banca Privata et de la Banca Unione seraient apparus comme étant tout à fait normaux — comme des fonds déposés et produisant des intérêts dans deux banques du Luxembourg. Les banques italiennes recouraient couramment à de telles transactions pour arrondir leurs fins de mois. Mais le but véritable de l'opération était camouflé par les dépôts en fiducie. (En octobre 1971, la Banca Privata Finanziaria et la Banca Unione avaient placé deux dépôts de ce genre — totalisant 6,056 millions — dans deux banques du Luxembourg). De plus, la confidentialité bancaire au Luxembourg, au Libéria et au Panama empêchait les autorités des pays d'origine des déposants de savoir que les fonds étaient tout simplement retirés de ces institutions dans un tout autre but. De plus, il n'y avait rien qui sortait de l'ordinaire aux yeux des Canadiens. La vente des hôtels par Argus ressemblerait à une opération intelligente visant la diversification des avoirs, le genre de transactions que l'on rapporte quotidiennement dans les journaux d'affaires. Et l'argent, selon toutes apparences, serait venu d'une source bien connue des Canadiens: d'investisseurs étrangers. Il n'existait aucun indice apparent permettant de conclure à l'irrégularité.

De fait, les transactions n'étaient qu'une ruse pour permettre à Sindona de sortir illégalement d'Italie 6,056 millions US appartenant à ses déposants, de cacher leur origine et de les utiliser à ses propres fins[17]. Sindona était très préoccupé de préserver le caractère confidentiel de ces transactions. À un certain moment, il apprit que Giorgio Ambrosoli, le liquidateur italien du «Gruppo Sindona» mettait apparemment son nez dans les transactions de la Interlakes. Les enquêteurs ont découvert dans les dossiers d'un de ses avocats une référence à une requête à l'effet que «la route d'Ambrosoli soit bloquée»[18]. Ambrosoli se rapprocha trop près d'un trop grand nombre des transactions de Sindona. Il fut assassiné à l'extérieur de sa maison par trois hommes, en 1979. Sindona fut, par la suite, reconnu coupable d'avoir envoyé ces assassins.

Bien que Sindona ait eu de grands espoirs pour des investissements à long terme (et peut-être pour des dépôts à long terme) au Québec, très peu de ses projets se sont concrétisés, à l'exception de sa société de portefeuille dans le secteur de l'immobilier. Gatti incorpora à Montréal, le 16 mars 1961, une entreprise, en son nom, appelée Techniquebec Ltée. Techniquebec ne parvint jamais à remplir ses promesses ne possédant, dans sa période la plus faste, que quelques propriétés et une petite fabrique d'agrégat. Techniquebec exerçait si peu d'activités que lorsqu'elle fut dissoute en 1985, on constata qu'aucun rapport annuel n'avait été produit au gouvernement du Québec depuis de nombreuses années. Toutefois, ce n'est pas en raison d'un manque de volonté ou d'efforts que les affaires ne fonctionnèrent pas. Sindona proposa divers projets conjoints au gouvernement du Québec qui aurait impliqué Techniquebec, y compris une fonderie et une usine de pâtes et papier. Le gouvernement provincial n'était pas intéressé. Il semble que ce soit dû au fait que Sindona n'ait pas voulu divulguer la provenance de ses fonds ni l'identité de ses partenaires anonymes[19].

Les fonctionnaires québécois se méfièrent à juste titre. Il était hasardeux de transiger avec des entreprises associées à Sindona. Quand la Celanese Corp. of America acheta 80% du capital-actions d'une scierie de Sicile, Siace, dans les années 60, l'aventure se termina par une perte de 75 millions US. Sindona, un des administrateurs de Siace, avait aidé à trouver l'acheteur. Ce cas attira l'attention de Philip Mathias, un journaliste canadien qui fut l'un des premiers à découvrir les escroqueries de Sindona dans les années 60. Selon Mathias, les enquêteurs italiens déclarèrent que les associés de Sindona dans Siace siphonnaient l'argent de cette compagnie «en payant des prix astronomiques à des fournisseurs, des compagnies qui étaient la propriété de leurs épouses»[20]. Il semblerait qu'une histoire semblable se serait produite dans le cas d'une usine de pâtes et papier financée avec des fonds provinciaux au Nouveau-Brunswick dans les années 60. Mathias écrivit: «Sindona fit intervenir dans cette affaire un manufacturier de papier italien bien connu pour lui donner de la crédibilité et une enveloppe corporative (*shell company*) panaméenne afin de siphonner les fonds»[21].

Certains ont aussi deviné la participation de Sindona dans une fraude massive impliquant un complexe forestier à Le Pas dans le nord du Manitoba à la fin des années 60, qui, estima-t-on, coûta 70 millions à la province. Bien que cette machination ait eu de nombreuses similitudes avec l'affaire de Siace, susceptibles de faire froncer les sourcils à certains, les preuves ne furent jamais concluantes. Don Docker, un ancien intendant en chef de la GRC qui enquêta dans cette affaire, dit: «J'ai parlé à Sindona à deux occasions et il nia toute implication dans ce projet. Et en aucune occasion n'ai-je pu constater son implication dans cette affaire». Néanmoins, il y avait suffisamment d'inquiétude parmi certains fonctionnaires manitobains pour demander à Dun and Bradstreet International d'enquêter sur Sindona en 1967 — bien avant que le scandale n'éclate à Le Pas. Une des études de Dun and Bradstreet, qui aujourd'hui amasse la poussière sur les tablettes des archives provinciales du Manitoba, brossait un portrait radieux, quoique quelque peu naïf, de Sindona: «Il est décrit comme un riche individu d'une grande moralité et d'une grande réputation commerciale»[22]. Cet individu d'une «grande moralité» passera les dernières années de sa vie en prison aux États-Unis et en Italie, pour fraude et détournement de fonds de même que pour le meurtre de Giorgio Ambrosoli.

Dans ces années agitées que furent les années 70, plusieurs riches italiens tournèrent leur regard vers le Canada. Parmi ceux-ci, il y avait Roberto Calvi. À cette époque où le terrorisme des brigades rouges et l'accroissement du nombre des enlèvements par la mafia semblaient impossibles à arrêter, les dirigeants d'entreprises italiens comme Calvi vivaient sous la protection d'un système de sécurité extrêment contraignant. Le simple fait d'aller au travail ressemblait à une opération militaire, consistant en un trajet en voiture dans un convoi bien gardé jusqu'au siège social de la Banco Ambrosiano, à Milan, qui était tout aussi bien gardé[23]. Leur inquiétude pour leur sécurité personnelle n'était pas la seule raison qui les amenait à regarder du côté du Canada. Il existait aussi une crainte largement répandue que l'économie italienne, autrefois solide, était minée de manière irréversible par les luttes industrielles et l'inflation galopante. Des annonces commencèrent à paraître dans les principaux journaux italiens vantant les avantages d'investir dans l'immobilier à Toronto et à Montréal. La crise d'octobre, en 1970, ne vint même pas assombrir cette vision du Canada comme alternative fort intéressante.

Au début des années 70, le journaliste Philip Mathias commença à repérer d'étranges mouvements de capitaux en provenance de Lugano, le centre bancaire du canton suisse italophone de Ticino, vers le Canada. Par exemple, la Fidinam S.A.,une compagnie de Lugano contrôlait des investissements immobiliers à Toronto d'une valeur de quelque 70 millions en 1972. Cette entreprise détestait cependant discuter de l'origine de ses placements. Quelques mois plus tard, la filiale canadienne de Fidinam fit les manchettes pour une tout autre raison: son implication dans un scandale important de financement de parti politique en Ontario[24]. Comme se souvient Mathias: «À cette époque, il était illégal de sortir de l'argent de l'Italie. Pour ce faire, on traversait généralement la frontière (entre l'Italie et la Suisse) en transportant l'argent dans des valises. Il était déposé dans une banque dans le canton de Ticino et était par la suite investi dans l'immobilier au Canada». Pour sa part, Calvi ne considérait pas Toronto ou Montréal pour son refuge canadien. Il décida de regarder plus loin vers l'ouest. Comme son fils Carlo le déclare: «Il désirait prendre sa retraite en Alberta... Je pense que mon père était très attiré par la terre et l'agriculture, les ressources naturelles, ce genre de choses... En fin de compte, il n'était que l'un des nombreux Italiens qui investissaient là, à cette époque»[25].

Calvi entra au service de la Banco Ambrosiano en 1946. Ses yeux tristes, son front dégagé et sa moustache épaisse en faisaient une cible de choix pour les caricaturistes des journaux italiens. La Banco Ambrosiano était alors une petite banque tranquille de Milan bien aimée des catholiques romains. Calvi gravit les échelons de façon constante, impressionnant ses supérieurs par son éthique professionnelle et sa détermination. À la fin des années 60, un événement se produisit qui devait être un point tournant de sa carrière: sa rencontre avec Sindona. Celui-ci, perspicace, remarqua que «sous ses allures de petit fonctionnaire, il y avait en Calvi un homme résolu à acquérir la fortune et le pouvoir»[26].

Calvi devint l'acolyte de Sindona — ce qui explique, en grande partie, pourquoi les déconcertantes manoeuvres financières de Calvi ressemblent tant à celles de son mentor. L'argent était régulièrement blanchi à travers les compagnies fantômes étrangères contrôlées par d'autres compagnies fantômes et qui, à leur tour, contrôlaient d'autres compagnies fantômes. Grâce à l'influence de Sindona, Calvi devint le numéro deux de la Banco Ambrosiano en 1971, devenant son directeur général et un tyran incontesté. Selon ses liquidateurs: «En tout temps, de décembre 1971 jusqu'à sa mort en juin 1982, Calvi contrôla le groupe Ambrosiano»[27].

Calvi transforma la Banco Ambrosiano pour en faire le plus grand groupe bancaire privé d'Italie et une étoile montante de la finance internationale. Cependant, Ambrosiano était étrangement différente de ses concurrentes. Elle n'avait pas de bureaux dans les centres bancaires importants de Londres et de New York. Ses principales activités étaient plutôt concentrées dans des paradis fiscaux comme le Luxembourg et les Bahamas et dans des endroits éloignés comme le Nicaragua et le Pérou[28]. Il y avait beaucoup de choses à cacher. Car c'est par le biais d'un certain nombre de comptes secrets et de compagnies fantômes dans de tels endroits que le groupe Ambrosiano perdit une somme estimée à 1,3 milliard US.

Les liquidateurs prétendent que la méthode préférée pour siphonner de larges sommes des coffres de la Banco Ambrosiano était par des transactions fictives sur des valeurs mobilières. Calvi vendait des actions italiennes à une compagnie étrangère qu'il contrôlait secrètement avant de racheter les actions à un prix surévalué. Par ce processus, le profit artificiel généré était envoyé à une enveloppe corporative contrôlée par Calvi dans un paradis fiscal — et les lois monétaires italiennes étaient contournées grâce à une transaction qui semblait tout à fait normale[29]. Les autorités ont fini par découvrir quelques-unes de ses escroqueries. Il fut reconnu coupable, en 1981, d'avoir illégalement exporté des devises par le moyen de transactions suspectes sur des actions. Ironiquement, l'appel devait être entendu à peu près à la même époque que sa mort, en 1982.

Les liquidateurs découvrirent aussi que le transfert illégal de devises n'était pas la seule chose qui «sentait mauvais» dans les affaires de l'Ambrosiano. D'étranges prêts avaient été faits à des «compagnies sans valeur» et n'avaient jamais été remboursés. C'est ce qui se produisit, par exemple, le 29 juin 1979, quand la filiale du Nicaragua de l'Ambrosiano fit parvenir 9 millions US à la Nordeurop, une compagnie fantôme du Liechtenstein. Le télex requérant un tel transfert utilisait le mot «donne» pour décrire le mouvement de ces fonds bien qu'il ait été inscrit dans les livres de la filiale nicaraguayenne comme étant un prêt. À son tour, la compagnie Nordeurop «donna» les 9 millions à une autre filiale d'Ambrosiano au Panama, qui inscrivit la somme à titre de frais. Il n'y avait cependant aucune indication à l'effet qu'un travail avait été accompli en contrepartie de ces frais ni d'explication claire concernant la raison pour laquelle l'argent avait dû traverser l'Atlantique à deux reprises pour voyager du Nicaragua au pays voisin, le Panama[30].

Tout aussi curieuses étaient ces énormes sommes — plus de 100 millions US selon un estimé — que des firmes reliées à l'Ambrosiano avaient fait parvenir à des gens comme Licio Gelli, chef de la loge francmaçonnique P-2 et Umberto Ortolani, l'ambitieux lieutenant de Gelli, qui détenait des comptes à la Banque de Montréal à Montréal. Les liquidateurs affirmèrent que ces fonds avaient été envoyés à Gelli et à Ortolani «sans aucune justification commerciale». Toutes ces transactions louches représentant plusieurs millions de dollars, avaient été blanchies à travers un vaste réseau de compagnies fantômes. Leur seul but consistait à «effectuer des transactions douteuses de manière à en dissimuler la vraie nature et le vrai but», conclurent les liquidateurs[31].

Tant de secrets. Tant de blanchiments. Et à quelle fin? Premièrement, pour permettre à Calvi de prendre secrètement le contrôle de l'Ambrosiano. Dans plusieurs cas, des compagnies fantômes contrôlées par Calvi achetaient des actions de l'Ambrosiano par l'entremise de prêts effectués par des filiales étrangères de l'Ambrosiano. Des systèmes complexes et des transactions compliquées étaient mis sur pied de manière à empêcher la découverte des prêts fictifs. Mais ce n'est pas tout l'argent qui prenait cette direction. Calvi ressentait fortement le besoin d'être protégé par les «pouvoirs occultes». Par cette expression il faisait référence à la loge franc-maçonnique P-2 et à l'Église catholique romaine. De ses protecteurs de la loge P-2, Gelli et Ortolani, Calvi recevait ainsi une certaine forme de protection contre des enquêtes possibles des autorités italennes[32]. Les liquidateurs prétendent que c'est à titre de paiement pour cette protection qu'ils avaient reçu les prêts et paiements non autorisés mentionnés plus haut[33].

La banque du Vatican aussi aida Calvi. À la fin de 1981, dans le monde des banques internationales, on s'interrogeait publiquement au sujet du réseau complexe de compagnies fantômes qui avait acheté des actions de l'Ambrosiano. Afin de renforcer la position de Calvi et rassurer les banquiers, la banque du Vatican fournit des garanties écrites indiquant que le IOR était derrière onze compagnies fantômes. En échange, Calvi donna au IOR une lettre secrète le dégageant de toute responsabilité s'il devait faire face aux obligations financières des compagnies fantômes. (La lettre fit surface après la mort de Calvi et fut utilisée par le Vatican pour l'exonérer de toute obligation financière vis-à-vis les victimes de cette fraude bancaire).

Les liquidateurs prétendent que Calvi se servit aussi, au milieu de toute cette fraude et de ces détournements, dans les fonds soutirés à l'Ambrosiano et qu'il les blanchit par la suite. Certains de ces fonds, ajoutèrent-ils, furent utilisés pour acheter des biens en Alberta. Ce n'est pas vrai réplique son fils, Carlo Calvi, qui vit présentement à Montréal. Il prétend que les propriétés canadiennes ont été achetées avec le capital propre de la famille.

Les liquidateurs des parties non italiennes de l'empire de Calvi découvrirent, par hasard, l'existence de ces biens en Alberta dans sa cache de documents la plus secrète: deux coffres-forts à la RoyWest Trust Corp. aux Bahamas. Ces coffres-forts étaient si importants et si secrets que même les administrateurs de la RoyWest n'en connaissaient pas les codes d'accès. Seules trois personnes y avaient accès: Calvi et, depuis sa mort, son fils et sa veuve. Munis d'un ordre du tribunal, les liquidateurs purent ouvrir ces coffres-forts en mars 1987. Ils découvrirent, à l'intérieur, quelque 600 000$ US en bijoux et les détails de trois comptes secrets chez RoyWest montrant un solde de 9,5 millions. Toutes sortes d'autres documents furent découverts, y compris des registres importants concernant Calvi et ses compagnies fantômes personnelles. Il y avait aussi des registres et des reçus de banque confirmant les détails de transactions louches de plusieurs millions de dollars avec Sindona, Gelli et Ortolani. Les liquidateurs trouvèrent aussi des documents permettant d'établir des liens avec d'autres avoirs substantiels: un ranch d'une valeur de 4 millions US au Nicaragua dont l'achat remontait à l'époque où Calvi était proche de l'ex-dictateur de ce pays, Anastasio Somoza, et aussi des propriétés dans les Bahamas. Ces découvertes avaient été anticipées. Ce qui surprit ces enquêteurs financiers fut de découvrir ce qu'ils appelèrent la «filière canadienne» de Calvi. Cela consistait en un ranch acheté en 1974 pour la somme de 830 823$ de Don Cormie, le fondateur controversé du Principal Group of Edmonton, aujourd'hui disparu et le Rocky Mountain Plaza, un édifice à bureaux de Calgary, acheté en 1974 pour la somme de 7,6 millions et vendu en 1982 pour 24,9 millions[34]. Aucune présomption d'irrégularité ne pèse sur les individus qui firent affaire avec Calvi au Canada mais personne ne s'attendait à découvrir que les avoirs de Calvi — sauf ce qui parut être son lieu de retraite — étaient dissimulés en Alberta, si loin de ses repaires habituels.

Les avoirs canadiens de Roberto Calvi sont maintenant au coeur d'une longue dispute juridique qui a débuté en 1987 quand les liquidateurs se sont présentés devant la cour en Alberta et ont obtenu la permission de les geler. Cette affaire se rendit jusqu'en Cour suprême du Canada. Dans tout ce processus, la portée du jugement de première instance fut grandement réduite. Les parties tentent maintenant, à travers un processus long et intermittent, d'en arriver à un arrangement.

Aux dires des liquidateurs, les propriétés avaient été acquises en 1974 par l'entremise de deux sociétés prête-noms d'Alberta, Alix et Dunkeld, qui furent constituées juste avant ces acquisitions par le bureau d'avocat de Don Cormie, Cormie, Kennedy. Le nom de Calvi n'apparut jamais sur les documents constitutifs d'incorporation ni sur les rapports d'impôts de ces deux firmes. Les liquidateurs n'ont pas été en mesure d'expliquer comment les fonds utilisés pour l'achat du ranch et de l'édifice à bureaux étaient parvenus au Canada. Selon leur enquête, il semble que l'argent soit parvenu de manière anonyme à Alix et Dunkeld par des banques suisses en échange de billets à ordre — une sorte de promesse de paiement légale.

Curieusement, les billets à ordre ne semblent avoir été garantis par aucune hypothèque sur des biens immobiliers[35] ce qui indique, tout au moins, l'existence d'une relation de confiance très grande entre Alix-Dunkeld et quiconque avait fourni les fonds. La confidentialité bancaire suisse empêcha les liquidateurs de découvrir le véritable propriétaire des billets à ordre, bien qu'ils croient que les banques suisses «agissaient de fait au nom de Calvi»[36]. Ils croient aussi que l'argent est arrivé par le biais d'un genre de manoeuvre de blanchiment utilisant des prêts: des fonds illicites étant investis dans le marché immobilier canadien à travers des prêts provenant d'une source secrète en Suisse. Les liquidateurs précisèrent qu'il semblait que certains documents relatifs à ces billets à ordre se trouvaient dans les coffres-forts de Calvi à la RoyWest. De plus, il semble que certains de ces billets à ordre aient été transférés d'une succursale du Crédit Suisse à une autre en 1974 — environ à la même époque que la chute de Sindona. De façon similaire, en 1977, les billets à ordre furent transférés à une autre institution suisse, la Lombard Financial. Cela se produisit tout juste après une vilaine campagne orchestrée par Sindona visant à discréditer Calvi à Milan, Sindona ayant, à cette époque, rompu ses liens avec Calvi. Résultat: les billets à ordre furent transférés en 1974 et 1977 au moment même où Calvi prenait des mesures afin de protéger ses affaires personnelles. De l'autre côté, les liquidateurs examinèrent le mouvement de l'argent dans les comptes suisses de Calvi pour la période de 1971 à 1974, soit juste avant qu'il fasse ses acquisitions en Alberta. Ils conclurent que le total s'élevait à 10 millions US, bien qu'ils avouent que: «Il n'a pas encore été possible d'analyser chacun des transferts des fonds d'un compte à l'autre»[37].

Une de ces injections de capitaux est particulièrement intéressante. En décembre 1972, il fut déposé 3 278 688$ US dans un compte de Calvi au Crédit Suisse, enregistré sous le nom de Ehrenkreuz. Cette somme fut transférée directement du compte de Sindona — qui portait le nom de code de MANI-1125 — à sa Finabank. Selon les autorités italiennes, ces fonds faisaient partie des «profits injustes» acquis par Calvi lors d'une manoeuvre avec Sindona.

Comme c'est souvent le cas, les enquêtes des liquidateurs furent entravées par le grand nombre de transactions complexes faites à travers une multitude de paradis fiscaux. Et elles n'étaient fondées que sur des preuves circonstancielles (parfois limitées). Avec, comme résultat, qu'à la fin, ils ne purent découvrir de preuve concluante — soit un lien direct existant entre les fonds détournés et les avoirs canadiens. C'est sur cette absence de preuve que la famille de Calvi appuie sa cause. Elle prétend que les liquidateurs «ne peuvent établir de lien avec un seul dollar des fonds supposément reçus d'eux de façon irrégulière en Alberta»[38]. Et c'est certainement ce que l'un des principaux liquidateurs, Gerald Paisley, dut admettre lors d'un contre-interrogatoire mené par l'avocat de la famille Calvi, Brad Nemetz, en 1987:

«Question: Monsieur, êtes-vous capable de retracer un seul dollar saisi et que vous dites avoir été reçu par Roberto Calvi en sa qualité de fiduciaire de vos compagnies. Êtes-vous en mesure de retracer un seul de ces dollars jusqu'à son point de réception en Alberta?

Réponse: Je crois qu'il est probable que ce soit ce qui s'est produit. Mais présentement, avec toute cette information incomplète je ne suis pas capable actuellement de le faire en détail.»[39]

La question de la véritable source des fonds sera éventuellement réglée soit par le tribunal ou par un règlement hors cour. Quelle qu'en soit l'issue, il est clair que Roberto Calvi prit les grands moyens pour brouiller la piste de ses finances au Canada. Comme le déclarait une source proche de l'enquête: «C'est un cas plutôt classique de blanchiment.» Que cela soit illégal ou irrégulier reste à être déterminé. L'origine des fonds pourrait se révéler être, comme bien d'autres choses, l'un des secrets que Roberto Calvi a emportés avec lui dans sa tombe.

Chapitre 9
AU SERVICE DE LA POLITIQUE CANADIENNE

Le 19 avril 1970, un petit groupe d'hommes d'affaires parmi les plus puissants au Canada — tous des fédéralistes irréductibles —se rencontrèrent en privé dans l'élégante demeure montréalaise du financier Paul Desmarais[1]. C'était l'inquiétante ascension du Parti Québécois qui les avait rassemblés, le Parti Québécois étant une force grandissante dans le contexte des élections québécoises qui auraient lieu sous peu. Bien que la présence de Norris Roy Crump, le dirigeant du vaste conglomérat du Canadien Pacifique soit certaine, l'identité des autres visiteurs ne fut jamais confirmée. Des années plus tard, Desmarais pensait que Earle McLaughlin, alors président de la Banque Royale du Canada, avait pu y être. De son côté, McLaughlin ne pouvait se rappeler cette rencontre, bien qu'il déclara qu'il était «possible» qu'il y ait assisté. On peut néanmoins affirmer sans l'ombre d'un doute que, collectivement, Desmarais et ses invités géraient des milliards de dollars et employaient des milliers de Canadiens.

«Je me souviens avoir invité quelques hommes d'affaires à une réunion afin de discuter de la situation dans la province de Québec à cette époque», se rappelait Desmarais des années plus tard. «C'est sur des demandes du Parti Libéral et de l'Union Nationale que je leur ai demandé d'étudier la situation. Nous nous sommes réunis pour en discuter.»

Dans les jours qui suivirent cette rencontre, un fonds anti-séparatisme secret (et très légal) était constitué. Il était géré par un responsable du financement du Parti Libéral en qui on avait confiance. Et il était soutenu financièrement par des dirigeants du monde des affaires qui participèrent à la rencontre, de même que par d'autres. Ce fonds fut découvert par accident: suite aux accusations de vol portées contre le responsable du financement qui était chargé de sa gestion. Le procès entraîna une autre conséquence; il fit brièvement la lumière sur un aspect habituellement plus obscur de la politique canadienne: la façon dont des cagnottes confidentielles sont constituées (souvent légalement), blanchies et dépensées.

Le lendemain de la rencontre, Crump, McLaughlin, Fred McNeil, alors président de la Banque de Montréal, et Charles Bronfman, le dirigeant de l'empire des spiritueux Seagram, contribuèrent chacun au fonds pour une somme de 10 000$. Sam Steinberg, fondateur de la grande chaîne d'alimentation portant son nom, versa 5 000$. Vingt-quatre heures plus tard, Desmarais — dont la société de portefeuille contrôlait de nombreuses compagnies allant des usines de pâtes et papier à l'influent quotidien montréalais *La Presse* — fit parvenir 10 000$. Ces 55 000$, qui provenaient tous de comptes spéciaux des compagnies, représentaient une somme importante à cette époque précédant les flambées inflationnistes de la fin des années 70 et du début des années 80.

La plupart des versements et leur destination furent enregistrés de manière vague dans les registres comptables des compagnies. Comme se le rappelle Rod Stamler, l'inspecteur de la GRC qui enquêta dans ce dossier dans les années 70, ce qui était encore plus significatif était que ces paiements étaient faits personnellement par les dirigeants des compagnies eux-mêmes et traités «d'une manière particulière» par leurs comptables. Par exemple, les paiements étaient inscrits dans les registres comptables de la Distillers Corp., une des compagnies de Bronfman, comme une «dépense spéciale, privée et confidentielle»; à la Banque Royale comme un «paiement spécial»; et chez Power Corp. de Desmarais comme des «paiements divers». L'inscription la plus juste, «contribution politique», apparaissait uniquement dans les livres de Steinberg. Encore plus anormal était le fait que les paiements du Canadien Pacifique, de la Banque Royale, de la Banque de Montréal et de la Distillers Corp. furent faits au moyen de mandats bancaires anonymes plutôt que par des chèques officiels de la compagnie. Tout aussi curieux fut le fait que l'argent n'alla pas directement au Parti Libéral, qui s'affichait contre le séparatisme, ou dans son compte courant au Montréal Trust. L'argent alla plutôt à un vétéran des campagnes de financement du Parti Libéral Louis de Gonzague Giguère, qui fit l'objet de la première nomination de Pierre Trudeau au Sénat en 1968. Giguère déposa l'argent dans un compte spécial «en fiducie» d'une succursale de la Banque de Nouvelle-Écosse du centre-ville de Montréal. Il devait utiliser les fonds comme il l'entendait; ils étaient sous son contrôle. De plus, aucun des six hommes d'affaires ne demanderaient, par la suite, comment l'argent avait été utilisé. Comme Steinberg le déclara plus tard: «Quand nous faisons une contribution politique, nous nous assurons qu'elle soit faite. Ce qui lui arrive par la suite, nous ne le savons jamais»[2].

Selon Giguère, les contributions étaient placées dans un fond secret afin «de combattre le séparatisme sous toutes ses formes». Quelques jours après avoir reçu l'argent, il commença rapidement à le distribuer. Le 27 avril 1970, un chèque de 3 000,50$ fut envoyé à Jean Chrétien, alors ministre du Cabinet fédéral, puis chef du Parti Libéral. Le lendemain, un chèque de 4 505$ fut émis à l'ordre de l'organisateur libéral de la région du Saguenay. À la mi-mai, une autre somme de 1 000,50$ fut versée à un collaborateur du défunt Jean Marchand, lui aussi ministre du Cabinet fédéral à cette époque. Les retraits tout à fait légaux de ce fonds se continuèrent ainsi jusqu'en novembre 70. À ce moment, Giguère transféra les 20 000$ qui restaient dans un de ses comptes bancaires personnel — où ils demeurèrent pendant plusieurs années[3].

Au fur et à mesure que le temps passait, la menace du séparatisme semblait diminuer. En 1973, le Parti Québécois n'avait fait élire que six députés, un de moins qu'en 1970. Ce n'est donc pas surprenant que la cagnotte anti-séparatisme, placée entre les mains de Giguère, fut rapidement oubliée et il aurait continué d'en être ainsi n'eut été d'une enquête de la GRC relativement à des allégations de trafic d'influence portées contre lui. (Il fut éventuellement acquitté de toutes ces accusations). Durant cette enquête, les enquêteurs de Stamler découvrirent accidentellement les restes du fonds spécial anti-séparatisme qui, en 1976, avait fondu à 16 536$. Ils alléguèrent que Giguère avait placé les fonds dans son propre compte de manière à pouvoir les chaparder. En mai 1976, le sénateur fut accusé de vol.

Lorsque cette cause fut entendue devant les tribunaux trois ans plus tard, Giguère utilisa une défense inhabituelle mais qui, en bout de ligne, réussit. Il allégua que ce qui semblait être un simple vol avait été en fait une manoeuvre de blanchiment de l'argent (bien qu'il n'utilisât pas ce terme): Il s'agissait de transactions et de manoeuvres secrètes dont le seul but était de masquer la provenance des fonds. Comme le stipulaient les instructions qu'il avait reçues, dès le début, il devait essentiellement protéger l'identité du donateur. Le journaliste du *Globe and Mail*, Richard Cleroux l'écrivit d'ailleurs: «Il a dit que le secret était essentiel parce que les hommes d'affaires avaient des clients et des actionnaires qui pouvaient ne pas partager leur point de vue. Il offrit comme preuve de ses affirmations le fait que quatre des six hommes d'affaires avaient envoyé des mandats bancaires qui sont plus difficiles à retracer que des chèques»[4]. Bien qu'il n'en fut jamais question, il est probable que la sécurité personnelle aurait pu avoir été une autre raison de ce secret. Certains des donateurs avaient été désignés dans les manifestes de l'organisation terroriste du Front de libération du Québec (FLQ). Les enlèvements politiques qu'on lui attribue et l'assassinat d'un ministre du Cabinet provincial avaient engendré une crise nationale en octobre 70, quelques mois seulement après la constitution du fonds[5].

Tout au long du procès, la Couronne eut une dure bataille à livrer. Les témoignages des donateurs appuyèrent très peu la cause. De fait, le juge Jean Goulet critiqua sévèrement par la suite certaines de leurs déclarations, alléguant que, «rarement avons-nous eu l'occasion de lire des témoignages aussi intelligemment évasifs. Ils sont remplis de périphrases»[6]. Lors du contre-interrogatoire, Giguère maintint ses affirmations et sa défense de «blanchiment de l'argent». N'y aurait-il pas eu une meilleure façon de régler le problème que de cacher ces fonds en novembre 70? N'aurait-il pas été plus simple de les remettre au Parti Libéral? Cela serait allé à l'encontre des voeux des donateurs, répondit Giguère. «S'ils avaient voulu faire un don au Parti Libéral ils auraient pu le faire directement... comme ils l'ont souvent fait»[7]. Et puis, disait-il, il avait gardé l'argent pour renforcer la cause du fédéralisme. Si tel était le cas, répliqua le procureur de la Couronne lors du contre-interrogatoire, pourquoi n'avait-il dépensé aucun fonds lors de l'élection provinciale de 1973? Parce que la victoire libérale était tellement certaine, répondit-il[8].

En juillet 1979, Giguère fut acquitté, mais sans gloire. Le juge Goulet dans sa décision déclara: «Son acquittement ne peut toutefois être considéré comme la reconnaissance de son innocence.»[9] Il justifia sa décision en prétendant qu'il ne pouvait déterminer qui, s'il y en avait eu, avait été fraudé: le Parti Libéral ou les six donateurs[10] — et il rendit les témoignages sans grande valeur de certains témoins en partie responsables de ce verdict. Le juge Goulet ajoute que ceux-ci nous ont fourni «des réponses évasives comme s'ils avaient eu peur de se mouiller les pieds»[11].

Les fonds secrets ont fait partie intégrante de l'histoire politique canadienne, et ce, depuis se débuts. De fait, considérées dans leur ensemble, les finances politiques «ont toujours été entourées d'une aura de mystère», écrivait en 1966, le professeur Khayyam Zev Paltiel, une autorité en la matière à l'Université Carleton[12]. La situation a quelque peu évolué ces dernières années — particulièrement depuis que toutes les contributions de plus de 100$ faites à un parti politique fédéral doivent être rendues publiques en vertu de la Loi sur les dépenses électorales de 1974.

Car auparavant, le caractère secret de ces contributions convenait parfaitement aux riches «mécènes» qui ne désiraient pas rendre publique la façon dont ils dépensaient leur argent. Afin de protéger l'anonymat de ces donateurs, les employés des partis avaient recours à des méthodes simples de blanchiment. Il s'agissait, dans certains cas, de dissimuler des contributions politiques illégales: de l'argent déboursé afin d'obtenir un certain type de faveur. Ceci pouvait prendre la forme de ristournes, de sommes forfaitaires payées dans un but précis (comme de s'assurer qu'un projet industriel puisse être réalisé sur des terrains zonés résidentiels). Ou cela pouvait prendre la forme d'un «péage», une espèce de tarif exigé des compagnies privées fournissant des services au gouvernement (comme prélever, par exemple, un pourcentage de la valeur des contrats de pavage d'autoroutes). Dans d'autres cas, le blanchiment de ces contributions servait non pas à camoufler des transactions illégales mais à éviter l'embarras et l'humiliation publics (pouvant être très dommageables dans le monde de la politique et des affaires).

De l'autre côté, les politiciens et les partis politiques trouvaient ce blanchiment tout aussi pratique. Ils avaient, comme toujours, un immense besoin d'argent (afin de payer une foule de choses, de la location de salles pour des réunions partisanes à l'impression de dépliants et d'affiches). Plus souvent qu'autrement les factures dépassaient les sommes qu'ils pouvaient amasser par la vente de cartes de membre, de pâtisseries et des dîners-bénéfices. Auparavant, donc, ces méthodes de levée de fonds imprégnées d'un tel caractère de confidentialité, empêchaient de déterminer comment étaient vraiment remplis les coffres du parti et quelle somme ils contenaient. Ainsi, personne ne pouvait soulever de questions embarrassantes lorsqu'un des grands donateurs du parti bénéficiait d'une décision du gouvernement. Comme le disait l'historien Michael Bliss: «Les dons politiques en argent comptant se faisaient parallèlement aux contacts personnels étroits entre les hommes d'affaires et les politiciens. Les détails de ces relations, ce qui n'est pas surprenant, sont difficiles à obtenir»[13]. Ces pratiques entraînèrent la mise sur pied d'un système très secret favorisant les puissants donateurs et les politiciens qui s'acoquinent avec eux — et non le simple citoyen.

Le sénateur Bill Kelly, le légendaire responsable du financement des conservateurs provinciaux de l'Ontario dans les années 70, prétend que le secret n'était pas d'une très grande importance pour lui. «J'étais en faveur de la divulgation», disait-il, «mais plusieurs hommes d'affaires étaient contre et certaines personnes du parti croyaient que les contributions diminueraient... Un parti politique n'a pas un droit sacro-saint d'accumuler des factures et de ne pas les payer. Puisqu'on doit les payer, quelqu'un doit ramasser de l'argent pour le faire. Faire campagne pour des «piastres» encourt le même genre de responsabilité que de faire campagne pour des votes. Vous ne pouvez gagner sans les deux»[14].

Il relevait du responsable du financement de faire fonctionner le système. Son habileté à attirer les contributions était augmentée par le fait que les donateurs le voyaient comme quelqu'un ayant une grande influence sur la direction du parti. Tout aussi important était le fait que le responsable du financement (il s'agissait d'une tâche confiée principalement à des hommes) agissait souvent comme un «tamis secret», effectuant un genre de blanchiment de l'argent, en effaçant les traces de la provenance des contributions afin que les politiciens et les partis puissent librement dépenser l'argent sans craindre des scandales publics.

Les techniques utilisées étaient habituellement rudimentaires — et efficaces. La méthode que Giguère a employée était populaire. Les donateurs remettaient des chèques personnels, des mandats bancaires et même de l'argent comptant au responsable du financement qui, par la suite, constituait un compte bancaire spécial «en fiducie». Quiconque tentait de découvrir la provenance de l'argent n'irait pas plus loin que le compte personnel d'un dirigeant connu du parti qui gardait des fonds en fiducie. La piste s'arrêtait là. La même chose se produisait pour quiconque essayait, de l'autre côté du «tamis», d'enquêter afin de savoir à quoi une contribution spécifique avait servi.

Une méthode alternative consistait en des paiements directs en argent comptant (ce qui était probablement la façon la plus facile de préserver la confidentialité). Ce fut la méthode utilisée par l'industriel montréalais J.W. McConnell dans les années 50 pour aider Maurice Duplessis, le chef de l'Union Nationale, à remporter les élections provinciales de 1952 et 1956. Conrad Black, le financier torontois qui a rédigé une biographie sur ce défunt premier ministre, qualifie ses contributions «d'uniques» et ce pour une bonne raison. Comme l'écrivit Black: «Elles furent faites moins de 48 heures après la dissolution de l'Assemblée nationale en 1952 et 1956 et consistaient en lots de 50 000$ à 100 000$, en billets de banque neufs livrés dans des boîtes à l'intention du premier ministre»[15].

L'argent comptant semble avoir été utilisé de la même manière par le libéral Louis-Alexandre Taschereau, le premier ministre québécois que Duplessis chassa du pouvoir en 1936. Chubby Power, le légendaire libéral fédéral, découvrit cet état de choses lorsqu'il demanda à Taschereau, en une certaine occasion, de l'aider dans une élection partielle fédérale. Power se rappela par la suite avoir vu «le premier ministre ouvrir un coffre-fort dans son bureau et lui remettre vingt-cinq mille dollars tout en lui suggérant de revenir s'il en avait besoin davantage»[16]. L'argent liquide semble avoir aussi été la méthode de paiement favorisée par les «apparatchiks» de l'ex-parti communiste de Moscou, pour les fonds expédiés dans les années 80, au Parti communiste du Canada, docile et soumis[17].

Les cagnottes d'argent politique ne sont pas nécessairement illégales du seul fait qu'elles sont secrètes. Nous n'avons, à cet effet, qu'à nous référer à la cause de Giguère. Cependant, ce secret rend difficile la différenciation d'une contribution légale de celle qui ne l'est pas. «Certaines d'entre elles étaient illégales», de dire Stamler. «Certaines d'entre elles pouvaient être quasi légales mais si vous connaissiez tous les faits elles devenaient illégales en ce sens que des paiements... faits à un parti politique visant à influencer une action du gouvernement sont absolument illégaux». Illégales ou non, une chose est claire: il aurait été embarrassant (et utile stratégiquement pour les adversaires) que l'existence de tels fonds et l'identité de leurs donateurs soient révélées.

C'est ce qui se produisit en Ontario en 1972 à l'occasion du scandale autour d'une contribution politique de 50 000$ faite par Fidinam (Ontario) Ltd., la filiale canadienne d'une entreprise suisse qui devenait l'un des joueurs importants sur le marché de l'immobilier à Toronto. En juillet 1971, Fidinam émit un chèque de 50 000$ personnellement à Bill Kelly, le responsable du financement du Parti Conservateur provincial — et non au parti. Environ un mois auparavant, le Cabinet du premier ministre conservateur Bill Davis avait approuvé une transaction immobilière controversée avec la compagnie. Celle-ci comprenait un prêt de 15 millions du Provincial Workmen's Compensation Board (la commission des normes du travail de l'Ontario) pour un grand complexe immobilier de Fidinam au centre-ville de Toronto connu sous le nom de Upper Canada Place. En novembre 1972, une fuite révéla certaines informations concernant cette contribution secrète qui firent froncer quelques sourcils — particulièrement lorsque les enquêteurs découvrirent un télex que la trésorière de Fidinam à l'époque, Betty McDonald, avait expédié à la compagnie-mère en Suisse en novembre 1971. Lorsque la compagnie-mère lui demanda d'expliquer l'émission d'un chèque de 50 000$ fait à l'ordre de Kelly personnellement, McDonald déclara qu'il s'agissait d'une «contribution politique en relation avec UCP/WCB». UCP référait apparemment à Upper Canada Place; WCB, à Workmen's Compensation Board.

La compagnie admit avoir fait cette contribution mais déclara que McDonald avait fait une erreur: il n'y avait pas de lien entre les 50 000$ et l'approbation du projet par le Cabinet.

Bill Davis nia les faits lui aussi mais l'affaire continua de planer. Pendant des mois, elle garda le gouvernement dans une eau si chaude que certains députés conservateurs d'arrière-ban firent des pressions pour faire annuler le projet. Il ne fut pas annulé. Une enquête de la Couronne ne révéla aucune preuve indiquant qu'il y avait eu infraction au Code criminel. Cependant, comme le concluait Claire Hoy, la biographe de Davis: «Techniquement, les conservateurs étaient «propres», mais l'odeur persistait»[18]. En effet certains observateurs, dont Claire Hoy, voient dans le scandale de la Fidinam une des raisons qui incitèrent le gouvernement Davis à présenter des lois provinciales régissant les contributions politiques[19].

Certains paiements politiques secrets faits par des gens d'affaires étaient des manoeuvres élaborées de «péage»: selon cette technique, on leur octroyait des contrats gouvernementaux en échange d'un paiement, au parti au pouvoir, d'une proportion déterminée du coût du contrat. Les fondements de tels systèmes remontent à des millénaires, au moins aussi loin que l'empire romain. Dans la Rome antique, on y vit certaines des pires manifestations connues de telles pratiques corrompues et cela coûta cher à l'Empire. Comme le suggère un chercheur, le déclin de l'empire romain après 250 av. J.-C. était dû, en grande partie, aux «pouvoirs publics et privés qui étaient traités comme une source de profit... Les résultats furent sérieusement dysfonctionnels»[20]. Au Canada, bien sûr, l'ampleur de ce genre de contributions est beaucoup moindre. Dans les années 40, le «Parti Libéral (fédéral) se finançait en partie en insistant pour que les individus ou les entités qui recevaient un contrat gouvernemental fassent une contribution au parti basée sur un pourcentage fixe de la valeur du contrat»[21]. Par exemple, certains responsables de financement en 1945 s'étaient fixés l'objectif de percevoir 2,5% des contrats gouvernementaux d'une valeur de 16 millions obtenus par trois compagnies de fabrication de wagons de chemin de fer de Montréal — soit un total de 400 000$[22]. Ce type d'approche était très répandu. Comme le note l'historien Bliss: «Durant les années 50, les politiciens exigeaient un «péage» sur les contrats gouvernementaux ou s'attendaient à des ristournes systématiques, et ce, dans la plupart des provinces»[23].

On peut témoigner de tels systèmes plus récemment. À la fin des années 70, au Nouveau-Brunswick, le journaliste Philip Mathias découvrit qu'une des conditions préalables pour faire des affaires avec les ministères et les agences du gouvernement était, généralement, le paiement d'une ristourne. Le résultat était, disait-il, que les coffres du Parti Conservateur provincial étaient pleins à ras bord — remplis avec des millions de dollars de contributions qui étaient placés dans «des comptes à numéros à Saint-Jean, Moncton et ailleurs. Une grande partie des contributions avaient été faites sous forme de ristournes...»[24].

On soupçonne que certains responsables de financement conservateurs avaient élaboré un système complexe de «péage» durant la «belle époque» de la «grosse machine bleue» des Conservateurs de l'Ontario à la fin des années 60 et au début des années 70. Le journaliste Jonathan Manthorpe décrit un registre de contributions politiques qui lui fut montré par un jeune leveur de fonds conservateur: «Dans la colonne de gauche on retrouvait les noms des compagnies. Au centre de la page, il y avait une colonne intitulée «Rapport d'activités», et des inscriptions vis-à-vis environ 15% des noms. Le jeune leveur de fonds expliqua que cette colonne faisait référence au montant que les compagnies avaient reçu en contrats du gouvernement... Du côté droit des pages il y avait une autre colonne intitulée «Rapport des dons» et il y avait des inscriptions pour presque toutes les compagnies»[25].

Outre les contributions régulières, les gens d'affaires versaient parfois une ristourne tout simplement pour huiler la machine — pour s'assurer que certaines actions particulières étaient entreprises. Rod Stamler, l'ex-adjoint au commissaire de la GRC, se rappelle qu'au début des années 70 il enquêta sur un homme d'affaires d'Hamilton, Harold McNamara, qui en avait assez d'attendre un paiement en souffrance sur un contrat gouvernemental. McNamara, qui fut reconnu coupable en 1979 dans l'affaire du scandale des pots-de-vin pour le dragage à Hamilton, en vint à donner personnellement une contribution de 25 000$ en argent comptant à un responsable du financement d'un parti politique à Montréal. Un chèque du gouvernement fut par la suite rapidement expédié à McNamara. «Historiquement, il était commun pour les partis politiques d'avoir un «homme-à-tout-faire» qui s'arrangeait avec les paiements secrets, dit Stamler. Il suggère, cependant, qu'il est habituellement difficile de voir un lien direct entre un paiement secret et une faveur politique. Dans ce cas, il fut impossible de relier directement ce 25 000$ au paiement subséquent.

Certains politiciens se donnent beaucoup de mal pour défendre un tel système. Stamler se rappelle d'une conversation qu'il a eue avec un important politicien libéral fédéral dans les années 70. Celui-ci donnait une justification peu commune aux pratiques des ristournes et des pots-de-vin: il argumentait qu'elles permettaient, en bout de ligne, de préserver l'intégrité de la fonction publique. «Si le parti n'accepte pas ce type de contribution...», disait le politicien, «alors les hauts-fonctionnaires du gouvernement vont l'accepter. Il est préférable que le parti l'accepte et que le ministre sache que ces personnes ont été généreuses envers le parti et qu'il fasse quelque chose pour elles ou garde à l'esprit leur dossier». En d'autres mots, il est préférable d'avoir un politicien corrompu qu'un fonctionnaire corrompu. Stamler hoche la tête. Oui, suggère-t-il, ce genre de justification fut vraiment donnée.

«Je pense que maintenant les règles sont plus strictes en termes de ce qui constitue des fonds de parti et ce qui n'en constitue pas. Mais un parti, comme n'importe quelle organisation commerciale, a besoin d'argent liquide; il a besoin de capitaux et a besoin que les choses se fassent. Historiquement, les partis politiques sont prédisposés à recevoir un tel apport d'argent.»

«Je ne crois pas que la situation au Canada soit si inhabituelle en cette matière. Dans la plupart des autres pays, en ce qui concerne le versement de pots-de-vin et de ristournes, les politiciens les reçoivent directement. Ici, du moins dans certains cas, ils les placent dans les fonds du parti politique, ce qui semble les légitimer même si ce n'est pas vraiment le cas».

Des politiciens peuvent aussi recevoir des fonds dans des circonstances douteuses. Stamler se rappelle d'une curieuse discussion qu'il a eue, dans les années 70 avec le défunt Jean Marchand, alors un des ministres importants du Cabinet libéral — et le lieutenant québécois de l'ex-premier ministre Pierre Trudeau. Marchand déclara, sur un ton banal, qu'il recevait régulièrement de l'argent comptant. Il affirmait ne pas savoir qui étaient ces gens qui lui donnaient de l'argent ou pourquoi ils lui faisaient de tels cadeaux. Dans la plupart des réceptions au Québec, disait Marchand, inévitablement et régulièrement, quelqu'un «s'approchait et plaçait de l'argent dans mes mains... Je mettais l'argent dans mes poches. Je ne savais même pas qui m'avait donné cet argent... Je recevais des sommes variées de toutes sortes de gens. Alors, pour une journée en particulier, si un homme me met beaucoup d'argent dans les mains, je ne sais même pas pourquoi».

Les techniques utilisées pour blanchir les fonds politiques présentent des risques. Comme dans le cas de Giguère, des cagnottes peuvent être si bien camouflées qu'elles disparaissent tout simplement. «Il y a eu un certain nombre de cas où, tout d'un coup, une manne vous tombe du ciel parce que personne ne sait que vous avez ce compte spécial «en fiducie»» dit Stamler. «Je suppose que cela se produit régulièrement. Une organisation se désintègre. Ou les gens s'en vont et une ou deux personne seulement savent que vous avez ce fonds».

Le premier cas d'un fonds politique «perdu» de la sorte remonte aux premiers jours de la Confédération canadienne. Dans les années 1860 le premier premier ministre du Canada, Sir John A. Macdonald, s'inquiétait au sujet du Fenian Brotherhood. Cette organisation de révolutionnaires irlandais installés aux États-Unis rêvait d'une patrie indépendante et cherchait à envahir ce qui est maintenant le Canada de manière à y établir «une base à partir de laquelle ils libéreraient l'Irlande»[26]. Afin de faire face à cette menace, il mit sur pied un service secret relativement efficace sous la direction d'un de ses lieutenants de confiance, Gilbert McMicken. Ses agents furent les prédécesseurs de la GRC et du Service canadien de renseignement et de sécurité. De nombreuses ruses furent employées afin de pénétrer l'organisation des Fenians et de découvrir leurs plans. McMicken évoqua même la possibilité d'utiliser «une ou deux femmes astucieuses» dont la tâche serait de prendre au piège certains des dirigeants Fenians «et ainsi, comme Dalila avec Samson, s'emparer de leurs secrets»[27]. Tout ceci nécessitait de l'argent — de l'argent dont l'existence devait être gardée aussi secrète que les activités de McMicken et de ses agents.

À la fin des années 1860, un compte spécial fut ouvert à la Banque de Montréal, à Ottawa, pour les fonds des «services secrets». Puisque l'obligation de rendre compte des deniers publics était très peu existante dans le jeune Dominion du Canada, l'argent fut dépensé à la seule discrétion de quatre ministres du Cabinet, et plus particulièrement de Macdonald. Il est remarquable de noter que la seule parole des ministres était suffisante pour attester que l'argent avait été correctement utilisé[28]. Essayer de déterminer combien d'argent avait été déboursé et à quelles fins se révélerait, par la suite, être une tâche des plus frustrantes pour le comité des finances publiques de la Chambre des communes. Il serait tout aussi difficile de déterminer ce qui avait été légalement attribué par le Parlement pour le service secret et ce qui, en fait, avait été détourné vers le fonds secret. Il existait, par exemple, de grandes différences entre les dépenses déclarées au Parlement et les retraits effectués dans le compte bancaire. Ainsi, en juin 1868, 50 000$ des fonds alloués par le Parlement «pour services secrets et d'enquête» fut déposé dans le compte bancaire. Quelques semaines plus tard, selon les registres de la banque, 21 991,41$ furent retirés. Cependant, les registres des finances publiques n'indiquent qu'un retrait de 15 081,41$. Comment cela s'était-il produit? L'enquête fut retardée par de soudaines crises d'amnésie. Le comité découvrit que «cette inscription aux registres fut faite par le vérificateur général selon les instructions verbales d'un certain ministre, mais il ne se rappelle pas lequel»[29].

Bien peu de choses changèrent jusqu'à la démission de Macdonald, en 1873. Il restait environ 32 000$ dans le fonds du «service secret». Outre Macdonald, personne ne savait que cet argent existait puisque «les comptes publics pertinents démontraient que toutes les sommes dont le Parlement connaissait l'existence avaient été dépensées»[30]. Le fait que personne d'autre n'était au courant de l'existence de cette somme témoigne de la mainmise que Macdonald avait sur le fonds du «service secret». Quand il demanda au vérificateur général John Langton ce qu'il fallait faire avec les 32 000$, Langton suggéra une solution simple: qu'ils soient versés dans les revenus généraux[31].

Macdonald ne fit rien de la sorte. Il garda le contrôle sur l'argent et ne révéla même pas son existence à son successeur, Alexander Mackenzie. Langton oublia aussi la chose, présumant qu'on s'était occupé de la question de manière adéquate. Il semble aussi que Macdonald ait pris soin de brouiller les pistes. En 1873, il demanda à la Banque de Montréal de lui envoyer «tous les chèques et autres pièces justificatives» concernant le fonds du service secret. Le comité des finances publiques devait découvrir plus tard, en effet, que ces documents avaient disparu. Selon le rapport du comité: «Sir John A. Macdonald croit qu'ils ont été détruits, ou auraient dû l'être, par peur que les gens employés par le service secret ne soient compromis»[32]. En novembre 1875, cette question en arriva à sa conclusion lorsque Macdonald remboursa 25 579,04$. Mais il garda 6 600$ — pour ce qu'il décrivit comme des «dépenses encourues» avant qu'il ait démissionné à titre de premier ministre en 1873[33]. Deux ans plus tard, le Comité des finances publiques tapa sur les doigts de Macdonald (en termes parlementaires, s'entend), en le blâmant sans le nommer[34]. Mais on ne le força jamais à rembourser les 6 600$ ou à en rendre compte. En bout de ligne, Macdonald s'en tira relativement indemne, et ce, même s'il avait quitté son poste en 1873 «avec une somme provenant des deniers publics mise à sa disposition et sur laquelle il avait gardé un contrôle par des moyens détournés et dont une partie n'avait jamais été allouée par le Parlement pour le service secret»[35].

Une partie du fonds du «service secret» semble avoir été utilisée en accord avec les politiques du Parlement. Par exemple, des milliers de dollars furent dépensés pour l'enquête sur le meurtre de Thomas D'Arcy McGee, le lieutenant irlandais de Macdonald, en 1868. Plusieurs présumaient qu'un complot Fenian était derrière cet assassinat[36].

On était cependant à une époque où les philosophies étaient laxistes concernant le financement des partis politiques et Macdonald n'y faisait pas exception. Il considérait apparemment le compte du service secret comme un fonds politique secret plutôt flexible et très discret. Selon une thèse de maîtrise très révélatrice de W.A. Crockett: «Une très grande partie des fonds mis de côté pour les activités du service secret fut plutôt utilisée à des activités politiques... (Il y a) de sérieuses preuves circonstancielles qui appuient la thèse voulant que l'argent du service secret fut employé pour gonfler les coffres du Parti Conservateur»[37]. Crockett découvrit un cas, par exemple, dans lequel certains indices plutôt curieux suggéraient qu'une somme de 10 000$ fut transférée du compte du service secret en 1872, pour servir à soutenir la machine électorale du Parti Conservateur dans l'est de l'Ontario[38].

Il est certain que la première mise de fonds clandestine dans le fonds des services secrets fut faite de manière légale par le Parlement, dans le but de contrer la menace des Fenians. C'est lorsque tout le monde oublia l'argent qui y restait — tout le monde à l'exception de Macdonald, bien sûr — qu'il pénétra dans le monde du blanchiment de l'argent. À ce moment, en 1873, non seulement Macdonald n'informa pas son successeur de l'existence du fonds —s'assurant ainsi qu'il était vraiment «perdu» — mais il semble avoir réglé son sort en s'assurant que la piste des documents permettant de remonter jusqu'aux registres bancaires soit effacée. Ainsi, l'argent blanchi a pu être utilisé à des fins partisanes, comme le suggère Crockett, sans que personne ne sache d'où il provenait.

Le secret entoure souvent les fonds en fiducie créés pour augmenter les revenus des hommes politiques. Bien qu'aujourd'hui les politiciens soient raisonnablement bien payés (trop bien payés, diront certains), jusqu'à récemment, les exigences financières de la vie publique représentaient un lourd fardeau pour la majorité, à l'exception des mieux nantis. C'était certainement le cas pour Sir Wilfrid Laurier, le premier ministre libéral de 1896 à 1911, qui avait des moyens modestes. Son biographe, Joseph Schull, décrivait la situation difficile de Laurier dans les années 1880: «Écrasé par les dettes et... reçu dans des maisons luxueuses que lui-même ne pouvait espérer posséder... Il était, en réalité, un serviteur peu enthousiaste d'hommes qui pouvaient l'acheter et le vendre plus de vingt fois»[39]. C'est pourquoi Laurier put difficilement refuser lorsque, en mai 1902, des partisans achetèrent, pour lui et sa femme, une rente viagère qui leur rapporterait 250$ par mois à vie[40].

De tels fonds en fiducie étaient autrefois une caractéristique courante de la politique canadienne, fournissant non seulement un pécule pour la retraite mais couvrant aussi certaines des dépenses usuelles des chefs de parti. Bien que généralement légaux, l'existence des fonds était gardée secrète par crainte d'embarras public ou pour ne pas nuire aux autres activités de financement du parti. Une forme de blanchiment de l'argent était souvent nécessaire afin de garder un tel caractère confidentiel. De dire Stamler: «Selon mon expérience, quand vous parlez à un politicien, il ne sait jamais d'où provient l'argent et ne connaît pas les liens qui pourraient exister». Paltiel est d'accord. Bien que «chaque chef nomme habituellement le directeur des finances de son parti... les chefs ont tendance à nier connaître la provenance et le montant des fonds du parti»[41]. À date, dit Stamler: «les partis politiques dépensent beaucoup de fonds pour appuyer leur chef. Ceux-ci reçoivent beaucoup d'argent en surplus. Cela leur permet de payer de meilleurs logements, de meilleures conditions de voyage. L'argent est donc acheminé plutôt directement».

Qu'est-ce-qui motive les donateurs à contribuer à ces fonds en fiducie? Dans certains cas, ils considèrent ces contributions comme un geste pour servir la fonction publique. D'autres espèrent en retirer un bénéfice. Il est difficile de prouver que des bénéfices en ont, de fait, été retirés. Un cas célèbre est celui de Peter Larkin, le magnat du thé Salada, qui contribua à créer un énorme fonds en fiducie pour Mackenzie King, le premier ministre qui fut le plus longtemps en poste dans les années 20. Les opinions sont divisées quant à la pureté de ses intentions. L'historien J.L. Granatstein voit Larkin «comme un ami fortuné qui est intéressé à garantir la sécurité financière de M. King. C'était la raison de ses cadeaux, d'après ce que l'on en sait»[42]. Le journaliste Jeffrey Simpson est moins généreux. Qualifiant de tels fonds en fiducie de formes «potentielles d'influence», Simpson écrit que «au moins King lui fournit une compensation sans équivoque: Il nomma Larkin haut-commissaire du Canada à Londres, le même poste qui fut plus tard occupé par un autre ami et bienfaiteur de King, Vincent Massey»[43].

On se rappelle habituellement de King comme d'un excentrique passionné de spiritisme et communiquant avec sa défunte mère lors de séances de spiritisme. Mais, en matière de finances, il était très pragmatique. Et très peu loquace. En 1930, il estimait sa fortune personnelle à «plus de 500 000$, excluant les propriétés qu'il estimait à un quart de million de dollars supplémentaire»[44]. Il faisait cependant des efforts considérables pour camoufler cette richesse, se plaignant continuellement aux dirigeants du Parti Libéral qu'il était en grande difficulté financière. Ses lamentations étaient si convaincantes que ses proches collaborateurs furent abasourdis de l'importance de sa succession après sa mort en 1950[45].

Une des sources de sa fortune était la dotation personnelle que Larkin avait établie dans les années 20, immédiatement après que King devint premier ministre pour la première fois. Comme l'expliquait Larkin dans une lettre écrite en 1922 et adressée à un donateur potentiel, l'objectif du fonds était d'enlever des «épaules (de King) une grande part des soucis reliés au «boucher, au boulanger et au fabricant de chandelles» et de lui permettre de consacrer toutes ses énergies à servir le Dominion»[46].

Larkin se révéla très habile lorsque vint le temps de manipuler les fonds spéciaux. Dans un cas, en particulier, il planifiait utiliser un chèque envoyé par un donateur pour acheter des obligations du Canada mais il changea d'avis. Il suggéra au donateur par lettre qu'il serait préférable d'envoyer de l'argent liquide, impossible à retracer, au lieu d'un chèque. «Il serait préférable que mon nom n'apparaisse pas sur le chèque», écrivait-il, «puisque certaines déductions sont tirées de ce genre de choses. Maintenant, voudriez-vous encaisser ce chèque et en placer les fruits auprès (d'un administrateur) de la Banque Royale et lui demander de me les faire parvenir»[47].

Le fonds en fiducie de Larkin est un cas spécial, en raison à la fois de son importance et du grand secret qui l'entourait. Certains des documents les plus juteux des Archives nationales concernant ce fonds ne seront rendus publics qu'au siècle prochain. Mais nous savons tout de même que le solde du fonds Larkin était de 225 000$ et que cette somme s'est accrue, depuis, grâce aux intérêts accumulés[48]. Beaucoup de précautions ont été prises pour garder son existence et l'identité des donateurs secrètes. Les fonds étaient, ainsi, gardés dans un compte à la Old Colony Trust Company de Boston, un choix prévisible étant donné que King semblait favoriser les comptes bancaires aux États-Unis. Dans les années 30 et 40, il détenait aussi des comptes à la Bank of New York et à la First National Bank of Boston, respectivement à New York et à Boston. Pourquoi le fonds Larkin était-il gardé à Boston et non pas dans une banque canadienne? «La seule explication est que King ne voulait pas que l'on en parle», de dire son biographe, Blair Neatby. Pourquoi? Parce que cela pouvait avoir un impact sur le financement du parti? «Non, je pense que c'est à cause de sa réputation», dit Neatby. «L'idée que des gens d'affaire lui avaient donné de l'argent — il préférait que cela ne se sache pas».

Malgré ses scrupules, deux contributions causèrent une grande anxiété à King en 1931, durant le scandale de Beauharnois, une période difficile qu'il décrivit comme «un véritable Gethsémani»[49]. En mars 1929, le Cabinet de King approuva des parties importantes de l'immense projet de développement hydroélectrique de Beauharnois au Québec. Le scandale éclata deux ans plus tard quand il fut révélé que les personnes qui appuyaient le projet avaient apporté une contribution de centaines de milliers de dollars au Parti Libéral. Ce qui était particulièrement inquiétant pour King, c'étaient les contributions du sénateur Wilfrid Laurier McDougald, un ami intime et aussi président du conseil d'administration de la Beauharnois Power Corp.

McDougald avait fait deux dépôts — pour un total de 25 000$ — dans le compte de la Old Colony Trust. Les deux dépôts (10 000$ le 29 décembre 1927 et 15 000$ le 1er octobre 1928) furent faits, de façon suspecte, avant la décision du Cabinet King dans le projet de Beauharnois. Bien que les fonds étaient certainement douteux, il n'existe pas de preuve directe que cet argent ait influencé la décision du Cabinet, de dire l'historien T.D. Regehr, le principal expert sur l'affaire de Beauharnois[50]. Toutefois, King était si inquiet de la façon dont seraient perçus ces paiements, si on en révélait l'existence, qu'il a par la suite remboursé McDougald. C'est au grand soulagement de King qu'on ne fit jamais mention du fonds Larkin durant le témoignage de McDougald devant un comité parlementaire en 1931[51]. Quant à King, il sortit indemne de ce scandale en prétendant qu'il ignorait les détails des finances du parti[52].

La question de savoir si King reçut effectivement des pots-de-vin occupera sans doute les historiens canadiens pendant encore quelques années[53]. Mais les dangers de «l'influence potentielle» semble avoir été encore plus préoccupants pour d'autres récipiendaires de fonds en fiducie. Louis St-Laurent, le premier ministre libéral de 1948 à 1957, en est un bon exemple. Il accepta un fonds en fiducie à la seule condition qu'une sorte de «muraille de Chine» soit érigée entre lui et ses bienfaiteurs. Non seulement le nom des donateurs ne devait pas être rendu public mais lui-même ne voulait même pas connaître leurs noms. Cela garantissait, selon lui, qu'il ne serait pas redevable envers eux[54].

Lester B. Pearson, le premier ministre libéral de 1963 à 1968, reçut une aide semblable. À l'époque où Pearson songeait à entrer en politique, à la fin des années 40, il était très inquiet des risques financiers que pouvait occasionner la vie publique. Ses inquiétudes furent calmées par Walter Gordon, le défunt nationaliste économique, qui établit un fonds spécial «qui atténuerait cette source d'hésitation»[55]. Selon le biographe de Pearson, John English, ce fonds était comblé par des dons de riches amis partisans. On avait camouflé son but véritable en l'appelant la Algoma Fishing and Conservation Society. (Pearson représenta la circonscription de Algoma East en Ontario pendant plusieurs années). Selon English, dans les années 60, Gordon affirma avoir apparemment récolté 100 000$ dans ce but[56].

Des insinuations concernant l'existence possible de fonds secrets peuvent même être préjudiciables. C'est ce que les Libéraux apprirent en septembre 1988. À cette époque, divers articles et reportages suggérèrent que le chef libéral fédéral de l'époque, John Turner, avait possiblement bénéficié personnellement de tels fonds. Turner et des hauts-dirigeants libéraux, incluant le sénateur Leo Kolber, l'ancien responsable en chef du financement du parti, nièrent avec force ces prétentions. Néanmoins, cet incident accrut les problèmes de leadership de Turner dans les semaines cruciales précédant la campagne électorale fédérale de l'automne de cette année[57].

L'ex-premier ministre Brian Mulroney eut à faire face à des insinuations du même genre. Durant son premier mandat, le journaliste Stevie Cameron du *Globe and Mail* révéla que des fonds du Parti Conservateur avaient été utilisés pour rénover et décorer la résidence officielle du premier ministre au 24 Sussex Drive. Bien qu'on ait dit que Mulroney avait remboursé les prêts, l'impact politique des articles de Cameron, de même que les histoires répétées concernant la faiblesse de Mulroney pour les chaussures Gucci, se fit sentir pendant des années. C'est sans doute en référence à cet incident qu'un dirigeant du Parti Conservateur, qui confirmait en 1991 que Mulroney recevait des fonds du parti pour couvrir des dépenses extraordinaires, insista fortement pour dire que le tout était fait au grand jour et que «les paiements ne constituaient pas un revenu supplémentaire pour le premier ministre»[58].

Des révélations concernant des paiements secrets ont ébranlé le monde politique de la Nouvelle-Écosse au début des années 90, affectant tant les Conservateurs que les Libéraux provinciaux. Tout commença lorsque furent divulguées des informations voulant que le chef libéral Vince MacLean recevait 46 000$ par année d'un fonds en fiducie secret appelé

Hawco, qui avait été établi dans les années 50. La controverse qui en résulta fut le point central des discussions, lors de l'assemblée annuelle du parti à l'automne de 1990. En bout de ligne, un MacLean repentant fut forcé d'admettre qu'il avait commis une erreur — et promit de ne plus accepter de paiements. C'est ainsi qu'il déclara aux délégués: «Il ne peut y avoir de secrets, qu'ils soient perçus comme tel ou non»[59]. Cependant, cette pratique tout à fait légale existait depuis fort longtemps. Gerald Regan, qui avait été chef du Parti Libéral provincial et premier ministre dans le passé, admit en 1980, qu'il avait accepté 142 000$ d'un fonds en fiducie du parti sur une période de quatorze ans, expliquant que «le fonds en fiducie avait été gardé secret en raison de pressions anticipées pour que l'argent soit utilisé pour des dépenses électorales»[60].

Bien qu'aucune irrégularité ne fut jamais reliée au fonds Hawco, ce qui rendait cette question si litigieuse étaient les questions persistantes concernant la provenance des contributions. Par exemple, un des gestionnaires de Hawco était l'ex-sénateur Irvine Barrow. Il avait été reconnu coupable de conspiration de trafic d'influence en 1983, bien qu'il fut par la suite acquitté en 1989 après qu'un nouveau procès ait été ordonné. La provenance des fonds de Hawco ne fut jamais établie, mais des preuves présentées aux procès de Barrow semblaient pointer vers une source probable: Des manoeuvres complexes de «péage» furent décrites, dans lesquelles «des directeurs du financement libéraux demandèrent des contributions auprès de compagnies d'alcool et d'entrepreneurs pour qu'ils puissent faire affaire avec le gouvernement»[61]. Un autre fonds en fiducie du Parti Libéral, Howmur, fut établi dans les années 70 comme «dépôt à la fois pour des contributions légitimes et des ristournes d'entrepreneurs du gouvernement durant les années 70». Cependant, comme le faisait remarquer un des dirigeants du parti, les origines du fonds sont enfouies profondément. Comme le disait le critique libéral de la justice John MacEachern: «Vous pourriez retenir les services de la meilleure agence d'enquête au pays et vous ne seriez pas en mesure de suivre la piste de ces fonds»[62]. L'affaire du fonds en fiducie continua de hanter MacLean même après qu'il ait cessé de recevoir des paiements, contribuant à sa décision de démissionner au début de 1992.

Un autre scandale relatif à des paiements secrets mit en cause l'ancien premier ministre conservateur de la province, le sénateur John Buchanan. Aucun fonds en fiducie secret n'était en cause dans cette affaire, mais entre 1978 et 1990 le parti provincial avait payé directement à Buchanan un total de 588 059$. Les paiements étaient tout à fait légaux.

Cependant, ils étaient dissimulés dans deux comptes du parti portant des noms tout à fait anodins. Le premier s'appelait: «Voyages du chef, dépenses de bureau et autres» et le second: «Promotion, publicité et recherche».

L'ancien trésorier du parti, Roy Busche, expliqua que les paiements étaient inscrits à titre de promotion «parce que c'est ce que John Buchanan faisait pour le parti: il était un des meilleurs promoteurs que le parti ait jamais eu». Busche admit que, bien sûr, il ne savait pas exactement comment Buchanan avait dépensé l'argent. Après cette admission, les dirigeants du parti tentèrent de se défendre en prétendant que les paiements n'avaient pas du tout été secrets. Selon les dires de la présidente Irene Swindells: «Si les membres du parti n'étaient pas au courant des paiements, c'est parce que personne n'avait pris la peine de poser des questions»[63]. Néanmoins, ces déboursés provoquèrent une tempête de protestations dans la province. Le *Chronicle Herald* de Halifax, qui titra un de ses éditoriaux de la façon suivante: «*Sweet Sound of a Whistle*» («Le doux son du sifflet»), traita la révélation de ce financement comme étant «une magnifique démonstration de la façon d'exposer le monde ombrageux des finances du parti»[64].

Cependant, aucun politicien ne fut compromis davantage par des révélations concernant des paiements secrets que le défunt Claude Wagner, le Québécois qui termina deuxième derrière Joe Clark dans la course à la chefferie du Parti Conservateur en 1976. Claude Wagner fit son entrée sur la scène politique fédérale au début des années 70, à une époque où les conservateurs se cherchaient un messie pour le Québec — quelqu'un pour jouer un rôle semblable à celui de Georges Étienne Cartier, le lieutenant québécois de Sir John A. Macdonald, et pour briser le monopole du Parti Libéral sur la province. Wagner semblait être l'homme de la situation. Il avait été le ministre libéral provincial de la Justice dans le milieu des années 60 et était grandement respecté au Québec pour ses positions fermes concernant la loi et l'ordre. Il attira l'attention de plusieurs conservateurs influents — y compris Brian Mulroney. Se considérant handicapé par un chef unilingue (Robert Stanfield), le parti considérait qu'il était voué à l'échec électoral à moins d'aller chercher Wagner.

À la suite d'une cour assidue, Wagner accepta de répondre à l'appel. Mais il était très inquiet concernant sa sécurité financière personnelle. Il se lancerait dans la bataille mais, comme il le répétait régulièrement, il avait besoin d'un filet de sécurité dans l'éventualité où les choses ne fonctionneraient pas. Il n'y aurait aucun problème, lui assurèrent des dirigeants conservateurs. Dans le courant de l'été de 1972, devant la probabilité d'une élection fédérale, plus tard dans l'année, Wagner et un des dirigeants du parti, Finlay Macdonald, se rencontrèrent à l'occasion d'un dîner. Comme l'écrit le biographe de Mulroney, John Sawatsky: «Après des négociations amicales, ils se sont entendus pour un montant de 300 000$. Les conservateurs avaient acheté leur étoile... Le fonds en fiducie Georges Étienne Cartier, comme il fut appelé, procurerait à Wagner un revenu annuel estimé à 30 000$ avant impôts. Contrairement à l'idée première qui était celle de lui procurer un filet de sécurité, cette somme lui serait versée, même s'il gagnait un siège aux élections, en plus de son salaire de député»[65].

Bien qu'il soit résolument secret, il n'y avait rien d'illégal dans ce fonds. Les problèmes de Wagner furent causés par autre chose, et principalement de sa faute. Lorsque des rumeurs au sujet de ce fonds se manifestèrent en 1972, il nia son existence. Le 5 septembre 1972, alors qu'il annonçait qu'il allait se présenter sous la bannière conservatrice, il déclara avec conviction: «Je n'ai pas besoin, je n'ai pas demandé et on ne m'a jamais offert de fonds de pension ou de compensation financière». Cette déclaration reviendrait le hanter. Petit à petit, Wagner fut forcé de se rétracter. En novembre 1975, il admit recevoir 1 000$ par mois pour renforcer l'organisation conservatrice au Québec. De plus, disait-il, l'argent provenait d'un fonds mis sur pied après l'élection du 30 octobre 1972.

Les choses se compliquèrent dans les semaines précédant le congrès à la chefferie de février 1976. À cette époque, Wagner était considéré comme le favori pour succéder à Stanfield. Puis vinrent une série de fuites concernant le fonds[66]. Ce qui causa le plus de torts à Wagner fut la révélation «qu'une importante somme d'argent avait été remise à... Wagner quatre jours avant l'élection fédérale de 1972»[67]. Wagner tenta de se défendre, mais ses répliques étaient vagues et, en grande partie, sans importance. Alors, comme le conclut le politicologue John Saywell, «La campagne de Wagner commença à connaître des ratés»[68]. La carrière politique de Wagner ne s'en remettrait jamais. Il mourut en 1979.

Mulroney fut, lui aussi, obligé de faire face à des allégations concernant un fonds secret durant sa course à la chefferie de 1983. Six mois avant le congrès de juin 1983 l'ancien président du parti, Dalton Camp, fit une déclaration choc. Camp n'aimait pas particulièrement que les manigances visant à se débarrasser du chef conservateur Joe Clark étaient financées secrètement. Et, durant une entrevue à la télévision, il laissa le chat sortir du sac, portant des accusations voulant que les gens cherchant à se débarrasser de Clark étaient «grandement financés par une ou des personnes inconnues. J'ai une bonne idée d'où une partie de l'argent provenait et une partie venait de l'étranger».

Un an plus tard Camp pointait du doigt Walter Wolf, un flamboyant entrepreneur ayant des relations privilégiées avec certains des proches conseillers de Mulroney. Wolf avait consacré beaucoup de temps au début des années 80 à polir son image de macho — allant même jusqu'à se vanter de garder une mitrailleuse Uzi dans la chambre à coucher, couverte de miroirs, de sa villa retirée du Mexique. L'étiquette «d'étranger» lui allait aussi comme un gant. En 1972, Wolf — qui avait déjà déclaré «je ne suis dans aucune zone fiscale» — acquit une propriété en Suisse. Quelque temps plus tard, il acheta une maison aux Bermudes, un autre paradis financier. Wolf réfuta, cependant, les accusations de Camp, en déclarant: «Je n'ai jamais donné un sou». Par contre, il admit avoir indirectement payé une somme de 12 500$ à titre de jetons d'administrateur, à chacun de deux proches conseillers de Mulroney, membres du clan anti-Clark: le sénateur Michel Cogger et Frank Moores, l'ancien premier ministre de Terre-Neuve. De dire Wolf: «C'est, certainement, le seul argent que j'aie donné à une personne associée aux pressions anti-Clark. Et je considère que cet argent fut payé pour des services professionnels (rendus à Wolf) et non pour des activités politiques». Moores nia, à cette époque, avoir reçu de l'argent de Wolf[69]. Ces allégations ne réussirent pas à faire dérailler la course à la chefferie de Mulroney. Cependant, il n'en sortit pas sans tache. Comme le suggère le journaliste Jeffrey Simpson, les «sombres histoires... au sujet des contributions étrangères faites à Mulroney par le financier Walter Wolf» ont contribué à ternir sa victoire[70].

Les finances politiques ne se font pas nécessairement de manière illégale ou douteuse. Elles n'impliquent pas, non plus, de façon typique, des manoeuvres forcément associées au blanchiment de l'argent. L'histoire compte, cependant, suffisamment de ces cas — où des techniques de blanchiment de l'argent furent utilisées pour dissimuler des liens financiers et des manoeuvres possiblement illégaux et douteux qui auraient dû être révélés. Le secret n'a pas sa place dans les finances politiques. Il cause de la suspicion envers des institutions publiques qui sont déjà sujettes aux soupçons. Cela renforce les avantages de ceux qui ont le plus d'argent à dépenser dans un but politique — étant donné le fait que leurs largesses ne sont jamais révélées et qu'il est donc impossible d'en rendre compte publiquement. Il est certain que dans les dernières années, les finances publiques ont été rendues plus transparentes — par le biais de mesures comme les nouvelles lois fédérale et provinciales sur le financement et les dépenses électorales et aussi grâce à un changement dans les mentalités. Mais il importe de faire davantage. Car invariablement, la corruption prospère dans l'ombre.

Chapitre 10
NICOLAE CEAUSESCU ET LA RUINE DE LA ROUMANIE*

Près du coeur de l'austère et triste Bucarest, on trouve un petit quartier étonnamment décoré de colonnes ioniques, de grilles de fer forgé, de façades savamment travaillées et de dômes majestueux. Il n'y a pas, ici, de ces rues sans fin aux immeubles ternes et homogènes, ni de ces édifices essentiels au paysage urbain de la Roumanie: les bureaux gouvernementaux datant de l'époque stalinienne. Ce quartier brille, plutôt, par une architecture néo-baroque semblable à celle que l'on rencontre près de la Bourse de Paris ou bien dans le quartier des affaires de Londres, près de la cathédrale Saint-Paul. C'est le district financier de Bucarest, jadis prospère. Comme la Roumanie elle-même, les édifices sont tous maintenant un peu délabrés. Les toits rouillés, la peinture écaillée et le plâtre qui s'effrite font partie du quotidien. Le cri d'alarme que semblent lancer certains édifices laisse même entrevoir des problèmes de structures beaucoup plus graves. Que ces constructions aient survécu tient du miracle. Aussi surprenant, elles ont réussi à échapper aux tristes desseins du récent dictateur roumain, Nicolae Ceausescu, visant à remplacer ces structures «décadentes» par l'une de ses inventions extravagantes. Mais au fond, le despote avait de bonnes raisons d'être complaisant avec une partie du quartier financier de la ville.

Car, tout au centre, dans un lumineux édifice du numéro 22 Calea Victorici, reposaient quelques-uns des plus lourds secrets du dictateur déchu. C'est là, à cette adresse, que se trouve la Banque roumaine du commerce extérieur, le canal financier régissant les importations et les exportations du pays. Avec ses bureaux faiblement éclairés et sa masse de registres comptables poussiéreux, cette institution apparaît davantage, aux

_____

*Ce chapitre est tiré du dossier de recherche établi en vue du documentaire «Evil's fortune» produit par l'émission *The Fifth Estate* du réseau anglais de la Société Radio-Canada. La télédiffusion de cette émission eut lieu, le 8 novembre 1991.

yeux des observateurs occidentaux, comme une réminiscence d'une banque ottomane du XIXe siècle qu'un établissement moderne. (Il n'y avait toujours pas d'ordinateurs en juin 1991!). Mais les apparences sont parfois trompeuses. Bien enfoui dans la banque, se trouvait le centre nerveux de l'opération de blanchiment de plusieurs milliards de dollars entreprise par Ceausescu. Connue sous les initiales A.V.S., pour Actiuni Valutare Speciale, que l'on peut traduire par «Section spéciale des devises fortes», cette opération était menée par une poignée de banquiers faisant partie du nébuleux réseau de police secrète et d'espions de Ceausescu. Durant les années 80, cette cellule clandestine, dont l'existence était gardée cachée parmi d'autres secrets bien gardés, blanchit d'énormes sommes provenant de ristournes, d'évasions fiscales, de perceptions de frais de douane et d'extorsions. Quand venait le temps d'amasser et de cacher de l'argent Ceausescu, un individu normalement brouillon et sans aucun scrupule, devenait subitement habile et consciencieux.

«Ceausescu était la Roumanie» nous dit David Funderburk, l'ambassadeur américain à Bucarest de 1981 à 1985. «Le Trésor public était le sien».

Nicolae Ceausescu est né en janvier 1918, dans la pauvreté de la petite communauté rurale de Scornicesti, environ 160 kilomètres à l'ouest de Bucarest[1]. Ce garçon dur et brutal se préparait à devenir un vil dictateur, maussade et belliqueux. Mesurant moins de 5 pieds et 6 pouces, il détestait être photographié avec quelqu'un de plus grand. Sa condescendante équipe d'historiens lui a pardonné bien des fautes et a aussi exagéré ses faits d'armes et ses prétendus talents: On a dit qu'adolescent il passait ses nuits à étudier des volumes traitant de politique, qu'il avait conduit une révolte d'ouvriers au début de sa carrière et qu'il était insurpassable comme orateur et penseur. («Le génie des Carpathes» était l'un de ses titres les plus ridicules!). Voilà le genre d'inepties que contenait la biographie, en plusieurs volumes, que ses serviles chroniqueurs rédigeaient quotidiennement et que ses laquais payaient grassement pour faire traduire et imprimer à l'étranger. Cela peut maintenant paraître risible mais, pour Ceausescu et sa femme Elena, tout cela était d'une importance capitale. Une mise à jour de deux pages à ces Mémoires vaniteuses destinées à l'étranger fut retrouvée sur le bureau d'Elena, le jour de leur renversement en décembre 1989.

En vérité, Ceausescu excellait dans bien peu de domaines. Il poursuivit des études brèves et sans éclat. Lorsqu'il devait parler en public, il avait tendance à bégayer et à postillonner. Lorsqu'il était en colère, ses propos devenaient quelques fois incompréhensibles. (Ses dents claquaient aussi, rappelle Funderburk, qui fut longtemps la bête noire de Ceausescu et souvent la cible de ses rancunes). Ceausescu avait un mode de vie aussi étrange que certaines de ses idées. Il craignait à ce point la maladie qu'on dit qu'après avoir serré des mains, il les lavait à l'alcool. À un certain moment et sans raison apparente, il ordonna que les grains de maïs d'une région de Roumanie soient plantés de façon beaucoup plus rapprochée que ce que la norme exige — et que la logique agraire recommande. Le maïs ne poussa pas cette année-là. Il avait bien lu quelques passages de Marx et de Lénine lors de son séjour en prison vers la fin des années 30 et le début des années 40, mais tout ce qu'il sembla avoir retenu fut un méli-mélo de maximes et de citations communistes, sans égard à leur pertinence ou à leur signification. (Vers la fin des années 80 une horde d'écrivains travaillaient sans relâche pour remplir les librairies roumaines: ils pondaient des dissertations sur le socialisme scientifique signées Nicolae Ceausescu.) Il n'avait jamais été actif en politique. Et il n'était pas non plus très bon cordonnier, le métier qu'il avait appris dans sa jeunesse. Mais il se démarquait cependant par un aspect: Plus que n'importe lequel de ses rivaux, il possédait ce mélange brutal d'asservissement sans honte et d'ambition sans pitié qui assure le succès dans la nomenklatura communiste. Cette «qualité» le servirait bien.

Il atteignit le sommet en 1965, en gagnant l'élection au poste de premier secrétaire du Parti communiste roumain. Ceausescu fut rapide à solidifier son emprise. Ses rivaux furent rapidement écartés des postes importants et des «lèche-bottes» prirent leurs places. Par une série de complots menés de main de maître, de jeux d'alliances et de mésalliances Ceausescu finit par rallier les membres du parti au complet derrière lui. De même que le peuple roumain. Dans les années 60, Ceausescu semblait représenter l'option de libéralisation et l'espoir d'autodétermination nationale pour le peuple roumain. C'était, bien sûr, avant que Ceausescu ne conduise le pays à une pénurie digne des pays du tiers monde: devenant le pays au rationnement le plus sévère d'Europe de l'Est et au taux de mortalité infantile le plus élevé du continent européen[2]. Pendant un certain temps, même les pays occidentaux mirent leurs espoirs en lui, lorsqu'il critiqua ouvertement l'invasion soviétique de la Tchécoslovaquie en 1968.

Plus son pouvoir grandissait, plus son besoin d'argent devenait pressant: pas pour les lei sans valeur que son gouvernement imprimait, mais bien pour les devises étrangères fortes provenant du monde occidental.

Ceausescu n'était pas le seul. Si l'on peut identifier un point commun aux dictateurs de tout acabit et de toute provenance, c'est leur insatiable besoin de grandes sommes d'argent. Après tout, la loyauté est un luxe qui se paie cher! Les partisans du régime nécessitent un flot constant d'emplois bien rémunérés, de titres pompeux et de cadeaux en biens de consommation rares. Même chose pour leur famille et leurs amis. Les ennemis potentiels reçoivent aussi le même traitement. Des observateurs ont d'ailleurs déjà affirmé que ces largesses constituaient les dépenses les plus importantes d'un autre dictateur de la cuvée 1965, Mobutu Sese Seko, du Zaïre. On a estimé à au moins 2,5 milliards US les sommes soutirées par Mobutu au Trésor de ce pays africain riche en minéraux[3]. Les despotes semblent aussi développer des goûts extravagants. Leurs opulents quartiers généraux en sont la manifestation la plus évidente. Quelques-uns, comme Mobutu, érigent d'extraordinaires complexes immobiliers dans leur ville natale, comme s'ils ressentaient le besoin de prouver leur réussite à leurs concitoyens. Le palais que le dictateur africain a érigé à Gbadolite, où réside sa famille est si somptueux qu'on l'appelle «le Versailles de la jungle»[4]. On retrouve une variante de ce thème sur les terres des membres de l'ex-politburo d'Allemagne de l'Est. Ce luxuriant domaine boisé de 247 acres fortement gardé est situé près de Berlin et regorge de fleurs et de légumes frais toute l'année grâce à ses nombreuses serres[5].

Ceausescu, quant à lui, préférait la variété. Il possédait, au bas mot, un peu partout en Roumanie, trente villas et chalets de chasse. (Certains estimaient plutôt ce nombre à 80). Toutes ces demeures étaient d'ailleurs richement meublées, sans égard pour les coûts que cela pouvait occasionner. Dans toutes les résidences de Ceausescu les serviettes et les draps étaient protégés de plastique et il fallait les détruire après un seul usage. De plus, tous ces immeubles devaient conserver une température constante de 76 degrés Fahrenheit, été comme hiver, juste au cas où monsieur se permettrait une visite impromptue. Le pinacle de sa gloire devait être son fameux palais blanc: le Palais du peuple, qu'il n'eut pas le temps de terminer. Cette imposante structure dominant le centre de Bucarest a maintenant été rebaptisée «Maison de la République». C'est l'une des plus imposantes constructions de la planète alliant les styles architecturaux grecs et romains. L'ensemble n'est pas sans évoquer les visions de l'utopie urbaine nazie d'Albert Speer. Tellement de marbre fut utilisé lors de sa construction, qu'il en résulta une pénurie de pierres tombales dans le pays![6] Depuis la chute de Ceausescu, personne n'a été en mesure de trouver une utilité quelconque au monstrueux building. Le détruire serait trop onéreux et les projets de le transformer en un centre international de commerce et des congrès ont été vite jugés impossibles à réaliser.

Dans plusieurs domaines, l'ego de Ceausescu n'avait pas de limites. Les galeries d'art et les édifices publics exposaient constamment des portraits flatteurs d'un Ceausescu éternellement jeune s'impliquant dans sa communauté, au milieu des enfants ou encore entouré de fleurs. Une quantité innombrable de ces parodies dorment maintenant sous clé dans la salle 44 du Musée national d'histoire à Bucarest[7]. Sa cour d'écrivains et de poètes n'en finissait plus d'écrire les hauts faits d'armes de sa prétendue notoriété internationale, notamment en créant des messages fictifs provenant des grands du monde occidental telle la reine d'Angleterre. Plus encore, des messages publicitaires vantant les mérites du dictateur, déguisés sous la forme de communiqués de presse étaient régulièrement expédiés à la presse étrangère. Il semblerait même que le dictateur croyait vraiment que ces messages dûment payés par ses proches étaient d'authentiques coupures de presse. Ceausescu se percevait aussi comme un grand chasseur et passait de nombreuses heures à tirer sur tout ce qui bougeait dans la nature. Les ours constituaient ses cibles préférées. Plus souvent qu'autrement, des tireurs cachés dans la forêt abattaient les proies que le dictateur trop gauche ratait en lui laissant évidemment tous les mérites. Mais en matière de narcissisme à l'état pur, rien ne peut rivaliser avec le musée dont il dota sa ville natale, Scornicesti. L'édifice était conçu dans le but de glorifier son règne qu'il avait appelé pompeusement: «L'ère de la lumière». (Cela est d'autant plus ironique quand on sait que les pannes de courant et la rationalisation de l'électricité étaient légion durant la dernière partie de son règne). Le musée s'enorgueillissait des prétendus ossements du premier être humain à avoir habité l'Europe et, oh surprise! celui-ci provenait aussi de Scornicesti. Le squelette s'avéra être composé de morceaux de défenses d'éléphants[8].

Malgré son somptueux train de vie, l'ambitieux homme politique visait d'abord la reconnaissance mondiale plutôt que le confort matériel. «Ne tracez pas le portrait de Ceausescu comme un homme uniquement motivé par l'argent, tels d'autres dictateurs entassant des masses d'argent pour leurs fins personnelles», nous dit Liviu Turcu, ex-membre important des services secrets roumains ayant fait défection aux États-Unis en janvier 1989. «La vérité est beaucoup plus complexe que cela».

Ironiquement, le dictateur a longtemps convoité le prix Nobel de la paix et perçut comme un affront personnel le fait que sa candidature ne fut pas retenue pour sa contribution aux accords de paix de 1979 signés à Camp David entre Israël et l'Égypte. Dans l'esprit paranoïaque de Ceausescu, il ne pouvait y avoir qu'une seule explication à cette grave omission: un complot de ses ennemis étrangers. Il ordonna donc les services de renseignements de son pays de s'assurer qu'il remporte le prix Nobel (qu'il n'eut jamais, d'ailleurs).

Il ne reçut jamais la reconnaissance suffisante, à son avis, pour ses autres initiatives diplomatiques: son appui aux problèmes du tiers monde, ses efforts auprès des pays non alignés et sa sympathie à l'endroit de la cause palestinienne. Dans ce dernier cas, son implication allat jusqu'à offrir le gîte à des terroristes notoires tel le Vénézuelien Ilich Ramirez Sanchez, connu sous les pseudonymes de «Carlos» ou du «Chacal». «Carlos» était un habitué de la maison Ceausescu au début des années 80.

Si l'on veut être juste, on doit admettre que Ceausescu a effectivement eu quelques succès diplomatiques: Par exemple, sa décision de faire participer son pays aux Jeux Olympiques de Los Angeles en 1984, ce qui eut pour effet d'affaiblir le boycott des pays de l'Est. En fin de compte, la plupart de ses tractations diplomatiques lui apportèrent peu de gloire ou de pouvoir pour une raison bien simple: personne ne lui faisait confiance! Pas plus ses voisins balkans que les dirigeants soviétiques ou les gouvernements occidentaux. Même la mafia italienne s'en méfiait! Les quelques tentatives de Ceausescu pour se rapprocher de la mafia furent vaines, nous dit Turcu, en raison du manque de confiance des Italiens envers ce personnage bien peu fiable.

En dépit de ses nombreux échecs, Ceausescu n'était pas découragé le moins du monde et poursuivait son rêve onéreux d'atteindre la notoriété mondiale. Ce fut l'une des principales raisons qui motiva son insatiable besoin en devises fortes et sa grande dépendance envers les procédés de blanchiment secrets. Il craignait, en effet, que la découverte de la provenance des fonds puisse compromettre ses aspirations. Il apparaissait difficile, en effet, de justifier des profits sur des ventes d'armes automatiques quand on a la réputation d'être un apôtre de la paix. Il était encore plus difficile d'expliquer aux Israéliens (qu'il courtisait aussi) pourquoi des fonds roumains secrets soutenaient l'Organisation de libération de la Palestine. Turcu, maintenant à l'emploi de l'Université de Boston, ajoute: «Il aurait échangé n'importe quoi, si cela lui avait permis de faire un pas de plus vers son but: devenir la plus grande et la plus célèbre personne du monde». Un bel exemple de cette ambition nous est donné en 1986, alors que la Roumanie a détourné 12,5 tonnes d'eau lourde norvégienne en

Inde, un pays n'ayant pas signé le traité de non-prolifération des armes nucléaires. L'eau lourde était destinée, à l'origine, au réacteur nucléaire Candu (une réalisation canadienne) de Cernavoda, mais les installations n'étaient pas encore prêtes. On l'expédia donc vers l'Inde par l'entremise d'une firme discrète du Liechtenstein, Ridgenet. Le paiement fut blanchi par la Banque roumaine du commerce extérieur. Même si la Roumanie fit un petit profit sur la transaction, le but visé par Ceausescu était ailleurs: L'opération visait uniquement à s'octroyer les faveurs de l'Inde, que courtisait ardemment le dictateur à l'époque. «Personne en Roumanie n'aurait effectué une semblable opération, même de moins grande envergure, sans l'assentiment de Ceausescu, quelle que soit la difficulté ou la complexité de l'opération».

La sophistication de son système de sécurité, l'extravagance de son style de vie en rapport à la philosophie marxiste-léniniste, ses initiatives diplomatiques: tout cela coûte beaucoup d'argent, des monnaies fortes pour être plus précis. Comment payer la note? Comment le faire secrètement sans que ses ennemis le découvrent? Et, bien sûr, il faut bien en mettre un peu de côté pour les jours plus sombres! Tels étaient les préoccupations financières quotidiennes du dictateur.

Nicolae Ceausescu avait connu des débuts bien modestes. Vers la fin des années 60 et le début des années 70, sa police secrète ratissait la Roumanie à la recherche de Roumains bénéficiaires de polices d'assurance ou d'héritages étrangers. En échange de ces devises étrangères qu'ils remettaient à l'État, les Roumains recevaient en retour des lei moins forts mais à un taux de change très avantageux. Beaucoup acceptèrent l'échange, souvent sous la menace ou la torture. Les Roumains travaillant à l'extérieur du pays, habituellement des professeurs, des médecins ou des scientifiques, devaient aussi remettre au régime une large part de leurs gains en devises étrangères. Tout manquement à cette règle était sévèrement puni.

Sorin Dumitrescu, employé des Nations-Unies en poste à Paris, fut arrêté durant une visite dans son pays en 1977. «Je devais une somme d'environ 70 000 francs français à l'État roumain. Tout citoyen roumain oeuvrant à l'extérieur du pays doit, en vertu de la loi, remettre à l'État une grande partie de ses gains», écrit-il, quelques années plus tard. «Dans mon cas, il était question d'arrérages, car j'avais déjà payé plus de 120 000 francs». Dumitrescu, un hydrologiste de renommée mondiale, paya promptement sa dette. Il eut quand même à subir deux ans de détention et d'intimidation, à Bucarest, avant que la pression internationale ne force Ceausescu à le relâcher. Dumitrescu ajoute encore: «J'ai eu gain de cause,

mais je demeurerai marqué par ces traitements pour le reste de mes jours»[9].
Ces sources de financement n'étaient toutefois pas suffisantes. De plus grosses sommes étaient nécessaires, et on les trouva.

Le 26 mai 1984, un Ceausescu resplendissant et trônant à l'avant d'un navire construit spécialement pour l'occasion coupa le ruban traditionnel inaugurant un projet qu'il chérissait depuis longtemps: le canal Danube-mer Noire. La voie maritime de 64 kilomètres devait, en principe, réduire de deux jours le trajet sur le Danube vers la mer Noire. Telle était en effet, la version officielle diffusée par les médias roumains. Dans les faits, le canal se révéla être un éléphant blanc si mal construit qu'il ne put remplir ses promesses maritimes. Trois ans après son ouverture, il opérait encore qu'à 10% de sa capacité. Cela est bien connu de tous. Ce que l'on connaît moins, ce sont les autres raisons de l'intérêt soutenu de Ceausescu envers le projet: Le chantier constituait une source directe d'approvisionnement en devises fortes, tirées à même un prêt de 100 millions US consenti par la Banque Mondiale pour la construction du canal. Selon les dires d'un ex-fonctionnaire roumain une large part de ces crédits, annoncés en janvier 1980, ne se rendit jamais près du canal.

«Nous avons piégé la Banque Mondiale sans qu'elle s'en aperçoive», nous confiera Mircea Raceanu, un ancien diplomate de haut rang ayant participé aux négociations entourant l'entrée de la Roumanie au sein de la Banque Mondiale en 1972. «Ceausescu en fit une affaire politique». Vers la fin des années 80, Raceanu fut emprisonné et condamné à mort par Ceausescu pour ses activités dissidentes envers le régime. Raceanu se réfugia aux États-Unis en 1990, après avoir été victime d'attentats à Bucarest.

Cette escroquerie sut tirer avantage de l'intention première de la Banque Mondiale: Injecter le plus d'argent possible dans l'économie locale. Selon les règlements de la Banque Mondiale, les fournisseurs de biens et de services doivent soumissionner pour obtenir les contrats. Les entreprises locales sont privilégiées, autant que possible, si elles rencontrent les critères de qualité, de fiabilité et de coût de la Banque. Dans le cas qui nous intéresse, ce sont les entreprises d'État roumaines qui servirent octroyé la plupart des contrats par la Banque Mondiale. Mais, selon Raceanu et Turcu, les entreprises roumaines les obtinrent frauduleusement, fournissant de faux documents alléguant que la Roumanie était en mesure de fournir les biens et services exigés par les contrats. Raceanu ajoute: «Ils ont affirmé pouvoir fabriquer des produits de qualité localement ce qui, dans les faits, était irréalisable». Il en résulta un canal mal construit, fabriqué avec de l'acier et du ciment de qualité inférieure, ce qui explique à long terme ses déficiences chroniques et structurelles.

C'est de manière indirecte que Ceausescu acquit les devises étrangères fortes. Lorsque les entreprises roumaines présentaient leurs factures à la Banque Mondiale, elles étaient payées en lei, et non en devises étrangères. Cependant, pour acheter ces lei, la Banque Mondiale devait les échanger contre des devises fortes. La Banque Mondiale devait obligatoirement se les procurer auprès du seul pourvoyeur officiel d'argent roumain: la Banque roumaine de commerce extérieur. L'institution roumaine mettait alors les devises étrangères à la disposition du dictateur, et ce, à l'insu de la Banque Mondiale. Les presses nationales pouvant imprimer un nombre illimité de lei et l'achat des biens et des services utilisés pour la construction du canal étant faits à l'intérieur du pays, cela libérait des devises étrangères qui étaient affectées à d'autres fins. L'arnaque était bien déguisée, nous dit Raceanu. Écoutons-le: «Dû au fait que le travail était effectué par des Roumains et que les biens et les services ne provenaient pas de l'étranger, le dictateur pouvait utiliser les devises fortes à n'importe quelle fin. C'était une fraude évidente. Mais tout ceci a été fait d'une manière telle que quiconque inspectait les registres comptables ne pouvait rien trouver».

Les transactions ont effectivement fait l'objet d'une enquête par un spécialiste de la fraude de renommée mondiale. C'était Rod Stamler, l'ex-commissaire adjoint de la GRC, engagé en mars 1990 pour retracer les fonds détournés par Ceausescu. Stamler conclut rapidement qu'il y avait bel et bien eu fraude. «Les documents préparés n'avaient aucun rapport avec le projet en cours», nous affirme-t-il. Les factures soumises ne suivaient pas la suite logique des étapes usuelles dans le domaine de la construction. Le ciment, par exemple, avait apparemment été coulé dans des structures d'acier qui ne semblaient pas encore construites. Néanmoins, la Roumanie semblait si encline à rencontrer les critères de la Banque Mondiale que celle-ci ne s'est jamais méfiée. Officiellement, du moins, la Banque n'eut pas à se plaindre puisque Ceausescu remit par la suite une part de 100 millions US du prêt de 2 milliards que les Roumains avaient contracté avec l'institution internationale vers la fin des années 80. Finalement, nous dit Raceanu, la Roumanie a été doublement escroquée. D'abord, par le détournement des devises étrangères du prêt de la Banque Mondiale et la construction d'un ouvrage de qualité inférieure. Ensuite, par le remboursement du prêt avec de l'argent qui aurait pu être bien plus utile ailleurs en ce temps où les Roumains souffraient de grandes privations.

L'économiste canadienne Patricia Adams nous rappelle qu'on retrouve aussi, dans les pays du tiers monde des détournements de fonds publics d'une ampleur équivalente, impliquant des projets tout aussi désastreux[10]. Selon elle, de tels mégaprojets expliquent en partie pourquoi les nations du tiers monde ont si peu à leur crédit relativement à l'immense dette extérieure accumulée dans les années 70 et 80 et qui totalisait plus d'un trillion US en 1990. Comme le spécifie Mme Adams, cette dette a été fabriquée à coups d'escroqueries et de dilapidations éhontées à grande échelle de la part des autorités gouvernementales de ces pays. Beaucoup de ces mégaprojets sont mal conçus et dangereux pour l'environnement, en plus de coûter très cher à entretenir et à opérer. Parmi ceux-ci on peut citer une aciérie brésilienne mise sur pied grâce à des prêts étrangers de plus de 2,5 milliards US qui est fermée; une raffinerie de sucre et une plantation à la Côte d'Ivoire, érigée grâce à des prêts de plus de 1 milliard US qui produit du sucre à un coût équivalent à trois fois son prix mondial et finalement un projet hydroélectrique en Colombie qui a coûté plus de 2 milliards US en prêts étrangers ou, si vous préférez, la moitié des sommes dépensées par l'État pour ses mesures sociales.

Les citoyens de ces États du tiers monde sont donc pris à rembourser une immense dette créée pour l'obtention de biens et de services dont ils n'ont pas besoin, et qui peut même s'ajouter à leurs malheurs. Pour alléger la dette des pays du tiers monde, on demande aux payeurs de taxes des pays occidentaux de renoncer à quelques-unes des obligations que ces pays ont envers eux, ou on fournit des allègements fiscaux aux prêteurs privés afin de les aider à absorber ces énormes pertes. Mme Adams ajoute que cette façon de faire n'est pas la bonne puisqu'elle entraîne les débiteurs à traiter les deniers publics comme s'il s'agissait d'une fortune personnelle. Sa solution est à la fois étonnante et radicale. Afin de démocratiser tout ce processus, Mme Adams suggère que les pays du tiers monde répudient en bloc, leurs dettes étrangères. Pour ce faire, elle exhorte les pays du tiers monde à invoquer la doctrine de la «dette odieuse» (*odious debts*): «On répudie une dette non pas parce qu'elle impose un trop lourd fardeau mais bien parce qu'elle a été contractée dans des buts illégaux par des parties illégitimes»[11]. Mme Adams poursuit son raisonnement en affirmant que si les nations les plus pauvres du globe agissaient ainsi, les prêteurs seraient forcés de retracer, poursuivre et même saisir, lorsque cela est possible, la fortune personnelle de la pseudo-élite du tiers monde qui s'est enrichie férocement en invoquant le bien-être de ses concitoyens. En agissant ainsi, les prêteurs décourageraient sûrement de semblables comportements chez les futures élites»[12].

Cette option ne peut malheureusement pas s'appliquer à la Roumanie. En 1981, Ceausescu commença lui-même à mettre un frein aux emprunts étrangers et se mit brusquement à rembourser toutes les dettes internationales roumaines. Une folie qui devait mener son pays à la ruine. Il était mû par des motivations xénophobes et mégalomanes. Il voulait, du même coup, rompre sa dépendance envers l'étranger et prouver son leadership sans pareil en matière économique en effaçant ce que même le plus courageux des fiscalistes occidentaux oserait à peine effleurer. Son attitude, nous dit Livia Turcu, était celle «d'un père très sévère envers ses enfants: il faut souffrir maintenant pour assurer le futur». Les importations furent alors découragées et les exportations furent encouragées d'une manière fanatique. L'électricité était si sévèrement rationnée qu'on ne pouvait en jouir que quelques heures par jour. Le soir, Bucarest, que l'on décrivait autrefois comme le petit Paris ou le Paris de l'Est, sombrait dans l'obscurité. En hiver, l'usage d'automobiles était parfois prohibé de manière à économiser l'essence. La nourriture devint plus rare. Ceausescu pensait, de façon perverse, que ses concitoyens mangeaient trop. Il imagina une diète ridicule et bannit même la fabrication de certains pains, l'une des rares sources de nourriture qui existaient encore.

En 1989, Ceausescu annonçait que la dette de 10 milliards contractée avec ses débiteurs étrangers était maintenant chose du passé. Des observateurs occidentaux notèrent, toutefois, qu'il subsistait une somme de 1 milliard encore impayée[13]. Mais cette victoire fut très coûteuse: le tissu de l'économie était maintenant en lambeaux, le peuple roumain n'en pouvait plus. Les usines ne fonctionnaient plus, faute de matériel et de pièces provenant de l'étranger. D'immenses parcelles de terrain étaient maintenant contaminées par les abus de pesticides et d'herbicides, un désastre écologique imputable à une surproduction agricole à court terme. Pour ajouter à la tragédie, très peu de la nourriture produite au pays atteignait la table des Roumains. La majeure partie était exportée, particulièrement vers l'Union soviétique, ce qui fit qu'en 1989 les tablettes des épiceries de Bucarest étaient pratiquement vides. Elles offraient, au mieux, de la saucisse huileuse, des jarrets de porcs gras et des sardines chétives. Bien maigre consolation: les fonctionnaires gouvernementaux et les hauts gradés des services de sécurité ayant toujours des salaires bien au-dessus de la moyenne souffraient eux aussi de l'inflation galopante en Roumanie: trop de lei et pas assez de biens et services. Vers la fin des années 80, par exemple, des personnalités aussi importantes que Liviu Turcu devaient consacrer 70% de leur salaire à l'achat de nourriture au marché noir.

Le dictateur, vivant princièrement dans ses villas luxueuses et pris au piège dans ce que *The Economist* appela «Une île issue du passé d'Orwell» ne semblait rien remarquer et rien ne semblait l'atteindre[14]. Quand certains diplomates occidentaux essayaient de l'avertir de l'état lamentable de son peuple, il se renfrognait et clamait son désaccord à coup de statistiques farfelues. Heureusement, Ceausescu n'était pas complètement immunisé contre les conséquences de son obsession à payer la dette nationale. En tournant le dos à de nouvelles injections de capital étranger, il tarissait en même temps une source utile de fonds secrets, comme celle du détournement du prêt de la Banque Mondiale. Heureusement pour lui, et malheureusement pour les Roumains, il existait d'autres sources. Comme au temps des capricieux rois féodaux, il considérait les ressources et les habitants du pays comme sa propriété. Liviu Turcu nous dit: «Ceausescu traitait le pays en entier comme s'il s'agissait de sa propre cour».

«Il vaut mieux élever des Allemands que des cochons» dit un adage populaire roumain. Le dictateur lui-même a déjà formulé une semblable remarque: «Le pétrole, les Juifs et les Allemands sont nos plus importantes denrées»[15]. Et il était très sérieux! Pour obtenir davantage de devises fortes, Ceausescu vendit des habitants d'origine allemande et Juive à l'Allemagne de l'Ouest et à Israël. Dur en affaires, il contrôlait minutieusement l'offre pour faire monter les prix, extirpant le maximum d'argent du plus petit nombre d'émigrants possible.

La plus grande partie de ce dossier était maintenue sous secret d'État. Le fait que l'argent ainsi recueilli aboutissait directement dans les comptes confidentiels du dictateur fut amené à l'attention de l'ex-ambassadeur américain David Funderburk au début des années 80. «Les rapports que nous avons reçu faisaient état de comptes secrets en Suisse alimentés, du moins en partie, par l'argent recueilli lors de la vente des Juifs et des Allemands à Israël et à l'Allemagne de l'Ouest». Quelques-uns de ces rapports provenaient de Ion Pacepa, ex-dirigeant roumain des services de contre-espionnage, qui fit défection aux États-Unis en juillet 1978, où il joignit les rangs de la CIA. Dans un livre écrit en collaboration avec ses nouveaux patrons, Pacepa affirme que cet odieux commerce avait rapporté quelques 400 millions US au moment où il quitta la Roumanie[16]. Et pourtant, nous dit Funderburk, personne à l'Ouest (incluant le Canada) ne sourcilla devant les agissements douteux de Ceausescu puisque celui-ci était considéré «utile», un dissident parmi les dirigeants des pays communistes de l'Europe de l'Est. Funderburk ajoute que les attitudes étaient teintées par le contexte de la Guerre Froide, et pouvaient se résumer en ces termes: «Il est notre créature, nous devons nous en occuper».

Plus de 300 000 Juifs quittèrent ainsi la Roumanie entre 1945 et 1989. Au début, la plupart des déportés ne rapportèrent pas d'argent au régime mais augmentèrent les bénéfices non monétaires de la Roumanie. En 1967, Ceausescu commença à charger un montant par tête pour défrayer les frais de transport et d'instruction, disait-il. Les paiements ne servaient évidemment à rien de tel. Le dictateur ne faisait que rouler ses concitoyens. Une fois l'an, un agent du Mossad, le service secret israélien, s'envolait vers Bucarest avec une mallette remplie d'argent pour y effectuer le paiement. Israël démentit officiellement avoir jamais eu vent de cette opération, mais ces désaveux furent très minutieusement élaborés. Il est vrai que l'argent servant à effectuer ce paiement provenait d'organisations juives américaines et non d'Israël directement. Pour faciliter ce troc, cependant, Israël acheta des biens de consommation roumains dont elle n'avait pas besoin, telle que de la confiture de prunes, et accordait un soutien technique militaire au pays de Ceausescu[17].

Grâce à ces fameux paiements, 20 000 Juifs purent quitter la Roumanie, prenant souvent un vol direct de Bucarest à Israël, la seule liaison aérienne entre Israël et l'Europe de l'Est. Ces 20 000 réfugiés étaient surtout des intellectuels ou des gens occupant des fonctions importantes en Roumanie. Turcu affirme: «Ceausescu considérait cette pratique comme une fuite d'informations secrètes controlée... D'une certaine façon, Ceausescu vendait ses propres secrets». Parce que l'opération est encore sous le sceau du secret, très peu d'informations précises concernant les montants payés sont toutefois disponibles. Le journaliste israélien Yossi Melman, une sommité en matière de Mossad, évalue la moyenne des montants payés à 3 000$ US par émigrant, pour un total de 60 millions US. D'après ses sources, la moitié de cet argent aurait abouti dans les poches du dictateur.

Le troc des Allemands qui s'étaient installés en Roumanie de l'Est il y a 850 ans suite à l'invitation d'un roi hongrois, était effectué sur une plus grande échelle et était donc plus lucratif. Débutant en 1967, plus de 200 000 personnes d'origine allemande quittèrent la Roumanie pendant la période de 22 ans qui suivit. On ignore le tarif exact exigé aux

Allemands, mais on estime que le Trésor allemand aurait versé jusqu'à 1,3 milliard US pour les transactions. Turcu nous dit que certains de ces paiements comptants empruntèrent le chemin de la valise diplomatique. La plupart, toutefois, furent officiellement déposés à la Banque roumaine du commerce extérieur. Aucun document relatif à ces paiements ne fut retrouvé, même après la révolution. Eux aussi furent aspirés par un trou noir mieux connu sous le nom de «Section spéciale des devises fortes».

Les énormes profits générés par l'exportation d'armes roumaines y sont d'ailleurs tout aussi bien camouflés. Selon les estimations du gouvernement américain, les revenus tirés de cette industrie pour la période s'étalant de 1980 à 1987 sont évalués à 3,4 milliards US. Ceausescu n'était pas difficile dans le choix de ses clients et, comme il était devenu utile sur l'échiquier politique de l'Europe de l'Est, les dirigeants occidentaux fermaient les yeux sur le fait qu'il vendait des armes librement aux plus grands parias de la planète. Funderburk admet: «Nous étions au courant de certaines livraisons importantes d'armes à la Lybie et à l'Iraq».

La «Section spéciale des devises fortes», ou Actiuni Valutare Speciale, peut être décrite comme un réceptacle financier géant ou en d'autres mots, comme le véhicule ultime de blanchiment. Y transitaient toutes sortes de fonds confidentiels, prêts à se faire blanchir. En sortait aussi une pléiade d'instruments tout aussi sophistiqués d'argents de diverses provenances, déjà blanchis et prêts à être utilisés pour répondre à une myriade de besoins. Ceausescu était omniprésent, supervisant le tout d'une poigne de fer. Turcu affirme: «Plusieurs personnes détenaient certaines pièces du casse-tête mais seul Ceausescu pouvait toutes les mettre en place».

Il était d'une importance capitale, pour le bien-être des blanchisseurs secrets du régime, qu'ils prennent soin des dépenses personnelles de la famille Ceausescu durant leurs déplacements à l'étranger. Avant l'arrivée de la famille dans une ville étrangère, Bucarest envoyait un télégramme au chef du service secret de l'ambassade locale roumaine — le résident — lui ordonnant de payer, à même son budget, toutes les dépenses pouvant être effectuées par la famille dans son pays d'adoption. Il serait remboursé par le prochain envoi diplomatique, grâce à des fonds provenant de la fameuse Section spéciale des devises fortes. Un officier supérieur du service secret accompagnait constamment chacun des membres de la famille afin de s'assurer du bon fonctionnement de l'opération. Cette façon de faire, en plus d'assurer la sécurité des membres de la famille permettait à Ceausescu de la garder à l'oeil.

Durant les années 80 Nicu, le fils alcoolique de Ceausescu, était constamment escorté par un agent du contre-espionnage, ayant autrefois été en poste au Canada. Turcu identifia cet agent comme étant Vasile Trandafir, le troisième secrétaire de l'ambassade roumaine à Ottawa de 1978 à 1981. Trandafir n'avait pas le temps de chômer. Les nombreux voyages de Nicu à Atlantic City, la mecque des amateurs du jeu, faits lors de visites officielles aux Nations-Unies à New York sont passés dans les annales.

Toutefois, à un niveau plus important, de telles dépenses n'étaient pas la principale préoccupation de la Section spéciale. Le défi de s'assurer constamment que des fonds soient disponibles pour la «caisse noire» de la Securitate était bien plus grand. Ce n'était pas une mince affaire. Ceausescu percevait cette partie de son organisation comme le plus efficace de ses outils en matière de politique extérieure. (C'était d'ailleurs, probablement, le plus compétent des services roumains à cette époque). C'est pourquoi il exigeait tant de ce service, lui demandant de s'occuper de tout: des points faibles de dirigeants étrangers qu'il voulait exploiter aux moyens d'influencer des événements internationaux. (Le cas du processus de sélection pour le prix Nobel en est un reflet probant). La Securitate devait se débrouiller seule pour subvenir à tous ces besoins. «Le service secret roumain avait besoin d'énormes sommes pour couvrir les frais des opérations à l'étranger», nous dit Turcu. «Ceausescu donnait ses ordres mais il ne fournissait pas les ressources».

Par nécessité, l'agence était bien plus qu'un simple regroupement de police secrète. Les opérations domestiques de la Securitate avaient une emprise sur toutes les facettes de la vie roumaine. Une escouade spéciale avait même été créée pour neutralier les créateurs de blagues anti-Ceausescu. Les rangs de ses services externes étaient d'ailleurs remplis de brutes et de coupe-gorge. Du côté de la Banque roumaine du commerce extérieur, cependant, on retrouvait là des financiers, analystes et experts en commerce des plus compétents, quelques-uns des esprits les plus brillants de Roumanie oeuvrant dans le giron de cette minuscule organisation de contrôle des fonds étrangers. La Securitate qui s'autofinançait, avait elle aussi quelquefois de la difficulté à garder ses propres fonds: Durant la période la plus active où Ceausescu s'obstinait à rembourser la dette extérieure, le dictateur pillait les coffres du Trésor public. Évidemment, personne ne l'en empêcha ou s'y objecta.

La tâche de garder les finances de Ceausescu secrètes fut confiée à deux hommes qui administrèrent la «Section spéciale des devises fortes» durant les années 80. Il s'agissait du colonel Stelian Andronic et, après 1986, son successeur le lieutenant-colonel Constantin Angahelache. Tous les deux étaient très compétents et possédaient des couvertures secrètes leur permettant de visiter subrepticement les banques de Suisse ou du Liechtenstein sans attirer les soupçons. Andronic, par exemple, voyageait sous le pseudonyme de Nicolae Arnautu, un représentant de Prodexport, l'exportateur national roumain de denrées alimentaires. À ce titre, il visita souvent la Suisse et détenait un compte à l'Union de Banques Suisses à Bâle. Il était relié à bon nombre de compagnies aussi étrangères qu'obscures dont une était appelée Danamia NV et était incorporée aux Antilles néerlandaises. Danamia était le lieu de rassemblement pour bon nombre d'entités commerciales ayant pour but la dissimulation des transferts d'argent secret. Angahelache, quant à lui, voyageait à l'étranger sous le couvert de la Fédération nationale de soccer. Selon Turcu, Angahelache visitait souvent l'édifice de la direction mondiale de ce sport situé, quel heureux hasard, dans le centre bancaire de Zurich, en Suisse.

Andronic et Angahelache menaient une opération extraordinairement complexe, orchestrée pour faire face à une grande variété de situations. Des paiements en monnaie forte, par exemple, étaient habituellement transportés par des équipes de deux hommes, nous dit Turcu. Ils comptaient soigneusement l'argent, notaient les numéros de série des billets et enregistraient toute l'opération sur bande magnétique. L'argent comptant était particulièrement précieux parce qu'il était difficile d'en obtenir une grande quantité tout en conservant le secret. L'argent empruntait souvent la voie de la valise diplomatique vers l'étranger, camouflant ainsi les coffrets de sûreté contenant l'argent disponible pour financer la prochaine opération à l'étranger. (Cela pouvait être l'espionnage de concitoyens expatriés ou la mise en place de moyens permettant d'améliorer l'image de Ceausescu au tiers monde, par exemple).

D'autres paiements requérant l'apparence de légitimité gouvernementale, comme la rançon de Bonn pour les émigrants allemands, aboutirent tout de même dans les coffres de la Banque roumaine du commerce extérieur. Pour les curieux, ces fonds apparaîtraient comme des entrées légitimes dans les livres du gouvernement. En apparence, c'était la vérité. Mais, subséquemment, les paiements seraient transférés et disparaîtraient dans les comptes de la «Section spéciale» de la Banque roumaine du commerce extérieur, ce qui les rendait plus faciles à blanchir. Trois de ces comptes étaient particulièrement importants. Un observateur pouvait les identifier très rapidement: leurs numéros d'identification avaient les quatre mêmes derniers chiffres, 300-2. Turcu nous dit que le plus important, parce qu'il détenait des dollars américains, était le 47-21-42-7-300-2. Ce compte fut ouvert en 1975 et la défection de Turcu («l'acte de trahison de Livia Turcu» comme on la désigna à Bucarest), conduit à sa fermeture en 1989. Un autre compte recevait les livres sterling et les autres monnaies fortes, à l'exception des devises américaines, et portait le numéro 47-21-500-300-2.

Normalement, nous dit Turcu, ces comptes étaient créés «pour des cas où nous n'avions pas d'autre choix que de recevoir de l'argent. Ces comptes étaient donc justifiés d'être localisés à Bucarest et non en Suisse. Sinon, certaines des personnes effectuant des paiements auraient pu avoir des soupçons et poser des questions embarrassantes. C'est pourquoi ces comptes étaient détenus par une banque roumaine. Les principales raisons d'être de ces trois comptes étaient le transfert d'argent à d'autres comptes secrets à l'étranger. En même temps, personne ne vous empêcherait d'acheter des biens et des services pour la famille ou le clan Ceausescu».

La Banque roumaine du commerce extérieur était la fenêtre officielle de la Roumanie sur le monde du commerce. À ce titre, elle brillait par ses techniques spéciales de transfert de fonds douteux de la Roumanie vers des comptes secrets en Suisse, en Autriche ou au Liechtenstein. En utilisant une variante de la technique de blanchiment par surfacturation, elle mêlait l'argent obtenu frauduleusement à des paiements faits pour des transactions d'affaires légales. Supposons que la Roumanie ait besoin d'effectuer un paiement de 1 million US pour obtenir de la machinerie lourde française; l'argent quittera la banque d'État de Bucarest pour une destination apparemment légitime chez un intermédiaire en Suisse. En plus du million impliqué dans la transaction originale avec le fournisseur français, une somme additionnelle sera ajoutée. Quoique faisant partie intégrante de la transaction, ce dernier montant n'atteindra jamais la France. Il sera plutôt diverti alors qu'il est entre les mains de l'intermédiaire suisse et déposé secrètement dans un endroit sûr et secret à l'étranger.

Pour la Securitate, il n'y avait qu'un petit pas à faire entre le camouflage de cet argent illicite parmi les transactions commerciales et la gestion entière de ces transactions. Vers la fin des années 70, Ceausescu perdit ses illusions face aux résultats des maisons de commerce international d'État et les mit alors sous étroite surveillance. Craignant des représailles en cas d'échec, les fonctionnaires roumains responsables du commerce international craignirent de prendre des risques et leurs résultats en souffrirent. La table était alors mise pour l'arrivée d'un joueur plus robuste , la

Securitate. «Il n'existe pas de transaction effectuée en Roumanie, même moyenne, où la Securitate ne fut pas impliquée», nous dit Raceanu, l'ancien diplomate.

Au début, son rôle consistait à percevoir des «commissions spéciales» ou des tarifs douaniers de 3 à 6% sur les transactions commerciales. En 1988, par exemple, Turcu reconnaît que près de 65 millions US furent recueillis de cette manière, soit 15 millions US de plus que l'année précédente. Les gens d'affaires étrangers reçurent plusieurs explications farfelues pour justifier ces augmentations aberrantes. On leur a, entre autres, dit que l'argent ainsi recueilli servait à hâter le remboursement de la dette extérieure roumaine. On leur a encore dit que les fonds servaient à la croissance de l'entreprise roumaine en question, à une époque où tous les gains provenant de l'étranger étaient réquisitionnés par Ceausescu. Ou, plus franchement, on affirmait simplement que l'argent était destiné à payer des pots-de-vin. Pour quiconque connaissait la Roumanie de cette époque, la dernière explication était la plus invraisemblable: en effet, la Securitate se battait farouchement contre la corruption malgré qu'elle soit elle-même impliquée dans quelques pratiques louches, supposément pour le bien-être des Roumains.

Les transactions étaient soigneusement organisées de manière à camoufler les pourcentages retenus, souvent par le moyen de deux contrats: Le premier contrat reflétait le coût réel de la transaction. Le second constituait une annexe secrète statuant que la firme occidentale devrait payer un pourcentage fixe du contrat, directement dans un compte suisse d'une compagnie fantôme étrangère. La loi roumaine interdit à ses citoyens de posséder des devises fortes, sauf dans des comptes de banques étrangères. Ces règles étaient toutefois ignorées par un homme: Nicolae Ceausescu.

Plusieurs entreprises occidentales avaient une aversion, nous dit Turcu, à payer ces surtaxes ou pots-de-vin déguisés. Cette répulsion provenait des lois en vigueur dans le pays d'origine de ces entreprises ou du code d'éthique particulier de certaines de ces entités commerciales. Mais, nous dit-il, ces mêmes compagnies étaient consentantes à rechercher des solutions alternatives «créatives» pouvant satisfaire les deux parties impliquées. Une entreprise occidentale, par exemple, est devenue, de cette façon, un promoteur farouche des produits roumains. À ce titre, elle fournit à la Roumanie plus de 150 000$ pour la promotion des exportations. Pour une raison inconnue, cependant, les fonds n'aboutirent jamais dans le compte bancaire courant du ministère du Commerce roumain. Ils furent plutôt déposés, le 30 juin 1989, dans un des trois comptes spéciaux. «Aucune loi ne défend de payer un certain montant d'argent pour... la promotion», nous dit Turcu. «À différentes situations, différentes solutions et différentes approches. Plusieurs solutions ont été inspirées d'expériences dans les économies de marché.»

Avec le temps, la Securitate alla encore plus loin. La police secrète créa ses propres maisons de commerce extérieur, colmatant ainsi la brèche causée par les maisons de commerce extérieur d'État qui étaient devenues moins efficaces. Toutes les exportations roumaines devaient, en principe, être confiées à ces instances gouvernementales spécialisées. Par exemple: la maison de commerce pour l'acier et les autres métaux, Metal Import-Export, recevait mensuellement des quotas préfixés de produits de l'acier trempé ou de lingots d'aluminium, par exemple, et devait tenter de les revendre à des investisseurs étrangers. Lentement mais sûrement, les quotas mensuels revenant normalement à des entreprises telles Metal Import-Export furent régulièrement détournés vers les maisons de commerce extérieur de la Securitate.

Les entrepreneurs occidentaux n'avaient aucun problème à reconnaître les sbires de la Securitate: Les gratte-papier des agences officielles roumaines étaient pauvrement vêtus, craignaient constamment d'être aperçus seuls avec un homme d'affaires occidental et étaient reconnaissants pour le plus petit présent, ne serait-ce qu'un paquet de cigarettes américaines Kent ou une denrée précieuse sur le marché noir. Leurs homologues à la Securitate, eux, affichaient une attitude bien différente. Pleins d'assurance et frisant l'arrogance ils portaient des complets coûteux, dépensaient de manière excessive et offraient les fameuses cigarettes Kent avec désinvolture à leurs visiteurs. Il n'est donc pas surprenant de constater que le Service secret bénéficiera largement de l'importation des Kent. Souvent, on empaquetait de nouveau des livraisons de Kent dans le but de les réexporter illégalement vers des marchés où leur valeur était plus élevée, comme au Moyen-Orient. En agissant de la sorte, on tirait avantage du fait que les multinationales n'appliquent pas de politique de prix uniforme à travers leurs différents marchés mais adaptent plutôt leurs prix en fonction de ce que chaque marché local peut payer. Les Kent vendues directement au Japon, par exemple, seront plus chères que celles qui sont vendues en Roumanie. Comme deux et deux font quatre, il y a un énorme profit potentiel à vendre les Kent roumaines à Tokyo.

Tout au long de ses années de pouvoir, Ceausescu garda une poigne solide sur toutes les opérations douteuses de la Securitate et, évidemment, sur les profits substantiels et douteux en découlant. «Tout cet argent était à la disposition de Ceausescu», nous dit Turcu. «Chaque sou dépensé l'était avec son consentement. Il était le type d'homme qui désire contrôler toutes les opérations, même les moins importantes».

La plus importante maison de commerce extérieur de la Securitate était la Dunarea ou Danube en français. Située dans un immeuble de Bucarest, cette entreprise connut un succès phénoménal, affichant des revenus en monnaie forte de 4,4 milliards US de sa création en 1982 jusqu'en 1989. Pour bien réaliser l'ampleur de cette réussite, il faut savoir que la Roumanie empochait approximativement 4 milliards US annuellement en monnaie forte vers la fin des années 80. Ce qui rend ces revenus si incroyables est le fait que Dunarea ne produisait rien! Elle agissait uniquement à titre de courtier, avec un personnel relativement restreint et très peu de frais généraux. Elle vendait des quotas de biens exportés aux investisseurs occidentaux les plus offrants. On pourrait comparer cette situation, par exemple, à celle où une entreprise canadienne d'aluminium vendrait sa production, approximativement au prix coûtant, à un intermédiaire qui empocherait par la suite les pleins profits de la vente. «Dunarea prenait la crème» nous explique Turcu. Contrairement aux maisons de commerce d'État, Dunarea était capable de garantir une livraison rapide et une qualité supérieure, des critères attrayants pour les acheteurs étrangers, et qui mineraient, subséquemment les maisons de commerce d'État.

«Avec Dunarea, Ceausescu se donna un outil lui permettant d'éviter les tracasseries juridiques tout en faisant des activités clairement illégales et tenues très secrètes», ajoute Raceanu, l'ex-diplomate. Il nous dit aussi que des subterfuges spéciaux permirent de camoufler la plupart des activités de Dunarea. Entre autres choses, la firme commerciale tenait deux comptabilités distinctes. La première: officielle, erronée et incomplète à l'usage des autorités, et la seconde destinée à l'usage personnel de Ceausescu.

Une autre entreprise commerciale, la Carpati, fut nommée d'après la célèbre chaîne de montagnes de Roumanie. Cette firme était contrôlée par le Parti communiste roumain, par le biais d'une agence dérisoirement appelée «l'Unité du Ménage». Au sein de cette économie fortement centralisée, Ceausescu contrôlait lui-même le robinet de la source la plus importante de monnaie forte: le flux des biens exportés. Pour récompenser les laquais du parti, on leur versait une allocation mensuelle. Voici comment on procédait: chaque mois, une partie des biens destinés à l'exportation (par exemple, de l'aluminium ou du ciment) allaient à Carpati qui, en retour, utilisait leur revenu en devises fortes pour importer des biens de luxe. Par exemple, nous dit Raceanu, Carpati achetait d'onéreuses pièces d'ameublement à l'étranger pour la «grande famille» de Ceausescu et les revendait en lei roumains aux membres de la famille comme s'il s'était agi de meubles ordinaires de Roumanie. C'était là une ruse pour cacher l'opulence dans laquelle évoluait le dictateur, nous suggère-t-il. «C'était une sorte de jeu auquel il se prêtait pour donner l'illusion qu'il menait une vie modeste».

L'implantation d'un réseau secret d'entités commerciales a intéressé d'autres dictateurs que Ceausescu. Dans l'ancienne Allemagne de l'Est, l'Agence d'approvisionnement du commerce extérieur, populairement appelée Ko-Ko, avait la main mise sur plusieurs entreprises douteuses (mais combien payantes!). Passant de la vente de dissidents aux pays de l'Ouest à la vente secrète d'armes, ces transactions rapportèrent des revenus estimés à au moins 29 milliards US. Même après la chute du régime communiste, on n'a pu retracer que la moitié de ce montant. On suppose qu'au moins 13 milliards US ont pu être frauduleusement cachés dans quelques-uns des quelques 1000 comptes de banque secrets détenus par le Ko-Ko dans des pays comme la Suisse ou le Liechtenstein[18].

Saddam Hussein utilisa sensiblement le même stratagème. Pendant la décennie 80, il détourna approximativement 5% des milliards de revenus annuels que l'Iraq tirait du pétrole. Des sommes additionnelles provenaient de pots-de-vin de firmes étrangères voulant faire des affaires avec Bagdad. Plus de 15 milliards US auraient été détournés de cette façon, nous suggère Kroll Associates, l'agence d'enquête de New York engagée par les autorités haïtiennes et, plus tard, par le Koweit pour découvrir les fonds secrets de Hussein. L'argent était secrètement manipulé et blanchi par un important réseau impliquant une douzaine de maisons de commerce. Plusieurs d'entre elles avaient pignon sur rue en Suisse et en Jordanie et opéraient sous l'oeil vigilant des hommes de confiance de Hussein, triés sur le volet au sein des cinq services secrets que le dictateur contrôlait. Une partie de l'argent était investie dans des compagnies publiques prospères, ou mise de côté pour l'usage privé de Hussein et de son clan. L'argent qui permit au fils de Hussein de se procurer, tout comme James Bond, une luxueuse Aston Martin de 300 000$ provenait apparemment de cette source. D'autres montants furent secrètement affectés à l'achat d'armement sophistiqué permettant à l'Iraq et à Hussein d'acquérir un arsenal que personne n'aurait voulu lui confier[19].

Ce réseau financier secret fut particulièrement utile à Hussein après sa défaite lors de la guerre du golfe en 1991. Une partie de ce réseau fut démantelée suite aux démarches de Kroll Associates et de quelques gouvernements occidentaux. Il en resta apparemment assez pour cacher des milliards de dollars, aidant ainsi Hussein à résister malgré l'embargo imposé par les Nations-Unies après la guerre[20].

En décembre 1989, le régime de Nicolae Ceausescu fut renversé. Le dictateur et sa femme tentèrent une triste évasion, cachés, à un certain moment, dans un centre de distribution de semences. Cette tentative fut vaine. Ils furent aisément capturés et poursuivis devant un tribunal militaire le jour de Noël. Les plaidoiries ne s'éternisèrent pas, faisant surtout ressortir la haine trop longtemps contenue. Le procureur de la poursuite tenta brièvement de tirer au clair certains détails concernant la fortune secrète des Ceausescu. Il demanda: «À quels noms ont été établis les comptes suisses contenant les 400 millions?» Elena Ceausescu répliqua: «Quels comptes?» La poursuite: «400 millions ont été déposés en Suisse». Elena Ceausescu: «Prouvez-le, prouvez-le». Cet aspect de leur enquête fut abandonné. Le tribunal semblait plus déterminé à rendre un verdict qu'à clarifier certains détails. Le jugement ne laissa planer aucun doute: la défense elle-même se rangea du côté de la poursuite demandant un verdict de culpabilité. Peu après le prononcé de la sentence Nicolae et Elena Ceausescu, le regard hagard et confus, furent exécutés.

Dans les rues de Bucarest, la fin du règne Ceausescu fut accueillie par le même genre de liesse qui a entouré la chute des Duvalier. Et, comme les habitants d'Haïti, les Roumains pressèrent le gouvernement provisoire, un curieux mélange d'ex-dissidents, d'idéalistes et d'ex-communistes, de retracer les fonds disparus auxquels on avait fait allusion durant le procès du dictateur. Le nouveau gouvernement sembla sensible à cette demande. Le plus actif sur cette question fut Dumitru Mazilu. Vice-président du premier gouvernement provisoire et ancien dissident il insista de manière répétée, sur l'importance d'une action rapide. Et suite à ses pressions, en janvier 1990, les fonctionnaires roumains débutèrent l'enquête, en janvier 1990, pour retrouver les fonds secrets. Deux mois plus tard, deux Canadiens furent engagés pour superviser les recherches. Le premier était Stamler, l'ex commissaire-adjoint de la GRC et son associé, Bob Lindquist, un expert-comptable de Toronto. Ils travaillaient avec une équipe pluridisciplinaire dont les membres provenaient de divers ministère du gouvernement roumain.

Malgré des débuts prometteurs, l'enquête se heurta rapidement à une série d'impasses. Les difficultés principales semblaient provenir de l'affaiblissement graduel de la volonté du gouvernement à enclencher des réformes significatives. Un par un, les anciens dissidents tel Mazilu furent écartés. (Ce dernier vit maintenant en exil en Suisse où il fut victime d'un attentat, toujours inexpliqué, à Genève au printemps 1991 commis par deux coupe-gorge roumains). De plus en plus d'anciens dirigeants communistes, incluant quelques-uns des proches de Ceausescu, prirent le plancher. Même la promesse de démanteler la Securitate, qui avait suscité l'euphorie lors de la période post-révolutionnaire, semblait perdre de son éclat. Le gouvernement provisoire promit qu'une nouvelle agence, totalement différente, succéderait à la Securitate. La suite des événements fut cependant différente. L'agence de remplacement fut curieusement nommée Service d'information roumain et ses rangs sont infestés d'anciens membres de la Securitate. Peu nous permet de penser que cette agence souscrit aux principes promis, d'une société démocratique et ouverte. On continue de faire de l'écoute électronique, d'engager des informateurs et des délateurs et les opposants au régime continuent d'être menacés et, quelques fois, assaillis.

En Roumanie, constata Stamler, les vieilles habitudes ont de solides racines. Stamler fut empêché d'examiner certains documents clés, incluant les papiers personnels, les itinéraires et dépenses de voyage de la famille Ceausescu. Il aurait particulièrement désiré s'attarder aux effets personnels saisis lorsque le dictateur et sa femme furent arrêtés par l'armée. Juste avant leur arrestation, le couple avait effectué une brève visite à leur villa de Snagov, une station balnéaire près de Bucarest. Elena Ceausescu aurait pénétré rapidement dans une chambre à coucher qui était rarement utilisée et y aurait pris quelque chose sous un matelas. L'armée ne révéla jamais ce qu'elle était allée chercher et conserva jalousement tous les documents liés à Ceausescu.

Les efforts de Stamler pour examiner les registres comptables de la Banque roumaine du commerce extérieur furent tout aussi vains. Quant à Angahelache et Andronic, qui contrôlèrent le compartiment secret de la Securitate à la banque, ils avaient tout simplement disparu! Personne ne savait s'ils étaient morts ou vivants. (Lors du tournage du documentaire «Evils fortune» pour *The Fifth Estate*, nous fîmes des enquêtes à Bucarest sur l'endroit où auraient pu se trouver les deux hommes et on nous dit qu'il valait mieux abandonner les recherches... et vite!). Même chose pour Dunarea et Carpati. Les deux compagnies furent dissoutes tôt en 1990, mais aucune enquête publique relative à leur comptabilité ne fut tenue et, plus important encore, aucune information valable ne fut découverte sur ce qu'il advint de leurs coffres-forts secrets, autrefois si remplis.

Confronté à ces difficultés, Stamler commença à disséquer le système de blanchiment de Ceausescu, mettant l'accent sur la recherche du magot personnel du dictateur. Il conclut que le chemin pour y accéder devait avoir deux caractéristiques: La première, plus facile à déceler, était la source des gains. Hormis les droits d'émigration des Juifs et des Allemands, peu d'alternatives s'offraient à Ceausescu, à part le détournement des profits provenant des exportations roumaines. De là, pensa Stamler, le besoin pour Ceausescu de choisir un véhicule pouvant recevoir le traitement de faveur accordé à Dunarea ou Carpati. La seconde caractéristique était plus difficile à retracer: un conduit sûr pour évacuer secrètement les fonds dans des abris sécuritaires. Ce système devait duper non seulement les ennemis internes du régime mais aussi le monde extérieur, incluant les esprits irrités de Moscou que le dictateur ne se gênait pas de vexer. (On n'avait pas encore digéré le fait que Ceausescu envoie une équipe aux Jeux Olympiques de 1984 à Los Angeles). Pour compliquer les choses, les restrictions auxquelles était soumis Ceausescu s'avéraient bien plus sévères que celles que subissaient Jean-Claude Duvalier d'Haïti ou Ferdinand Marcos des Philippines. Les autres dictateurs pouvaient posséder, eux, contrairement à Ceausescu qui était communiste, des propriétés privées à l'extérieur de leur pays respectif et ouvrir personnellement des comptes de banque et créer des entités corporatives.

L'une des avenues explorées impliquait le frère aîné du dictateur, Marin Ceausescu. D'après Stamler, le dictateur avait été traumatisé par la défection de l'un de ses proches conseillers, Ion Pacepa, en 1978. À ce moment, nous suggère Stamler, le despote, de plus en plus irrité, devint méfiant à l'égard de la nouvelle Securitate reconstituée et purgée de ses éléments indésirables. Toujours selon la théorie de Stamler, Ceausescu se tourna vers son frère Marin pour contourner la Securitate et constituer le trésor personnel de la famille. Il est vrai que Marin Ceausescu fut nommé à la tête de la délégation diplomatique roumaine à Vienne au milieu des années 70. C'était là une nomination louche, nous dit l'ancien diplomate Raceanu. En effet, on aurait pu s'attendre à ce que le frère du dictateur ait un poste beaucoup plus prestigieux. Pourtant il demeurait en place dans cet emploi relativement effacé, suggère Raceanu, parce que Nicolae Ceausescu avait besoin d'un messager sûr à l'étranger, possédant une couverture parfaite pour visiter diverses capitales occidentales. «Tout à fait», nous confirma une source provenant d'un service secret occidental. Savourant une tasse de café noir dans un petit bistrot autrichien il me dit: «Vienne était très importante» pour le transport des fonds personnels de Ceausescu», notant au passage que quelques transactions avaient été retracées dans des banques autrichiennes majeures. Il fit aussi remarquer que Marin n'avait enfreint aucune loi autrichienne, les fonds n'étant «apparemment pas douteux». Ce n'était pas de «l'argent illégal» simplement parce qu'il était accrédité par l'homme fort de Roumanie.

Le rôle possible de Marin dans le transport des fonds les plus secrets de Ceausescu demeure obscur, troublé par sa mort. On le retrouva pendu dans le sous-sol de la mission diplomatique de Vienne, le 28 décembre 1989, à peine deux jours après la mort de son frère. Des rumeurs courent à l'effet qu'il aurait été exécuté après avoir été torturé et que des visiteurs suspects étaient arrivés de Bucarest peu avant sa mort. Les autorités viennoises soutiennent la thèse du suicide. Pourtant, le coffre-fort secret de son bureau a été inexplicablement vidé et ses papiers personnels ont disparu. Personne ne sait encore, à ce jour, qui les a pris ni pourquoi.

Une avenue plus prometteuse pour Stamler s'ouvrit lorsqu'il se rendit compte qu'une partie du mécanisme de blanchiment de Ceausescu lui avait survécu. À ce moment précis, soutient Stamler, les soupçons que ce mécanisme existait toujours étaient suffisants que «j'aurais pu présenter une déclaration sous serment à une cour à l'extérieur de la Roumanie». En juillet 1990, Stamler et Lindquist présentèrent un premier rapport préliminaire au gouvernement roumain. On y exposait les jalons des opérations à venir, incluant l'établissement d'une commission spéciale pour chercher les fonds secrets de Ceausescu et l'amorce des procédures juridiques contre ce qui subsistait du mécanisme de blanchiment de Ceausescu. Rien ne se produisit par la suite. Les communications furent coupées. Les autorités roumaines ne retournaient plus les appels de Toronto. Les Canadiens furent ignorés. Pourquoi? Les soupçons de Stamler vont dans deux directions. Peut-être est-il venu trop près de la vérité et des personnalités influentes de la Roumanie ont-elles bloqué l'enquête. Ou, d'une manière plus cynique, l'opération entière n'avait-elle pas comme unique objectif, depuis le début, que d'apaiser l'opinion publique roumaine.

La version officielle roumaine fut dévoilée plus tard et on expliqua que les services des Canadiens ne furent plus retenus parce qu'ils étaient trop chers. On dit que les Canadiens auraient exigé 1 million par mois pour leurs services. Stamler affirme que ce chiffre était bien au-dessus de la vérité. Car de fait, de tels services d'enquête internationaux coûtent habituellement entre 50 000$ et 100 000$ par mois. De plus, si l'hypothèse de Stamler s'avérait être la bonne la Roumanie aurait pu rapidement saisir les sommes frauduleusement obtenues et acquitter prestement les honoraires encourus tout en récupérant d'énormes montants. «Toutes nos indications nous portaient à croire que nous aurions terminé rapidement notre enquête en ramenant des millions de dollars de diverses sources au peuple roumain».

La cherté des coûts aurait pu être une raison plus crédible si les Roumains avaient eux-mêmes poursuivi l'enquête. Une commission a bel et bien été mise en place, mais rien ne nous laisse supposer qu'elle obtint de grands résultats. En Suisse, par exemple, des officiers fédéraux de Berne effectuèrent l'enquête initiale sur les avoirs roumains et rédigèrent un rapport en avril 1990. Ils amassèrent suffisamment d'information pour que la justice puisse suivre son cours. Étrangement, les Suisses ne reçurent plus d'autre communication après la soumission du rapport aux Roumains. Dans la même veine, des personnes ayant fait défection et des exilés désireux de collaborer furent aussi ignorés. Turcu, pour n'en nommer qu'un, offrit de partager ses vastes connaissances des finances de la Securitate. Inexplicablement, son expertise ne fut jamais sollicitée. Puis le temps passa et les membres les plus compétents de la commission furent mutés à d'autres postes.

Les journalistes roumains, tentant de suivre de près les promesses du nouveau gouvernement de récupérer les fonds illégalement détournés par le régime Ceausescu étaient coincés. En février 1991, un journaliste entreprenant, Virgil Mihailovici, tenta de retracer les prétendus membres de la commission et se retrouva plongé dans une routine administrative digne des meilleurs romans de Kafka. On le faisait cheminer des bureaux anonymes aux bureaucrates sans visages aux attachés politiques et tout recommençait! Toutes les personnes interrogées donnaient des réponses évasives. Personne ne se mouillait et rien n'était sûr. La commission existait-elle vraiment? demanda-t-il de manière répétitive. Personne ne pouvait l'assurer.

Les Roumains commencèrent peut-être à penser qu'il n'y avait jamais eu d'argent dissimulé? Il s'agissait peut-être d'un mythe? D'autres se demandaient si Ceausescu n'avait pas tout dépensé l'argent en réglant la dette extérieure du pays. Les preuves démontrent, cependant, toute autre chose. En juillet 1989, alors que la dette nationale avait été soi-disant règlée, Carpati avait en main 54,26 millions US dans un seul de ses comptes bancaires spéciaux (numéro 134) à la Banque roumaine du commerce extérieur. De plus, Petre Bacanu, l'éditeur respecté du journal Romania Libera reconnaît que les surplus roumains en devises fortes recueillis pendant les années 80 excédaient largement les sommes requises pour payer la dette étrangère par plus de 15 milliards US. Ce surplus n'a toujours pas pu être expliqué[21]. Même Virgil Magureanu, chef du nouveau service secret, croit que plus de 1,5 milliards US peut être caché quelque part. Il concéda toutefois, dans une entrevue accordée en juin 1991, que l'enquête avait été stoppée avant qu'aucune somme ne soit récupérée. Pourquoi tout cela est-il arrivé alors que «tant de personnes croient qu'il y a d'énormes sommes d'argent à récupérer»? lui demanda l'animateur de l'émission télévisée The Fifth Estate, Linden MacIntyre. Magureanu répondit énigmatiquement: «Ce n'est pas la seule chose étrange qui se passe en Roumanie présentement».

Ailleurs en Europe de l'Est, les enquêtes reçurent plus d'appui. L'enquête sur le Ko-Ko en Allemagne de l'Est, par exemple, fut publiquement perçue comme un moyen d'enterrer le passé dans une Allemagne réunifiée. Un sentiment similaire s'est développé dans la République de Russie où le gouvernement de Boris Eltsine déploya une opération à grande échelle, en 1992, afin de récupérer les fonds détournés par les anciens communistes. Selon un représentant officiel russe: «Des fonds du parti d'une valeur de 15 milliards à 20 milliards US ont été déposés dans les coffres-forts de banques étrangères»[22].

Vers la fin de l'année 1991, le travail de la commission roumaine sembla s'accélérer. C'était peut-être une coïncidence, mais ces efforts renouvelés furent faits peu après la télédiffusion du documentaire «Evil's fortune» dans le cadre de l'émission The Fifth Estate qui soulevait des questions concernant l'indolence du gouvernement dans ce dossier. Tout juste avant Noël 1991 le responsable de la commission, Mugur Isarescu, annonça que l'enquête était terminée. Ses principales conclusions étaient qu'aucun fonds secret appartenant à Ceausescu n'avait été découvert. Les résultats en rendirent plus d'un sceptique en Roumanie car l'enquête de Isarescu semblait être tout, sauf rigoureuse. Un observateur d'Europe de l'Ouest bien informé décrivit l'enquête de 1991 comme totalement inefficace: «Ils n'ont pas d'information détaillée. Ils sont dans le noir et voguent en pleine brume».

Plusieurs questions troublantes subsistent en Roumanie après la décevante annonce d'Isarescu. Qu'est-il arrivé à tout l'argent détourné? Pourquoi les services des enquêteurs canadiens n'ont-ils pas été retenus? Pourquoi l'enquête n'a-t-elle pas été plus rigoureusement menée? Comme le journaliste américain William McPherson l'a dit: «La question de l'argent devrait être une question bien simple à résoudre, si seulement il y a un intérêt réel à le faire»[23]. Les soupçons grandissants portent à croire que Stamler avait raison: plusieurs personnalités roumaines ont été en mesure de se servir à même les fonds secrets de Ceausescu et ont, par la suite, empêché une enquête complète.

Turcu conclut: «Rien n'a changé».

Chapitre 11
IL ÉTAIT UNE FOIS DANS L'EST

Où pensez-vous qu'un blanchisseur d'argent le moindrement perspicace et entrepreneur irait chercher de nouveaux territoires à exploiter? En Europe de l'Est, nous suggéra un banquier viennois lors d'une rencontre dans son bureau en décembre 1990. Dehors, les Viennois préparaient fébrilement la fête de Noël, décorant boutiques et cafés comme seuls ils savent le faire. À l'intérieur, je me retrouvais entouré par de discrets ornements de marbre vert foncé et de bois ouvré. Près d'un bureau énorme, quatre écrans noirs étaient connectés aux marchés boursiers internationaux et projetaient les hauts et les bas de ces transactions perpétuelles. L'édifice avait été équipé des dispositifs de sécurité les plus complets: vitres antiballes, caméras de surveillance et gardes bien armés. Son entreprise est, elle aussi, tout aussi hermétiquement scellée, grâce aux lois sur la confidentialité des banques autrichiennes.

Ce banquier connaît bien l'Europe de l'Est. Pendant la Guerre Froide, son entreprise conclut plusieurs transactions derrière le Rideau de fer. Quelques-unes auraient impliqué des fonds appartenant au Mossad, le service secret israélien (ce qui a été formellement nié par mon interlocuteur). De nos jours, soutient-il, les blanchisseurs rencontreront bien peu d'obstacles dans les pays de l'Est, les gouvernements étant bien plus occupés à attirer le capital et les investisseurs étrangers qu'à se préoccuper de ces choses. De plus, ces pays profitant de leur liberté nouvelle sont remarquablement peu réglementés et leurs structures légales sont plutôt faibles, contrairement aux pays occidentaux. Les banques sont souvent laissées à elles-mêmes. Les lois fiscales et commerciales aussi bien que le système judiciaire sont à l'état embryonnaire. Il existe peu de recours pour la victime ce qui explique les vastes possibilités pour l'escroc. Et, conséquemment, pour les manipulateurs de fonds illicites.

Quelques larrons ont remarqué le potentiel de l'Europe de l'Est bien avant la chute du mur de Berlin en 1989. Certains services secrets occidentaux estimèrent que la Bulgarie de l'ex-dictateur Todor Jivkov blanchissait de l'argent à une échelle gigantesque. Si l'on se fie à une estimation du magazine *Forbes* on y blanchit plus de deux milliards US de profits illicites, en 1988 seulement: «En effet, nous affirme le prestigieux périodique, le blanchiment d'argent était, pour la Bulgarie et son régime économique marxiste à la dérive, l'un des seuls moyens de se procurer des monnaies fortes»[1]. D'autres criminels astucieux se tournèrent vers la Roumanie voisine pour blanchir une partie de leurs gains en élaborant une gigantesque fraude internationale.

Pour comprendre cette escroquerie, il faut bien saisir les mécanismes qui régissent l'achat de biens étrangers par plusieurs pays du tiers monde et leur économie fortement centralisée. L'équilibre de leur économie est toujours difficile à maintenir. D'un côté, on retrouve des pays tentant d'accroître leurs faibles stocks de monnaies fortes en limitant les importations payées avec ces monnaies. (Les plus cyniques vous diront que de cette façon, il en restera toujours assez pour payer grassement les militaires, les polices secrètes et surtout pour remplir les poches des leaders corrompus). De l'autre côté, les importations ne doivent pas être trop limitées et ce, afin d'éviter les pénuries pouvant mener à des révoltes ou pire, à la naissance de mouvements de rébellion dans la population. Cette tâche énorme est confiée à l'appareil d'État. (Appliqué au Canada, un tel système impliquerait que les fonctionnaires de l'État qui superviseraient les importations tant du gouvernement que de l'économie privée du pays, achèteraient de tout, passant du blé au pétrole, à la machinerie agricole ou aux produits pharmaceutiques). Dans les pays dont il est question ici, lorsqu'ils s'aventurent sur les marchés du commerce international les fonctionnaires doivent se fier à l'expertise d'intermédiaires. Le système qui en résulte est lourd, inefficace et perméable à la fraude.

En décembre 1988, les fonctionnaires algériens responsables de l'importation de denrées alimentaires ou ENAPAL (Entreprise nationale d'approvisionnement des produits alimentaires) devaient acheter 50 000 tonnes de sucre. (Nous ne suggérons nullement ici que l'ENAPAL ou ses employés aient été impliqués dans des activités illégales). Pour ce faire, ils signèrent un contrat (no 113-88) avec l'entreprise Khema Trading Ltd., une petite firme jouissant d'une bonne réputation à Gibraltar. Khema, à son tour, engagea un intermédiaire pour chercher un fournisseur fiable. Un espagnol, prétendant être German Anton Garcia, fut engagé pour ses nombreux contacts privilégiés dans l'industrie du sucre aux Caraïbes.

Les choses avaient pourtant bien commencé. Trois mois après la signature du contrat, on fut informé qu'un navire transportant le sucre venait de quitter la République dominicaine. Jour après jour, on tenait les représentants européens de Khema informés de la progression du bateau sur l'Atlantique. Le mode de paiement prévu par le contrat, soit la lettre de crédit, fournit alors aux fraudeurs une opportunité de profit. Appelé justement «le lubrifiant du commerce», la lettre de crédit autorise la banque de l'acheteur à payer le vendeur dès qu'elle est convaincue que les termes de la transaction ont été respectés[2]. Peu de temps après que les navires eurent prétendument quitté les Caraïbes, Garcia présenta des preuves élaborées à la banque démontrant que le sucre avait été expédié. Les preuves semblèrent convaincantes car quelque 11,8 millions US lui furent remis. Après que l'un des intermédiaires eut pris sa part de 1,3 million US, le restant du magot aboutit dans la banque de Garcia à Madrid.

C'est à ce moment que l'on commença à se douter que quelque chose clochait. Les vaisseaux ne parvinrent jamais en Algérie. Au cours de leur enquête, les responsables de Khema constatèrent, avec horreur, qu'aucun chargement n'avait quitté la République dominicaine. Pire encore, il s'avérait que le sucre n'y avait même jamais été acheté. Le 31 mars 1989, il était devenu évident qu'une fraude avait été commise et que les documents utilisés pour obtenir le paiement avaient été forgés de toutes pièces. Garcia n'était pas celui qu'il prétendait être et l'Interpol fut aussitôt alerté. On demanda aussi l'aide des autorités espagnoles, belges et suisses tout comme du Bureau maritime international de Londres, le chien de garde du transport maritime commercial. Le Bureau blanchit Khema et établit qu'elle avait été, elle aussi, une victime de la fraude. Commença alors une grande enquête internationale pour tenter de retrouver les fonds manquants.

Il s'avéra particulièrement ardu et éminemment frustrant de retracer le paiement. L'homme qui se faisait appeler Garcia avait rapidement transféré les 10,5 millions US de Madrid à la Suisse par une série de transactions. La vitesse était essentielle à l'opération. Le premier transfert se fit le 21 mars 1989 et le dernier le 29 mars, à peine deux jours avant que la fraude ne soit confirmée. La destination finale de l'argent était un compte de la petite succursale de Chêne-Bourg de la Banque Populaire Suisse à Genève. C'était là une destination hors de l'ordinaire puisque cette succursale ne compte que sept employés et est située dans un centre commercial d'une banlieue très ordinaire. L'argent ne resta toutefois pas longtemps à cet endroit. Le 28 mars, 2,5 millions US furent retournés d'où ils provenaient initialement, dans le compte de Garcia à Madrid.

En même temps, un autre 2,657 millions US quitta Chêne-Bourg et aboutit dans une banque de Valence, en Espagne. Garcia retira lui-même 460 000$ US et 3 millions de francs suisses, en espèces, de la banque de Chêne-Bourg. La somme restante, approximativement 4,7 millions de francs suisses, transita rapidement par un mystérieux compte de banque enregistré sous le nom de code «Eva». Ce compte était situé à Genève, dans une succursale de la Swiss Banking Corporation. Une fois retirés, ces fonds furent eux aussi retournés à Garcia. Les enquêteurs découvrirent que «Eva» avait été ouvert aux seules fins de cette transaction par un architecte inconnu de Genève, qui s'avéra aussi être un ami intime du gérant de la succursale de Chêne-Bourg de la Banque Populaire Suisse. L'architecte admit plus tard à la police qu'il avait été présenté à Garcia par son ami, le gérant de la banque, et avoir reçu 30 000 francs suisses pour l'ouverture de ce compte. Le temps qu'il fallut pour élucider le cas, les 4,7 millions de francs suisses étaient bien loin, tout comme le reste du magot.

Avec un peu de flair et d'intuition, toutefois, une partie de l'argent fut retracée. Les enquêteurs découvrirent que Garcia possédait un autre compte à Genève, à la Banque Scandinave. Il le détenait conjointement avec un autre individu, qui est maintenant soupçonné d'avoir organisé la fraude. Peu de temps après avoir retiré les 460 000$ US et les 3 millions de francs suisses de la succursale de Chêne-Bourg, Garcia déposa en fait le même montant dans le compte conjoint de la Banque Scandinave. Une grande partie des fonds fut subséquemment retirée et disparut. Il restait toutefois une piste: les registres comptables prouvaient que 1,7 millions de francs suisses étaient partis à destination de la Roumanie.

Lorsque les enquêteurs suivirent cette piste, ils découvrirent que celui qu'ils soupçonnaient être le maître d'oeuvre de la fraude était, de fait, un homme d'affaires occidental ayant un bureau à Bucarest. Il exportait quotidiennement des produits locaux comme du ciment dans les pays de l'Ouest. Les enquêteurs ont cru qu'il s'agissait de l'étape finale d'un processus complexe de blanchiment d'argent: Les profits illicites étaient amenés en Roumanie et utilisés pour l'achat de biens pouvant facilement être revendus à l'étranger par la suite. «Il amenait l'argent en comptant et le sortait ensuite sous une forme différente. Il utilisait la Roumanie comme on utilise une blanchisserie chinoise», nous dit une personne impliquée dans l'enquête. Étant sous un régime totalitaire, la Roumanie devenait un choix judicieux pour effectuer une telle opération. La Roumanie de Ceausescu était, en effet, le repaire des intriguants occidentaux. Cela devint encore plus apparent à l'automne de 1989, lorsque les avocats des victimes de la fraude intentèrent leurs procédures à Bucarest. Ils réclamaient un montant de 18 millions US que le chef du réseau devait détenir, dans quelques banques roumaines. Leurs efforts furent infructueux. Le grinçant système judiciaire roumain n'était pas très complaisant. Un obstacle majeur était un règlement exigeant du demandeur un dépôt en garantie équivalant à 50% de la réclamation. Un tel dépôt, on le sut par la suite, aurait pu être perdu pour une simple technicalité. Ce qui n'est pas du tout rassurant quand on connaît l'avarice du régime de Ceausescu. Le jeu n'en valait tout simplement pas la chandelle pour les victimes de la fraude; l'arnaque avait réussi.

Depuis la fin de la Guerre Froide, de tels exploits furent réalisés partout en Europe de l'Est. Parmi ces arnaques, on en retrouve qui impliquaient des ex-dirigeants de pays membres du Pacte de Varsovie. Quelques services de sécurité de cette région, par exemple, semblent ressusciter «leurs anciennes maisons d'import-export pour garder en vie le blanchiment de l'argent et leurs lucratifs commerces des armes» nous dit *The Economist*[3]. On craint que de telles activités soient encore répandues en Roumanie et en Bulgarie. À Sofia, d'anciens agents de la police secrète sont soupçonnés d'avoir utilisé des enveloppes corporatives (*shell sompanies*) pour blanchir des fonds volés au Trésor public et les cacher ensuite à l'étranger. Comme un fonctionnaire l'a dit au *New York Times*: «Plusieurs millions de dollars sont maintenant sortis du pays, hors d'atteinte»[4].

Les banques de l'ancienne Union soviétique auraient été utilisées pour blanchir des milliards de roubles pour le compte d'anciens dirigeants communistes ou pour des groupes associés au crime organisé qui émergent dans cette région du globe. Selon l'un des banquiers les plus importants de Russie: «Le transfert de l'argent communiste à l'étranger est une réminiscence des efforts que les Nazis ont démontré pour mettre des fonds à l'abri, à la fin de la seconde guerre mondiale, dans le but de préparer une future résurrection de l'idéologie nationale-socialiste»[5]. La Stasi (les anciens services secrets de l'Allemagne de l'Est) démantelée, a fait de même. On pense que plus de 310 millions US se sont ainsi envolés avant la chute du régime communiste[6].

Les dirigeants de la Stasi, dans l'ex-Allemagne de l'Est, réussirent un coup semblable presque un an après que le mur de Berlin soit tombé. En octobre 1990, des dirigeants du Parti utilisèrent des banques en Allemagne, Norvège et Hollande pour transférer environ 60 millions US à Putnik, une entreprise soviétique suspecte. Ils ont eu plusieurs occasions de donner des explications pour justifier cette transaction complexe. L'une d'elles était que ces fonds devaient financer la construction, par Putnik, d'un complexe immobilier pour «Le mouvement ouvrier international». Une autre explication voulait que la somme servait à régler de vieilles dettes du Parti communiste de l'ex-Union soviétique. Aucune de ces explications n'était cependant crédible. Une enquête sur Putnik nous révèla certains détails troublants: Putnik était une entreprise officiellement enregistrée à Moscou et reliée à une banque soviétique. Les découvertes étaient pour le moins suspectes: l'adresse de l'entreprise correspondait à celle d'un immeuble abandonné et, encore plus surprenant, il n'y avait aucun indice de vieilles dettes du Parti ou de plans pour un centre destiné aux travailleurs internationaux. Tout ceci n'était qu'une arnaque[7].

L'exemple parfait pour illustrer la profonde vulnérabilité des pays de l'Europe de l'Est aux manipulations financières (et au blanchiment de l'argent) nous vient de Pologne. En 1990, un plan audacieux de chèques sans provision fut mis en place. Les fraudeurs produisaient de faux chèques plus rapidement que les banques ne pouvaient les vérifier, fournissant ainsi des avances en liquide, ce qui correspondait, dans les faits, à des prêts sans intérêts, non autorisés[8]. Les banques polonaises, comme toutes celles de l'Europe de l'Est d'ailleurs, sont très lentes, ce qui fait d'elles d'excellentes cibles pour les fraudeurs. Des semaines peuvent passer avant qu'un chèque ne soit vérifié, ce qui présente de grandes opportunités d'arnaque, spécialement lorsque les taux d'intérêt sont à la hausse. Deux Polonais à l'esprit vif comprirent l'intérêt de la chose. Pour obtenir les fonds, ils mirent au point un système informatique qui déconcertait le système bancaire polonais en l'inondant constamment d'une grande quantité de chèques. Le traitement des chèques était si lent que les fraudeurs avaient largement le temps de prendre de l'avance. Lorsqu'ils eurent constitué leur capital, ils firent le tour du pays en hélicoptère. Selon le *Financial Times of London* les fraudeurs ont déposé les mêmes fonds en même temps dans différentes banques et ont ainsi pu recueillir l'intérêt sur tous ces dépôts. Tout cela n'était même pas illégal en Pologne. Les deux hommes amassèrent ainsi, selon les estimations, des centaines de millions de dollars[9].

La situation est passablement la même dans l'ancienne Tchécoslovaquie où plusieurs observateurs craignirent que la privatisation des entreprises d'État n'aide la cause des blanchisseurs d'argent étranger. Même si les preuves ne sont pas toujours concluantes, on raconte des histoires tellement incroyables qu'elles suffisent à inquiéter bien des gens. Des histoires de millions de dollars en biens d'État détournés par des gens à l'apparence modeste et soupçonnés d'être à la solde de mystérieux intérêts étrangers ou, pire encore, d'anciens dirigeants du pays. Tout cela dans un pays où le gouvernement reconnaît qu'il est imposible d'épargner plus de 16 700$ US durant toute une vie. On parle de plus en plus à Prague d'imposer des lois empêchant le blanchiment d'argent par des criminels occidentaux, «dont plusieurs disent qu'ils considèrent l'Europe de l'Est comme le dernier Far West du monde». Mais, comme le souligne *The Economist*: «comment peut-on appliquer de telles lois dans un pays où il faut compter trois semaines pour effectuer un transfert d'argent d'une ville à une autre?»[10] Ainsi, nous dit Vaclav Klaus, ministre des finances à Prague, «il n'existe pas d'argent «sale» ou «propre» (dans l'ancienne Tchécoslovaquie) ou du moins, il n'y a aucun moyen de distinguer l'un de l'autre»[11].

Plusieurs de ses voisins d'Europe de l'Est pourraient en dire autant.

Chapitre 12
PANIQUE SUR LA RIVIERA

Peu avant l'aube, en ce 11 février 1988, un groupe de fonctionnaires français entrait calmement à Mougins, un village pittoresque dans les montagnes surplombant la station méditerranéenne de Cannes. Munis d'un mandat de perquisition, ils se dirigèrent vers la Villa Mohamedia au 204, chemin du Château. C'était une adresse connue: Jean-Claude et Michele Duvalier y vivaient depuis presque deux ans, soit depuis leur exil. Pendant tout ce temps, ils furent la cible de nombreux efforts pour recouvrer les énormes sommes détournées d'Haïti. Jusqu'à ce jour, le couple avait d'ailleurs mené de main de maître ce jeu international du chat et de la souris. Mais cette situation était sur le point de changer, et ce, grâce aux efforts d'une quinzaine de magistrats et de policiers français.

Un tel revirement aurait été impensable huit mois auparavant. En juin 1987 un tribunal de Grasse, la ville voisine, avait soutenu la position des Duvalier en rejetant une poursuite pour détournement de fonds entreprise par Haïti et potentiellement dangereuse pour le couple. Cela ne signifiait pas, toutefois, la fin de leurs démêlés avec la justice. Des actifs de 8 millions de dollars américains avaient été gelés par les tribunaux aux États-Unis. On retrouvait, parmi eux, un appartement de 2,5 millions US situé dans la Tour Trump à Manhattan et un yacht à moteur de 100 000$ US amarré à Miami. Une autre somme de 7 millions US d'avoirs, incluant un château de 2 millions US, était saisie par la justice française. Cependant, le jugement de juin 1987 venait poser un autre obstacle sur la voie des autorités haïtiennes dans leurs efforts pour récupérer ces fonds détournés. En outre, même si, dans la pire des éventualités, les Duvalier perdaient ces 15 millions US, il leur en restait encore. De fait, les enquêteurs en Haïti avaient découvert comment les Duvalier avaient détourné une somme qui se chiffrait à au moins 166 millions.

Seulement 15 millions US avaient été retrouvés. Où était le reste? Personne n'en était vraiment sûr. Cependant les Duvalier semblaient en avoir plus qu'il n'en faut pour faire face à leurs besoins. Regardons seulement leur parc de stationnement à la villa Mohamedia: on y voyait une Lamborghini, une Ferrari et une BMW. Soulignons les visites du couple chez des marchands de produits de luxe comme Dior, Givenchy et Boucheron. Notons aussi de quelle façon les Duvalier réglaient leurs dettes: toujours en argent comptant quelle que soit la somme.

Les explications de Jean-Claude, pour justifier ce flot ininterrompu de billets étaient variées. Quelques fois il disait aux journalistes que c'était le fruit de bons placements et à d'autres moments, qu'ils provenaient d'un héritage. Il était cependant plus évasif quand il était question de donner des détails sur l'origine de ces supposés bons placements ou de ces prétendus legs. Plus incroyables encore étaient ses déclarations à l'effet que la majeure partie de sa fortune était demeurée à Haïti et que le reste avait été gelé par les autorités françaises et américaines. Mais comment payez-vous vos factures? Simple, répondait Bébé Doc au journal français *Le Figaro*: «Nous avons beaucoup d'amis dans le monde qui, spontanément, nous viennent en aide»[1].

Même si ces reportages ont amusé un temps les enquêteurs d'Haïti, la vérité, elle, était loin d'être drôle. Car ils étaient incapables de découvrir comment les Duvalier demeuraient solvables et, plus important encore, où était caché leur argent. Pour trouver les réponses à ces mystères, ils croyaient que leurs recherches devaient commencer là où s'arrêtaient les traces laissées par l'argent, derrière les murs de la villa Mohamedia. Et c'est pour cette raison qu'un groupe de fonctionnaires français se rendait à la villa, en ce matin du 11 février 1988[2].

La police fit irruption dans la villa, dérangeant et effrayant le couple qui n'opposa aucune résistance. Les Duvalier et les autres résidents de la villa, la plupart des serviteurs ou des parasites, furent rassemblés dans la salle de séjour pendant que l'on passait la résidence au peigne fin. Comme prévu, les policiers ont trouvé beaucoup d'objets de grande valeur, principalement des bijoux et des oeuvres d'art. (Quelques tableaux étaient d'ailleurs entreposés dans un sauna inutilisé). Ils ne pouvaient cependant rien saisir de tout cela, car ce mandat était émis en vertu d'une commission rogatoire, permettant aux autorités haïtiennes d'y recueillir que des informations. Si cette descente fut finalement couronnée de succès, c'est plutôt grâce à une sottise de Michele: À un certain moment, elle a tenté de cacher quelque chose sous les plis de sa robe de nuit. Malheureusement pour elle, un policier français s'en aperçut. Il y eut une brève altercation (les récits diffèrent sur son intensité) et, à la fin, Michele remit «volontairement» un carnet relié en suède pourpre et rose.

Qu'essayait-elle de cacher? Rien de moins que leur registre comptable. Écrit par Michele, on y a retrouvé le détail de leur prodigalité. Prenons pour exemple un voyage de magasinage de quatre jours à Paris. Chaque dépense y était scrupuleusement notée: Le logement à leur hôtel cinq étoiles préféré, le Bristol, leur coûta environ 5 000$ US et les repas, un autre 5 000$ US. Une visite chez le couturier parisien Givenchy était aussi inscrite dans ce carnet: Michele y avait acheté quatre costumes, quatre robes, quatre robes de réception, deux ceintures et trois paires de gants pour la somme de 192 000$ US. Le même mois, apparaissait une facture impressionnante du bijoutier parisien, Boucheron: Michele y avait fait de petits achats personnels pour une somme de 83 000$ US comprenant un porte-cigarettes de 13 000$ US. Jean-Claude, pour sa part, y avait acheté des boucles d'oreilles, des broches de même que des boutons de manchettes. Le tout était inscrit sous la rubrique «compte tonton», tonton étant le sobriquet intime de Michele pour son mari. La somme de telles dépenses: 372 309$ US.

Toutes leurs dépenses étaient aussi impressionnantes et très bien notées, et pas qu'à Paris: Ils ont donné de grosses sommes à des amis. Les loyaux serviteurs, eux, recevaient de généreux pourboires. Claude, le chauffeur, avait reçu 400$ US en pourboire en septembre 1987. Il était aussi écrit: 2 300$ US chez un voisin vigneron en février 1988, 40 000$ US en décembre 1987 chez Mouradian, un antiquaire local et des acquisitions diverses comme un fusil de chasse pour Jean-Claude (1 000$ US aussi en décembre 1987). La sécurité de la villa avait coûté aussi très cher. L'agence de sécurité K.O. avait envoyé une facture de 16 011$ US en février 1987.

Mais le fameux carnet de suède a aussi révélé ses informations les plus importantes: les détails des deux comptes de banque enregistrés sous le numéro 1 et numéro 2. Le 11 novembre 1987, le solde du premier était de 19,36 millions US et celui du deuxième de 6,7 millions US. Il y avait aussi une référence à un certain «Turner» qui reçut, en octobre 1987, une somme de 62 000$ US. Qui était-il? Les enquêteurs essayaient depuis longtemps d'identifier les sources de la fortune des Duvalier. Peut-être «Turner» était-il derrière les livraisons clandestines d'argent qui remplissaient les coffres des Duvalier? Bien que le carnet ne donnât pas plus de détails, les limiers haïtiens pensèrent qu'ils étaient sur une bonne piste. Cela fut confirmé grâce à un faux pas de Ronald Bennett, le petit frère préféré de Michele. Lorsque l'on a saisi ses papiers, il y avait plusieurs références à la banque britannique Barclays. Les comptes numéro 1 et numéro 2 pourraient-ils s'y trouver?

Peu de temps après, on a découvert l'indice le plus important: une carte d'affaire au nom de John Stephen Matlin avec un numéro de téléphone écrit à la main était attachée à l'agenda de Ronald. Il s'avéra que Matlin était un avocat pratiquant à la firme londonienne Turner and Co., cliente de la banque Barclays. Durant la dernière année et demie, Matlin s'était souvent rendu à Nice, l'aéroport le plus près de Mougins. Fait intéressant, il avait quitté Londres le 10 novembre 1987 pour plusieurs destinations dont Nice. Le lendemain, Michele notait le solde des comptes numéro 1 et numéro 2 dans son carnet. Matlin lui avait-il donné cette information?

Tout bien considéré, c'était une voie prometteuse. Peut-être qu'après deux ans de dur labeur, la chance se retournait-elle contre les Duvalier. Du moins l'espérait-on chez leurs poursuivants.

Dès le début, le travail avait été très difficile. L'histoire elle-même encourage très peu ceux qui tentent de faire sortir les ex-dictateurs de leur nid.

Un des rares succès dans ce domaine se produisit au début des années 1920 lorsque le gouvernement du Costa Rica réussit à obtenir un peu de justice pour ses citoyens. Après la chute du dictateur corrompu Frederico Tinoco, le nouveau gouvernement nia toute responsabilité pour les dettes qu'il avait contractées envers la Banque Royale du Canada. La raison invoquée par le Costa Rica était que Tinoco avait utilisé cet argent pour se bâtir un abri à l'étranger et non pour des besoins légitimes d'État. En 1923, la banque a demandé à être remboursée et confia la cause à un arbitre international qui a rendu une décision en faveur du Costa Rica. Le jugement décida que: «La banque savait que l'ex-président... utiliserait l'argent à des fins personnelles après sa fuite dans un pays étranger. Elle ne peut tenir le gouvernement (responsable) pour l'argent donné à cette fin»[3].

Malgré cette victoire, les despotes du temps de Tinoco et les suivants n'ont pas eu à s'inquiéter pour leur fortune. Par exemple, à la fin des années 50, Juan Peron, l'ancien homme fort de l'Argentine, ne paraissait pas se faire de soucis à propos de ses 3 millions US cachés en Suisse[4]. Quelques années plus tard ses fonds avaient évidemment fondu, et c'est pourquoi, au début des années 70, il dut dépendre de la gentillesse d'un autre dictateur, Nicolae Ceausescu de Roumanie[5].

Dans d'autres cas, ce sont de mauvais gestionnaires de fonds qui sont la source de leurs problèmes plutôt que des citoyens en colère. Voyons, par exemple, ce qu'il advint de la fortune de Rafael Trujillo, ce dictateur de la République dominicaine, assassiné en mai 1961. Pendant l'année qui suivit ce tragique décès, la famille de Trujillo avait placé son butin, environ 180 millions US, entre les mains de Julio Munoz, un financier espagnol qui avait bâti une entreprise financière internationale bien modeste. Avec des banques en Suisse, au Liban et au Luxembourg, son réseau était constitué de sociétés de portefeuille contrôlant des compagnies au Panama et au Liechtenstein. Malheureusement, Munoz était davantage intéressé par l'argent de l'ex-dictateur que par les placements bancaires. Son jugement financier manquait de clairvoyance: Il avait un faible pour les complexes touristiques en mauvais état. Le désastre se produisit en 1965. Sa fortune, et celle des héritiers de Trujillo, s'écroula en même temps que son empire financier[6].

Dans les années 60 et 70 on a assisté aux premiers essais concertés pour récupérer les fortunes des anciens despotes. Mais ces efforts étaient habituellement infructueux, les lois et les conventions bancaires favorisant davantage les ex-dictateurs que leurs anciens sujets. L'Iraq, par exemple, a tenté, dans les années 60, de récupérer les biens immobiliers acquis par le roi Fayçal à New York. Mais la cour américaine a décidé «que le mandat de perquisition promulgué en Iraq ne rencontrait pas les règles américaines en matière de procès juste et équitable»[7]. Une autre tentative eut lieu en 1974, suite à l'expulsion d'Hailé Sélassié d'Éthiopie. Le nouveau gouvernement a tenté d'accéder à ses comptes de banque suisses mais, à nouveau, il n'eut pas de succès[8]. Les Sandinistes du Nicaragua se heurtèrent au même mur. Ils eurent plus de succès à se débarrasser du régime Somoza qu'à récupérer les biens de sa famille.

Ce dossier noir s'est poursuivi pendant la décennie suivante. Le gouvernement révolutionnaire d'Iran, qui avait chassé le Shah en 1979, a été incapable de geler les comptes qu'il avait dans les banques suisses. Une poursuite de plusieurs milliards de dollars contre le Shah, aux États-Unis en 1980, s'effondra lorsque le juge a décidé que la justice américaine n'avait pas juridiction pour entendre cette cause[9].

Au milieu des années 80 les attitudes ont commencé à changer nourries, en partie, par les pressions du public occidental, scandalisé par la façon dont les despotes escroquaient leur peuple. Les tribunaux américains ont alors fait volte-face et ont finalement décidé qu'ils avaient juridiction pour entendre ces causes. La Suisse qui était choquée de sa réputation d'accueillir aveuglément un Sélassié ou un Shah d'Iran (non méritée, prétendaient les Suisses), fit la même chose. Le débat fut envenimé lorsqu'un législateur suisse, Jean Ziegler, publia un livre accusateur sur le système bancaire suisse en 1990. Intitulé *La Suisse lave plus blanc*, ce livre déclarait que «la Suisse est aujourd'hui la principale plaque tournante du blanchiment de l'argent, du recyclage des profits de la mort»[10]. Face à de telles affirmations, les Suisses ont annoncé que dorénavant ils seraient moins hospitaliers envers les dictateurs, et conséquemment, plus ouverts aux revendications des pays cherchant à recouvrer le butin de ces despotes. Comme le disait un banquier en 1990, «Si, à titre de dirigeant d'un pays, vous agissez comme un porc, ne placez pas votre argent ici»[11].

En dépit de ces signes de progrès, les chances de récupérer le trésor d'un ancien despote s'étaient très peu améliorées. Comme le démontrent les efforts des Philippines afin de recouvrer la fortune de Ferdinand Marcos, plusieurs obstacles demeuraient[12]. (Marcos et sa femme Imelda furent exilés en février 1986, quelques semaines après la chute des Duvalier. Ce ne fut pas un bon mois pour les despotes...).

On soupçonne les Marcos d'avoir amassé un butin évalué à 3,5 milliards US pendant leurs vingt ans de règne. Certains estiment même cette somme à 10 milliards US. Pour bien voir l'ampleur de cette fraude, il faut considérer le fait que le salaire du dictateur était juste sous la barre des 13 000$ US par année, et en 1966, leur déclaration conjointe d'impôt montrait des actifs de 90 000$ US[13]. Les explications d'Imelda Marcos sur la source de leurs richesses étaient souvent folichonnes (comme celles de Michele Duvalier, d'ailleurs).

Elle se plaignait même quelquefois de sa pauvreté[14]. Ces affirmations contrastaient cependant avec son style de vie. Par exemple, en novembre 1991, elle nolisa un Boeing 747 pour retourner à Manille. Les membres de son entourage occupaient soixante chambres à l'hôtel cinq étoiles Le Plaza à Manille. Imelda, elle-même, demeurait dans une suite à 2 000$ par jour. Tout ceci avait été payé une semaine d'avance[15]. Manille n'a recouvré qu'une fraction des prétendus milliards des Marcos, soit presque 100 millions US en liquide et autant en actifs. Il est loin d'être certain que les Philippines récupéreront les 350 millions US gelés dans des banques suisses, le seul magot dont on connaisse l'existence.

Pourquoi ne peut-on en récupérer plus? L'incompétence, disent les uns. La corruption et les conflits politiques disent les autres. Il est sûr que l'intimidation a toujours été un facteur important. Par exemple, le bureau et les filières de David Castro ont régulièrement été la proie de tentatives de crime d'incendie; David Castro étant le responsable des efforts concertés pour récupérer les actifs des Marcos. Il a eu moins de chance avec sa maison qui a mystérieusement brûlé. Alors que Castro continue bravement de lutter, il est difficile de mesurer l'impact de telles intimidations sur d'autres et de les ignorer.

«Les Philippines était le pays le mieux outillé pour récupérer l'argent», disait Severina Rivera, une avocate de Washington qui a agi à titre d'expert auprès des autorités de Manille jusqu'en 1988. Elle souligne que les preuves recueillies dans les dossiers laissés par les Marcos lors de leur fuite étaient très importantes. De plus, il y avait un sentiment d'indignation contre la famille à travers le monde, alimenté par la vaste collection de chaussures d'Imelda et les anecdotes sur leurs excès absurdes (elle a déjà dépensé 6 000$ en un après-midi pour du chocolat). Et, pourtant, dit Mme Rivera, ce fut en vain. On a perdu du temps et on a gaspillé de belles occasions en laissant le temps aux Marcos de cacher leur fortune. Les actifs contestés ont perdu leur valeur: une banque californienne appartenant aux Marcos perdit près de 80% de sa valeur de 1986. Mme Rivera pose un verdict sombre: «Si un pays ne peut récupérer les actifs pendant les deux premières années, lorsque la ferveur révolutionnaire est à son plus fort, il ne réussira jamais».

C'était donc sous ces mauvais auspices que l'opération pour récupérer la fortune des Duvalier a débuté en mars 1986. La première étape consistait à amasser des preuves solides du pillage. Les membres du bureau d'avocat Stroock and Stroock and Lavan de New York, dont les services avaient été retenus par Haïti et les enquêteurs Kroll and Associates de Manhattan, furent dépêchés à Port-au-Prince. Ce qu'ils y ont trouvé ne promettait rien de bon. Plusieurs dossiers étaient incomplets, d'autres avaient tout simplement disparu. La majorité des détournements avaient été faits simplement par ordre verbal ou sur un appel téléphonique d'un fonctionnaire du palais à la Banque de la République d'Haïti (la banque centrale). De plus, plusieurs Haïtiens étaient encore trop terrifiés pour parler. Il n'y avait aucun doute que les Duvalier, même s'ils étaient détestés, possédaient encore des amis très puissants à Haïti.

Cependant, petit à petit, les preuves ont commencé à s'empiler. En dépit des trous et des failles, la banque centrale, et spécialement une employée efficace nommée Madeleine Savin, ont compilé plusieurs retraits. Le 20 mai 1980, par exemple, une note de débit (suivant les instructions du président à vie) de 101 221$ US fut émise par la banque. La somme avait été retirée d'un compte du gouvernement. Le retrait avait servi à payer le constructeur italien Ferrari, d'où provenait l'automobile sport qu'avait achetée Jean-Claude peu de temps avant son mariage avec Michele. Cette note de débit n'était pas seule. Le 11 avril 1984, («aux instructions... président à vie»), il y eut un retrait du compte de la Défense nationale à la banque centrale. Ce retrait servit à payer un chèque d'une somme de 100 000$ US qui a été expédié aux joailliers de Curaçao, Spritzer and Fuhrmann. Par un processus lent et fatigant on a assemblé, vérifié et trié des centaines et des centaines de documents comme ceux-là.

Au début de 1987, 17 volumes de 20 000 pages de documents et de déclarations assermentées incluant 9 000 pièces, avaient été produits grâce aux efforts gargantuesques des enquêteurs. Le rapport a démontré comment les Duvalier s'étaient appropriés une somme d'au moins 166 millions US entre 1980 et 1986. On estime qu'ils ont probablement volé plusieurs fois ce montant mais il représente ce qu'on a pu retracer avec les documents laissés derrière eux.

Une pareille somme peut paraître ridicule au Canada où les fortunes des grands, tels le géant des médias Ken Thompson et le magnat de l'alimentation Galen Weston, ont été estimées à des milliards de dollars. Mais la somme de 166 millions représentait plus que l'ensemble du budget du gouvernement haïtien pour un an. Une telle somme aurait pu faire une différence tangible sur la qualité de vie des habitants. Le journaliste britannique Michael Gillard estime qu'elle aurait pu fournir de l'eau potable à toute la population (qui est tragiquement manquante pour 80% des Haïtiens); instruire 240 000 enfants pendant un an (alors que 9 Haïtiens sur 10 ne savent pas lire); ou «soulager la faim dans un pays où 25% des enfants souffrent de malnutrition»[16].

Après avoir rassemblé ces preuves, les avocats d'Haïti se sont attaqués à un problème juridique commun à ce genre de causes: celui du grand nombre de frontières. Le dictateur en exil vit dans un pays, les crimes ont été commis dans un autre pays et les actifs sont dispersés dans le monde entier. Récupérer l'argent implique un jugement de cour qui puisse englober tous ces facteurs. D'abord, le jugement devrait établir que le despote, dans ce cas-ci, Jean-Claude Duvalier, avait détourné tout cet argent. Ensuite, ce jugement devrait avoir suffisamment de portée pour pouvoir être exécuté partout à travers le monde; par exemple, permettre la saisie de leur appartement de Manhattan autant que de leur château en France. Il devrait aussi être assez flexible pour composer avec l'imprévu. Qu'arriverait-il si les actifs se trouvaient, par exemple, dans l'île Maurice, dans l'océan indien, ou en Thaïlande, des endroits sans aucune relation avec les Duvalier? Satisfaire à toutes ces conditions n'est pas évident. Les règles de la preuve, par exemple, varient d'un pays à l'autre. De fait, il serait tout à fait futile d'obtenir un jugement fondé sur une preuve obtenue par écoute électronique, par exemple, dans un pays «A», s'il ne peut être admis en preuve dans un pays «B». De plus, on ne reconnaît pas toujours une grande valeur à la justice d'un autre pays. Il aurait été difficile par exemple, au milieu des années 80, de faire respecter un jugement rendu par une cour communiste de Sofia contre un Bulgare anti-communiste en exil en Angleterre.

Comment ces obstacles peuvent-ils être surmontés? Il existe deux choix: s'adresser à un tribunal du pays du despote déchu ou, si le système judiciaire de ce pays est déficient (pour des questions d'incompétence, de corruption ou une combinaison des deux), s'adresser à un tribunal d'un pays qui a plus de poids sur le plan juridique. De plus, ce dernier pays doit être le refuge du dictateur ou d'une partie de ses actifs. Historiquement la deuxième option a été la plus attirante mais elle s'est souvent avérée décevante.

Prenons le cas de la poursuite de l'Iran contre le Shah aux États-Unis en 1980. Elle a été abandonnée lorsqu'un juge newyorkais a décidé: «On ne peut demander à un tribunal de servir d'arbitre entre deux dictateurs... Comment un tribunal newyorkais peut-il rendre un jugement relativement à des droits acquis d'un empereur?»[17]

Ce jugement n'a pas découragé le gouvernement philippin à la fin des années 80. Préoccupé par l'indulgence de leurs tribunauxs, les autorités philippines se sont adressées à la justice américaine. Les tribunaux américains furent plus réceptifs qu'ils ne l'avaient été pour le cas de l'Iran et acceptèrent d'entendre la cause, principalement parce qu'une grande partie des actifs du couple était aux États-Unis et qu'il vivait en exil à Hawaii. En dépit de ces progrès, Imelda Marcos fut acquittée, à New York, des accusations d'escroquerie en juillet 1990 (Ferdinand était mort en 1989). Bien connue pour son manque de tact, Mme Marcos a déclaré: «Ce que c'est ennuyeux ces babillages à propos de millions par ci, de millions par là»[18]!

Les Philippines ont décidé de laisser tomber les poursuites présentes et futures aux États-Unis, environ un an plus tard, en échange de la modeste somme de 1,2 million US et de 7 millions en biens personnels (-incluant des bijoux)[19]. Manille est revenue à sa première option: poursuivre Mme Marcos dans son propre pays. En septembre 1991, plus de cinq ans après leur exil, une accusation criminelle fut portée contre Imelda Marcos. Cette action avait cependant plus à voir avec un ultimatum suisse qu'autre chose. En effet, un tribunal suisse avait décidé, en décembre 1990, que si aucune accusation criminelle n'était portée dans un délai d'un an, on pourrait lever l'ordre qui gelait les fonds des Marcos dans les banques suisses[20]. Au retour d'Imelda Marcos à Manille à la fin de 1991, on a intensifié les procédures judiciaires contre elle mais il reste à voir quels succès elles auront[21]. Si nous nous fions à des indications de mai 1992, s'étant présentée sans succès aux élections présidentielles de son pays en 1992, Mme Marcos semblait très confiante: elle fit part de son intention de réclamer les biens que le gouvernement philippin avait déjà saisis[22].

Les avocats d'Haïti avaient aussi quelques inquiétudes à propos du système judiciaire de leur pays qui était encore composé de beaucoup de fonctionnaires duvaliéristes. Bien que la première accusation criminelle contre le couple ait été portée à Port-au-Prince en avril 1986, l'espoir d'une condamnation était très mince. Les avocats d'Haïti ont donc choisi la France comme «champ de bataille» juridique. Une décision qui, apparemment du moins, semblait favoriser leur client. L'opinion publique française était sans aucun doute de leur côté. Plusieurs citoyens français étaient irrités par le séjour prolongé de l'ex-dictateur sur la côte d'Azur. Un autre avantage était la stratégie mise au point par les avocats d'Haïti. Comme l'expliquait Curtis Mechling, un des avocats de la poursuite: «Nous n'avons pas donné un éclairage politique à cette cause. Nous n'avons pas intenté une grande poursuite qui aurait fait le procès du régime Duvalier en entier. Nous nous sommes intéressés seulement aux actifs reliés à des détournements de fonds en Haïti»[23].

Après quelques échauffourées légales, le procès comme tel a débuté en avril 1987, à Grasse, à quelques kilomètres de Mougins[24]. Bien que grandement attendue par les médias, la cause elle-même, la première du genre en France, n'a pas fait grand tapage. En effet, selon le système judiciaire français, il ne s'agissait que d'une bataille de documents et de requêtes juridiques. Duvalier lui-même n'eut pas à témoigner ou à être contre-interrogé. Haïti, pour sa part, fondait sa preuve sur l'ensemble des documents recueillis, alléguant que Duvalier n'avait pas agi comme un chef d'État légitime en détournant des dizaines de millions de dollars de son gouvernement dans des banques étrangères. Ses avocats répliquèrent avec ce qui nous paraît être une variante des fameux mots de Louis XIV: «L'État c'est moi». Ils arguaient que Jean-Claude incarnait l'État haïtien et qu'il avait suivi les coutumes, les traditions et la loi haïtienne. Duvalier lui-même l'avait affirmé lors d'une entrevue à la télévision américaine avec la journaliste Barbara Walters: «Il n'y a jamais eu de détournement. C'est purement et simplement un mensonge, une calomnie. Vous devez savoir que tous les chefs d'État de mon pays ont toujours eu à leur disposition des fonds comme instrument politique. C'était un système de type paternaliste»[25]. Les avocats de Duvalier concluaient que l'on devrait lui accorder l'immunité, parce qu'un tribunal français n'a pas juridiction pour entendre une cause concernant un ex-chef d'état et ses anciens sujets.

Les Duvalier remportèrent la première ronde: les trois juges du tribunal de Grasse ont décidé, en juin 1987, qu'ils n'avaient pas juridiction dans une telle cause. Après cette tempête judiciaire, le couple retourna dans sa vie facile et extravagante derrière les murs de la Mohamedia.

C'est alors qu'eut lieu la descente policière du 11 février 1988 qui changea complètement le portrait. Pour la première fois depuis leur exil, les Duvalier voyaient une partie substantielle de leur fortune sérieusement menacée. Et tout cela, à cause des indices contenus dans le carnet de Michele et dans l'agenda de son frère. Ce n'était plus qu'une question de temps avant que les enquêteurs d'Haïti trouvent la provenance de «l'argent de poche» du couple: 41,8 millions blanchis en passant par des banques canadiennes en 1986. Il fallait agir et rapidement.

Les Duvalier se tournèrent encore une fois vers Matlin, lui qui avait agi comme administrateur de leur fortune depuis l'automne de 1986 et monté l'opération de blanchiment de la même année. Depuis ce temps, Matlin s'était occupé d'affaires plus mondaines. Il a d'abord transféré les fonds dans plusieurs banques. Les comptes étaient ouverts soit au nom du bureau de Matlin, Turner and Co., soit à celui d'une façade corporative comme Boncardo Ltd., laquelle avait été constituée par Matlin, à Jersey, en octobre 1986. Malgré l'absence de détails, il semble que le gros de la somme soit resté chez Barclays à Londres pendant presque toute l'année 1987.

Matlin était aussi à l'affût de bons investissements. Selon les notes de service de Matlin, les Duvalier avaient plutôt tendance à préférer les placements conservateurs comme les métaux précieux et les biens immobiliers. Une note de service de Matlin, datée du 29 janvier 1988, parle d'une affaire possible à Campione en Italie: «Il est entendu que je devrai négocier l'affaire Campione sur la base que chaque partie paiera la moitié du coût du terrain et que les Dupont financeront 100% du développement...» (Dupont étant le nom de code des Duvalier dans les rapports personnels de Matlin). Une autre note de service de Matlin, datée du 28 mars 1988, référait à un projet de construction possible en Belgique: «Il n'y a nul besoin de se presser en ce qui concerne ce développement. Je vérifierai le tout, comme convenu, après la mi-avril».

Matlin semble cependant avoir consacré la majeure partie de son temps à payer les factures des Duvalier et à distribuer de grosses sommes à leurs courtisans. Ses notes sont pleines de références concernant le paiement des dettes. Il y en a une typique qui décrit en détail une rencontre avec les «Dupont» le 30 juin 1987. Dans cette dernière, il fait référence à un retrait de «70 000$ US du (compte numéro 2) pour Boucheron. Ce sera assez jusqu'au 18 juillet». Tout compris, 494 000$ US iront chez le joaillier Boucheron entre avril et août 1987. On retrouvait souvent des transferts pour les membres de la famille: Le frère de Michele, Ronald Bennett, a reçu 1,344 million US entre avril 1987 et février 1988. Un autre, Frantz Bennett, a reçu 1,15 million US entre septembre 1987 et février 1988. Même le premier mari de Michele, Alix Pasquet, a bénéficié de 788 000$ US entre juin 1987 et février 1988. Avec une telle demande, «l'argent de poche» du couple a fondu rapidement. Les 41,8 millions de janvier 1987 se résumaient maintenant à 30,8 millions lorsqu'a commencé la deuxième opération de blanchiment, treize mois plus tard.

L'objectif de l'opération était simple: créer une diversion afin de brouiller la piste et ainsi arrêter les enquêteurs dans leurs recherches. Pour ce faire, Matlin comptait sur une stratégie à toute épreuve, utilisant sans qu'elles le sachent certaines institutions financières canadiennes et plus particulièrement la Banque Royale du Canada. Encore une fois, le tout était parfaitement légal (bien que très embarrassant pour les institutions financières elles-mêmes). «Quand les fonds étaient à risque, ils étaient envoyés au Canada et circulaient beaucoup, puis revenaient à leur point de départ, blanchis et sous une forme différente», disait une personne connaissant intimement les finances des Duvalier.

La première étape fut d'accumuler les 30,8 millions dans une seule institution financière. Quelques jours après la descente policière à la Mohamedia, les fonds furent déposés dans deux comptes (numéro 0267-418846-014 et numéro 0267-418857-014) que Matlin avait ouverts au Crédit Suisse de Genève. Les fonds arrivaient de leurs plus récentes cachettes: 21,47 millions de la Banque Nationale de Paris à Jersey et 9,35 millions, de la Royal Trust Bank aussi située à Jersey. Les comptes au Crédit Suisse étaient au nom de deux enveloppes corporatives (*shell companies*) panaméennes, Minoka Investments et Modinest Investments. Matlin les avait créées, pour le compte des Duvalier, en juillet 1987.

Pendant ce temps, Matlin s'informait de la possibilité d'ouvrir un compte à la succursale principale de la Banque Royale à Montréal. La même qui, ironiquement, avait servi de pivot à l'opération de blanchiment de 1986. On lui destinait encore le même rôle. Le 17 février 1988, Matlin a visité le bureau de la Banque Royale à Londres et a rempli les documents nécessaires pour ouvrir un compte à Montréal. Il a aussi complété un questionnaire destiné à empêcher le blanchiment de l'argent. Des formulaires semblables sont utilisés par la plupart des institutions financières canadiennes. Ils sont censés permettre de détecter les transactions suspectes en forçant les clients à en révéler la nature. Matlin mentionna seulement que les fonds de ce compte proviendraient de Turner and Co., «de comptes de clients en Suisse, en Belgique, à Jersey, dans les îles Anglo-normandes et d'ailleurs». Huit jours plus tard, la Banque Royale fit parvenir un télex à Matlin confirmant que le compte numéro 386-860-1 était ouvert. Des arrangements similaires furent faits avec deux autres institutions financières à Montréal, l'Union de Banques Suisses et le Royal Trust.

Tout se précipita à partir de ce moment. Entre le 3 et le 7 mars, Matlin transféra les 30,8 millions du Crédit Ssuisse de Genève à la Banque Royale à Montréal. Ensuite, il donna des instructions à celle-ci pour qu'elle achète des bons du Trésor du Canada avec ces fonds. La banque s'est conformée aux instructions. Elle a étalé les achats du 11 au 17 mars dans le but «d'obtenir le meilleur rendement possible», selon un télex de la banque à Matlin daté du 16 mars. (Les Duvalier eux-mêmes ont approuvé la transaction lors d'une visite de Matlin le 29 mars 1988). Aux environs du 19 mars, Matlin lui-même s'est envolé pour Montréal afin de mener personnellement la partie la plus cruciale de l'opération: brouiller la piste. Pour ce faire, deux jours plus tard, soit le 29 mars, il visita la succursale principale de la Banque Royale à Montréal et retira les 30,8 millions en bons du Trésor. Il retira également la balance du compte en comptant, soit 10 603$. Si quelqu'un avait suspecté quoi que ce soit à ce moment, cela aurait été la fin de l'opération. Les derniers éléments de preuve en possession de la Banque Royale seraient les reçus signés par Matlin avant qu'il range les bons et l'argent dans sa mallette. Rien de plus.

Puis, Matlin déposa ces bons du Trésor dans les deux autres institutions financières montréalaises qu'il avait contactées auparavant. Tout se passa la même journée, soit le 21 mars, quelques heures après qu'il les eut retirés de la Banque Royale. Au bureau de l'Union de Banques Suisses il plaça une valeur de 21,4 millions en bons du Trésor dans le compte no 251-801-01 et le reste, 9,4 millions, est allé a une succursale du Royal Trust dans le compte no 321-659430 qui était aussi à proximité de la Banque Royale.

Même s'il était maintenant difficile de retracer «l'argent de poche»,

ce dernier n'était cependant pas hors de danger. Le 25 avril 1988, un jugement angoissant pour les Duvalier fut rendu en France. Se basant sur les
résultats de la descente policière à la Mohamedia, la cour d'appel d'Aix-
en-Provence renversa la première décision du tribunal de Grasse rendue
un an auparavant. On a décidé que les tribunaux français avaient maintenant juridiction pour entendre la cause d'Haïti contre les Duvalier.
Pendant ce temps, de l'autre côté de la Manche, l'enquête sur Matlin
s'intensifiait. Il était évident que les enquêteurs atteindraient l'avocat londonien avant longtemps. Sous une telle pression, Matlin déménagea
«l'argent de poche» une autre fois. Au début, seulement une partie fut
déplacée. Près d'un mois après son voyage à Montréal, 4,55 millions en
bons du Trésor furent encaissés entre le 20 avril et le 4 mai 1988. L'argent
a alors été transféré des comptes de Turner and Co. à l'Union de Banques
Suisses à Montréal à la banque Llyods de Londres.

Le rythme s'accéléra à la fin de mai, lorsqu'il devint clair que la justice britannique était sur le point de prendre un recours afin d'obtenir tous
les dossiers de Matlin concernant les Duvalier. Le reste de «l'argent de
poche» fut rapidement transféré de Montréal, dans ce qui est apparu
comme une opération guidée par la panique. Le 26 mai, Matlin expédia
deux télex urgents à Montréal, un à 12h25 heure de Londres au Royal Trust
et l'autre à 12h33 heure de Londres à l'Union de Banques Suisses. Il leur
demandait d'encaisser les bons du Trésor et d'envoyer rapidement l'argent
à la Banque internationale du Luxembourg (compte numéro 3-176-923-
550). On pouvait percevoir l'urgence dans le message de Matlin à la
banque suisse: «Je viens juste de recevoir des instructions de mes clients
m'ordonnant de vendre tous les bons du Trésor canadiens et de les changer en dollars américains. S'il-vous-plaît, tout doit être exécuté
aujourd'hui... ces instructions me surprennent beaucoup mais je dois m'y
soumettre». Quelques heures plus tard, 26,24 millions avaient été déposés
en sécurité au Luxembourg et avis en fut envoyé à Matlin. Pendant ce
temps, les fonds de la banque Lloyds de Londres étaient eux aussi sortis
d'Angleterre: 2,58 millions furent envoyés au même compte au
Luxembourg pendant que 1,35 million partait pour la Banque Amro de
Genève. Matlin déclara plus tard qu'il ne connaissait pas les détenteurs
des comptes du Luxembourg et de Genève.

Moins d'une semaine plus tard, les procédures judiciaires débutaient
en Angleterre. Le 3 juin, une ordonnance préliminaire de la cour fut obtenue et Matlin commença à divulguer ce qu'il savait, incluant des détails
sur les transferts d'argent des huit derniers jours. Cependant, ceci n'eut

que peu d'impact. Lorsque les avocats d'Haïti se sont rendus au Luxembourg, le compte avait déjà été vidé. Pire, il n'y avait plus de traces pour poursuivre les recherches. Cette fois la piste était vraiment coupée. L'opération de blanchiment de Matlin par l'intermédiaire des banques canadiennes s'était avérée cruciale pour les Duvalier: Elle avait fourni une marge de sécurité aux Duvalier et elle avait tenu «l'argent de poche» loin du danger.

Dans les semaines suivantes, plusieurs actions furent intentées devant les tribunaux britanniques. Elles se révélèrent toutes favorables à Haïti et les jugements ordonnant que les actifs des Duvalier soient gelés en Angleterre se suivaient les uns après les autres. Le tout s'est terminé le 22 juillet 1988, lorsque l'appel des Duvalier fut rejeté par la cour. En rendant son jugement Lord Christopher Staughton nota que, alors que les défendeurs se déclaraient innocents, ils admettaient qu'il y avait une tradition vieille de 180 ans à Haïti voulant que le nouveau gouvernement prenne des procédures légales contre l'ancien. Il affirma que cela lui rappelait «qu'un historien romain avait remarqué que c'était la pratique des nouveaux empereurs de traîner les meurtriers du précédent devant les tribunaux»! Dans la même optique, il n'accorda que très peu d'attention à un avocat des Duvalier qui tentait de déposer en preuve «une campagne mondiale... entreprise par le gouvernement haïtien et appuyée par les États-Unis de persécution contre les Duvalier.... une campagne... soutenue par la presse internationale et qui leur était préjudiciable». Lord Staughton constata que: «Cette cause est hors de l'ordinaire. Ce n'est pas la nature de l'action ou la force de la cause de la République haïtienne qui la caractérise ainsi. Mais plutôt l'intention très ferme des défendeurs de soustraire leurs actifs à la justice, associée aux ressources utilisées et à l'habileté à le faire démontrée jusqu'ici et à la très grosse somme impliquée». Si les Duvalier se sentaient persécutés, dit-il, ils devraient simplement coopérer pour accélérer le procès au lieu d'essayer de cacher «leurs actifs là où même le plus juste des jugements ne pourrait les rejoindre»[26].

Ce jugement était une bénédiction pour les enquêteurs d'Haïti, mais c'était trop peu et trop tard. En effet, il ne restait plus, à ce moment, d'actifs à geler en Grande-Bretagne. Après les cinq mois endiablés qui avaient suivi la descente policière de février, les Duvalier semblaient avoir regagné l'avantage. Ils ont signifié ce regain de confiance, en août 1988, en expédiant une facture au gouvernement haïtien de 16,8 millions US pour couvrir la perte des biens laissés sur place lors de leur départ précipité du pays en février 1986. Aucun détail n'avait été oublié dans cette facture, qui a été rapportée dans l'*Haïti-Observateur*, un journal très respecté et publié à New York par et pour les Haïtiens de la diaspora. Cette facture décrivait en détail des objets d'une valeur de 3,5 millions US qu'ils disaient avoir laissés au Palais national. Cette liste comprenait de la porcelaine de Limoges, du cristal Baccarat, une Rolls Royce, deux BMW et la Ferrari de Jean-Claude. Au ranch de Croix les Bouquets, on y mentionnait, entre autres items, des «champs de maïs, des vaches, des porcs et des chèvres»[27].

Les autorités de Port-au-Prince ne prirent pas cette requête très au sérieux. Cela importait peu, car les Duvalier eurent un plus beau cadeau le 17 septembre 1988 lorsque le général Prosper Avril prit le pouvoir à la faveur d'un coup d'État. Avril avait été un homme de confiance de Jean-Claude Duvalier et souvent impliqué dans ses opérations de détournements de fonds. Selon le journaliste Mark Danner, Avril «se gardait un bureau à la banque nationale d'Haïti, et... était consciencieux au point de faire de nombreux voyages en Suisse pour prendre soin des investissements du jeune dictateur»[28]. Avril a cependant nié plus tard avoir été le «messager» des Duvalier. Mais, curieusement, après qu'il eut pris le pouvoir, les efforts pour retrouver les fonds de l'ex-dictateur se sont atténués.

Le bureau d'avocats Stroock and Stroock and Lavan de Manhattan, représentant Haïti, nota un changement d'attitude drastique. Après le coup d'État d'Avril, «la coopération de la République (d'Haïti) s'est arrêtée brusquement et plusieurs factures importantes sont restées non payées», disait Lawrence Greenwald, un associé chez Stroock, lequel coordonnait la recherche internationale des actifs des Duvalier depuis mars 1986. Cette confidence fut faite dans une déclaration assermentée datée de septembre 1989 alléguant que la firme se retirait de ce dossier. Les documents annexés donnaient une foule d'exemples des problèmes rencontrés: des appels téléphoniques non retournés de la part de fonctionnaires haïtiens, des lettres demeurées sans réponse et des poursuites abandonnées parce qu'on avait ignoré des demandes de renseignements. (Les enquêteurs canadiens engagés pour retracer la fortune de Nicolae Ceausescu auraient vécu la même situation un an plus tard). Avec cette déclaration assermentée on retrouvait une lettre de Greenwald à Avril lui-même déclarant «que lorsque votre gouvernement a pris le pouvoir en septembre 1988 tout le support, l'assistance et la coopération se sont arrêtés immédiatement!»

Pour les Duvalier, le retrait de Stroock and Stroock marquait, définitivement, la fin de leurs problèmes juridiques. Il y eut bien une dernière descente policière à la Mohamedia faite par les autorités françaises en novembre 1988 mais le couple avait appris sa leçon: on n'y a alors trouvé aucun registre comptable. De plus, au lieu des objets de valeur remarqués en février, il n'y avait, cette fois, que «des copies sans valeur de bijoux et de tableaux»[29]. La cause d'Haïti contre les Duvalier s'est maintenue un temps tant bien que mal devant les tribunaux français, surtout grâce à des avocats convaincus et bénévoles. Ce qui n'a pas empêché son abandon. Le 29 mai 1990, le plus haut tribunal français, la Cour de cassation, renversa le jugement d'avril 1988 d'Aix-en-Provence, confirmant, une fois pour toutes, que les tribunaux français n'avaient pas juridiction pour entendre une cause contre l'ex-dictateur et sa femme.

Les Duvalier avaient gagné.

La victoire, cependant, ne leur a pas nécessairement asssuré le bonheur[30]. Jean-Claude et Michele sont maintenant divorcés, mais Michele conteste le divorce devant un tribunal français. Il paraît qu'elle vit avec un marchand d'armes du Moyen-Orient. Jean-Claude, pour sa part, est demeuré sur la Riviera française. Il réside maintenant dans une villa plus petite que la Mohamedia. On dit qu'il souffre de diabète. Son cercle d'amis a considérablement diminué. Avec les années, il semble devenir plus pitoyable et solitaire, son argent demeurant sa seule consolation.

NOTES

CHAPITRE 1
Bébé Doc fait son «lavage»

1. «Nightmare Republic» est le titre d'un brillant essai de Graham Greene portant sur Haïti, publié par le *Sunday Telegraph* le 29 septembre 1963. Le texte sera réimprimé dans l'ouvrage: GREENE, Graham, *Reflections*, Lester and Orpen Dennys, Toronto, 1990.

2. DAVISON, Phil, «Haitian Ruler Faces First Serious Threat», *Globe and Mail*, 30 janvier 1986.

3. STUMBO, Bella, «The Woman Behind the Throne of Haiti», *Toronto Star*, 18 janvier 1986.

4. ABBOTT, Elizabeth, *Haiti: The Duvaliers and Their Legacy*, McGraw-Hill, New York, 1988, p. 327.

5. SIMONS, Marlise, «Duvalier's Haitian Property Nationalized by New Rulers», *New York Times*, 20 février 1986.

6. GILLARD, Michael, «The Great Haiti Heist», *The Observer*, 10 mai 1987.

7. DAVISON, Phil, «Duvalier Flees Haiti, Wild Celebrations in Streets», *Reuters*, 7 février 1986.

8. CARLSON, Peter, «Dragon Ladies under Siege», *People*, 3 mars 1986.

9. LOWTHER, William, «CIA on Trail of Baby Doc's Hidden Fortune», *Toronto Star*, 23 février 1986.

10. Les détails du départ des Duvalier et de la période chaotique de la fin de leur règne sont aussi tirés du magnifique ouvrage de ABBOT, *Haiti: The Duvaliers and Their Legacy* et de: WILENTZ, Amy, *The Rainy Season: Haiti Since Duvalier*, Simon and Schuster, New York, 1989.

11. DAVISON, Phil, «Duvalier Flees Haiti, Wild Celebrations in Streets», *Reuters*, 7 février 1986.

12. ABBOTT, *Haiti: The Duvaliers and Their Legacy*, p. 300-301.

13. British Foreign and Commonwealth Office, *Background Brief: Haiti, a Year after Duvalier*, Londres, 1987, p. 4.

14. ABBOTT, *Haiti: The Duvaliers and Their Legacy*, p. 300-310.

15. «Haiti Uncovers Fiscal «Irregularities»», *International Herald Tribune*, 9 mai 1986.

16. PRESTON, Julia, «Haiti Seeks to Tie Losses to Duvalier», *Washington Post*, 12 mai 1986.

17. «Bare, Brown and Barren», *The Economist*, 1er juin 1991.

18. BELLEGARDE-SMITH, Patrick, *Haiti: The Breached Citadel*, Westview Press, Boulder, 1990, p. 115-116.

19. BELLEGARDE-SMITH, *Haiti: The Breached Citadel*, p. 6.

20. DANNER, Mark, «Beyond the Mountains: Part 1», *The New Yorker*, 27 novembre 1989, p. 58.

21. BELLEGARDE-SMITH, *Haiti: The Breached Citadel*, p. XVIII.

22. *Ibid.*, p. 35.

23. ABBOTT, *Haiti: The Duvaliers and Their Legacy*, p. 10-11.

24. BELLEGARDE-SMITH, *Haiti: The Breached Citadel*, p. 109-110.

25. *Ibid.*, p. 109.

26. DANNER, Mark, «Beyond the Mountains: Part 3», *The New Yorker*, 11 décembre 1989, p. 104.

27. DANNER, Mark, «Beyond the Mountains: Part 2», *The New Yorker*, 4 décembre 1989, p. 139.

28. DANNER, Mark, «Beyond the Mountains: Part 2», p. 131.

29. GREENE, Graham, «Nightmare Republic», *Reflections*, Lester and Orpen Dennys, Toronto, 1990, p. 224-225.

30. ABBOTT, *Haiti: The Duvaliers and Their Legacy*, p. 164.

31. World Priorities, *World Military and Social Expenditures 1989*, Washington D.C., 1989.

32. BRENNER, Marie, «Mythomania», *Vanity Fair*, Décembre 1986.

33. FAITH, Nicholas, *Safety in Numbers: The Mysterious World of Swiss Banking*, Hamish Hamilton, Londres, 1982, p. 85.

34. BRENNER, Marie, «Mythomania».

35. DANNER, Mark, «Beyond the Mountains: Part 3», p. 105.

36. *Ibid.*

37. «Asylum Bid by Duvalier Rejected by Three Countries», *Toronto Star*, 6 février 1986.

38. PLOMMER, Leslie, «France Rejects Duvalier's Bid for Status as Political Refugee», *Globe and Mail*, 20 février 1986.

39. SALISBURY, Stephen et VRAZO, Fawn, «Lifestyles Of The Ousted Dictators», *Toronto Star*, 3 octobre 1989.

40. SIMONS, Marlise, «Switzerland Freezes Duvalier Accounts», *New York Times*, 16 avril 1986.

41. PRESTON, Julia, «Haiti Seeks to Tie Losses to Duvalier», *Washington Post*, 12 mai 1986.

42. L'enquête de la GRC ainsi que celle, indépendante de l'Inspecteur général des institutions financières (le contrôleur des banques fédérales) furent entreprises après qu'une série de quatre articles portant sur les activités de blanchiment d'argent des Duvalier fut publiée par l'auteur. La série fut transmise par le service des nouvelles nationales: La Presse Canadienne. La version la plus complète a paru dans deux quotidiens québécois: «Duvalier a blanchi 42 millions$ au Canada» et «Le règne de la plus folle extravagance», parus le 21 mars 1990 dans *La Presse* de Montréal. «Le Canada a permis de «laver» l'argent de Bébé Doc» et «La vie de château aux frais des Haïtiens pour les Duvaliers» ont paru dans *Le Soleil* de Québec, le 22 mars 1990.

CHAPITRE 2
Pourquoi est-il si difficile d'arrêter le blanchiment de l'argent

1. Voir l'expression «Money laundering» dans le *Oxford English Dictionary*, Clarendon Press, Oxford, 2e éd., 1989, p. 702.

2. «Flushing Funny Money into the Open», *The Economist*, 5 mai 1990.

3. EISENBERG, Dennis, DAN, Uri et LANDAU, Eli, *Meyer Lansky: Mogul of the Mob*, Paddington Press, New York, 1979.

4. HINDLE, Tim, *The Economist Pocket Banker*, Blackwell and the Economist, Londres 1985, p. 102.

5. *Oxford English Dictionary*, Clarendon Press, Oxford, 2e éd., 1989, p. 702.

6. Je me suis généralement basé sur les définitions données par le criminel financier italien Michele Sindona, en ce qui concerne les expressions «argent sale» et «argent noir». Voir TOSCHES, Nick, *Power on Earth*, Arbor House, New York, 1986, p. 87-98.

7. PONTAUT, Jean-Marie, «L'argent planqué des dictateurs», *Le Point*, 8 avril 1991.

8. «Private Banking: Arrivists and Traditionalists», *The Economist*, 24 juin 1989; FIDLER, Stephen, «Direct Investment Lifts Financial

Inflows for Latin America», *Financial Times of London*, 5 septembre 1991.

9. *Forbes*, 24 juillet 1989, p. 123.

10. «Mobutu: 2,5 milliards de dollars au moins», *Le Point*, 8 avril 1991.

11. FRIEDLAND, Jonathan, «How to Be Inscrutable», *Far Eastern Economic Review*, 5 mars 1992.

12. *Report of the Financial Action Task Force on Money Laundering*, préparé par un groupe d'étude du G7, Paris, 7 février 1990.

13. «Flushing Funny Money into the Open», *The Economist*, 5 mai 1990.

14. *Tracing of Illicit Funds: Money Laundering in Canada*, Solliciteur général du Canada, Ottawa, 1990, p. XI.

15. *Hearing of the Standing Senate Committee on Banking, Trade and Commerce*, U.S. Government Printing Office, Washington D.C., 2 octobre 1985, p. 11:24-11:25.

16. BARHAM, John, «Bank Failed to Penetrate Latino Jungle», *Financial Times of London*, 29 août 1991.

17. «Cash at Any Price», *The Economist*, 9 mai 1992.

18. «Marc Rich and Firm's Other Top Officer Won't Be Extradited to U.S., Swiss Say», *Wall Street Journal*, 26 octobre 1984.

19. *National Drug Intelligence Estimates 1990*, RCMP Drug Enforcement Directorate, Ottawa, 1991, p. 69.

20. PENNANT-REA, Rupert et EMMOTT, Bill, *The Pocket Economist*, Blackwell and the Economist, Londres, 1983, p. 118.

21. Adapté de la version humoristique de MAYER, Martin, «International Drug Money Laundering: Issues and Options for Congress», Congressional Research Service Seminar, Washington D.C., 21 juin 1990.

22. WALTER, Ingo, «The Market for Financial Secrecy», *Financial Times of London*, 8 août 1991.

23. *National Drug Intelligence Estimates 1990*, RCMP Drug Enforcement Directorate, Ottawa, 1991, p. 68.

24. COOK, James, «But Where Are the Dons' Yachts?», *Forbes 400*, 21 octobre 1991.

25. *Tracing of Illicit Funds: Money Laundering in Canada*, Solliciteur général du Canada, Ottawa, 1990, p. 310.

26. EDGE, Marc, «Downhill Slide Recalled», *Province*, Vancouver, 4 juillet 1991.

27. *Organized Crime and the World of Business*, Commission de police du Québec, Québec, 2 août 1977.

28. WALTER, Ingo, «The Market for Financial Secrecy», *Financial Times of London*, 8 août 1991.

29. FARHAT, Raymond, *Le secret bancaire*, La librairie générale de droit et de jurisprudence, Paris, p. 14-15.

30. «European Banking Secrecy and Disclosure Requirements: The Record», *Financial Times of London*, 29 mars 1990.

31. FAITH, Nicholas, *Safety in Numbers: The Mysterious World of Swiss Banking*, Hamish Hamilton, Londres, 1982, p. 49-87.

32. *Ibid.*, p. 30.

33. DOGGART, Caroline, *Tax Havens and Their Uses 1990*, The Economist Publications, Londres, 1990, p. 45.

34. *Hearing before the Subcommittee on Consumer and Regulatory Affairs of the U.S. Senate Banking Committee*, U.S. Government Printing Office, Washington D.C., 1er novembre 1989.

35. «Private Banking: Arrivists and Traditionalists», *The Economist*, 24 juin 1989.

36. FREEMAN, Alan, «A $1000 Question for the Bank of Canada», *Globe and Mail*, 19 août 1991; IP, Greg, «Where Are All Those $1000 Bills Going?», *Financial Post*, 2 juillet 1991.

37. «Private Banking: Arrivists and Traditionalists», *The Economist*, 24 juin 1989.

38. RITCHIE, Cedric, «Banks Must Balance Two Basic but Conflicting Responsibilities», *Toronto Star*, 3 février 1986.

39. GRAHAM, Clyde, «Financial Institutions Join War on Drugs», *The Gazette*, Montréal, 16 février 1990.

40. *Tracing of Illicit Funds: Money Laundering in Canada*, Solliciteur général du Canada, Ottawa, 1990, p. 310.

CHAPITRE 3
Les trucs du métier

1. *Tracing of Illicit Funds: Money Laundering in Canada*, Solliciteur général du Canada, Ottawa, 1990, p. 184.

2. *International Drug Money Laundering: Issues and Options for Congress*, Congressional Research Service, Washington D.C., juin 1990, p. 6.

3. Cité dans le discours de John Robson, secrétaire général du département du Trésor américain devant l'American Bar Association et l'American Bankers Association, à Washington D.C., le 24 septembre 1990.

4. ASMAN, David, «Columbia's Drug Capital Seeks a Lifeline from the North», *Wall Street Journal*, 1er mai 1992.

5. «International Drug Money Laundering: Issues and Options for Congress», une session d'étude tenue par le Congressional Research Service à Washington D.C., le 21 juin 1990, p. 44.

6. *Tracing of Illicit Funds: Money Laundering in Canada*, Solliciteur général du Canada, Ottawa, 1990, p. 19.

7. HOGBEN, David, «Credit Bank Dropped Questions», *Vancouver Sun*, 1er août 1991.

8. *Drug Money Laundering, Banks and Foreign Policy*, un rapport du U.S. Senate Subcommittee on Narcotics, Terrorism and International Operations, U.S. Government Printing Office, Washington D.C., février 1990, p. 5.

9. HALL, Neal, «Huge Sums Laundered in Vancouver», *Vancouver Sun*, 11 octobre 1989.

10. *Tracing of Illicit Funds: Money Laundering in Canada*, Solliciteur général du Canada, Ottawa, 1990, p. 23.

11. *Ibid.*

12. «A Random Walk around Red Square», *The Economist*, 24 août 1991.

13. *Tracing of Illicit Funds: Money Laundering in Canada*, Solliciteur général du Canada, Ottawa, 1990, p. 221-222.

14. *Ibid.*, p. 228.

15. *Ibid.*, p. 130.

16. Dan Westell, journaliste au *Globe and Mail*, fit la lumière sur un cas intrigant en 1989. Un agent secret du F.B.I. se présentant comme un trafiquant de drogues colombien rencontra un homme d'affaires californien qui prévoyait utiliser deux compagnies canadiennes pour blanchir 300 000$ US acquis du commerce de la drogue. WESTELL, Dan, «Toronto Firms Used as Pawns in Money Laundering Scheme», *Globe and Mail*, 28 avril 1989.

17. *Tracing of Illicit Funds: Money Laundering in Canada*, Solliciteur général du Canada, Ottawa, 1990, p. 151-152.

18. Voir le texte de CASSIDY, William L., «Fei-Ch'ien Flying Money: A Study of Chinese Underground Banking», prononcé lors de la 12th Annual International Asian Organized Crime Conferernce, à Fort Lauderdale, Floride, le 26 juin 1990.

19. *Ibid.*, p. 15.

20. *Ibid.*

21. CASSIDY, William L., «Fei-Ch'ien Flying Money: A Study of Chinese Underground Banking», 26 juin 1990.

22. «Sleeper Awakes», *The Economist*, 19 août 1991.

23. MANGAN, Richard, «The Southeast Asian Banking System», *The Quarterly*, U.S. Drug Enforcement Agency, décembre 1983.

24. *Ibid.*

25. *Tracing of Illicit Funds: Money Laundering in Canada*, Solliciteur général du Canada, Ottawa, 1990, p. 249.

26. MANGAN, Richard, «The Southeast Asian Banking System», U.S. Drug Enforcement Agency, décembre 1983.

27. *National Drug Intelligence Estimate*, RCMP Drug Enforcement Directorate, Ottawa, 1988, p. 103.

28. STAMLER, R.T., «Forfeiture of the Profits and Proceeds of Drug Crimes», *Bulletin on Narcotics*, 1984, vol. 36, no 4.

CHAPITRE 4
L'argent sale au nord du quarante-neuvième parallèle

1. «Money Laundering and the Illicit Drug Trade», U.S. Drug Enforcement Administration and the RCMP, Washington D.C. et Ottawa, juin 1988.

2. Audiences du Comité permanent des Finances de la Chambre des Communes, Approvisionnements et services Canada, Ottawa, 20 août 1991, p. 5:14.

3. *Ottawa Citizen*, 28 septembre 1989.

4. Dépêche diplomatique classée «confidentielle». Rédigée par D. Sherratt et approuvée par P. Dubois, du ministère des Affaires extérieures à l'ambassade du Canada à Washington, dossier no 7009-1, émise le 29 septembre 1989 à 16h00.

5. Voir la dépêche de la Presse Canadienne émise de Washington par Scott White le 4 octobre 1989.

6. GUGLIOTTA, Guy et LEEN, Jeff, *Kings of Cocaine*, Simon and Schuster, New York, 1989, p. 87-88 (traduit en français: *Les rois de la cocaïne: l'histoire secrète du Cartel de Medellin*, Presses de la Cité, 1989).

7. FAITH, Nicholas, *Safety in Numbers: The Mysterious World of Swiss Banking*, Hamish Hamilton, Londres, 1982, p. 219.

8. *Ibid.*, p. 218-219.

9. *National Drug Intelligence Estimate 1990*, RCMP Drug Enforcement Directorate, Ottawa, 1991, p. 68.

10. Relazione sull'attivita' svolta dalla Guardia di Finanza nella lotta all criminalita' organizzata di tipo Mafioso, Rome, août 1988, p. 28.
11. SHAWCROSS, Tim et YOUNG, Martin, *Men of Honor: The Confessions of Tommaso Buscetta*, Collins, New York, 1987, p. 201-202.
12. OBERMAIER, Otto, «RICO Works — For Example, in the Teamsters Case», *Wall Street Journal*, 26 septembre 1991.
13. *United States of America, Appellee, against the Southland Corporation, S. Richmond Dole and Eugene Mastropieri, Defendants, and against the Southland Corporation and Eugene Mastropieri, Defendants-Appellants.* Dossier déposé par le bureau du Procureur général des États-Unis, District de New York Est, à la Cour d'Appel des États-Unis, Second Circuit. Dossiers numéros 84-1284, 84-1307, Ville de New York, 26 novembre 1984, p. 12.
14. *Ibid.*
15. POWIS, Robert E., *The Money Launderers*, Probus Publishing Company, Chicago, 1992, p. 32-49.
16. *Interim Report on Organized Crime, Financial Institutions and Money Laundering*, President's Commission on Organized Crime, Washington D.C., octobre 1984, p. 35.
17. POSNER, Gerald, *Warlords of Crime*, McGraw-Hill, New York, 1988, p. 221.
18. *Interim Report on Organized Crime, Financial Institutions and Money Laundering*, President's Commission on Organized Crime, Washington D.C., octobre 1984, p. 44-45.
19. ROLLASON, Kevin, «Drug Profits Overflow Box in City Bank Vault», *Winnipeg Free Press*, 16 juin 1990.
20. *National Drug Intelligence Estimate 1990*, RCMP Drug Enforcement Directorate, Ottawa, 1991, p. 68.
21. *Tracing of Illicit Funds: Money Laundering in Canada*, Solliciteur général du Canada, Ottawa, 1990, p. 14.
22. Ce cas fut révélé par le très entreprenant reporter William Marsden, dans une série de deux articles qu'il publia dans *The Gazette* de Montréal, les 7 et 8 avril 1988.
23. LAURENT, René, «Bank Workers Tell Laundering Hearing of Bags of Musty Bills», *The Gazette*, Montréal, 6 décembre 1990.
24. HEDGES, Michael, «U.S. Indicts Mafia Leader as Top Heroin Smuggler», *Washington Times*, 26 avril 1990.
25. *Tracing of Illicit Funds: Money Laundering in Canada*, Solliciteur général du Canada, Ottawa, 1990, p. 107.

26. POWIS, *The Money Launderers*, p. 193.

27. Les audiences du U.S. Senate Permanent Subcommittee on Investigations, 19 juillet 1991, p. 12-13.

28. *National Drug Intelligence Estimate 1990*, RCMP Drug Enforcement Directorate, Ottawa, 1991, p. 68.

29. MATAS, Robert, «Kickback Schemes Brought Wealth», *Globe and Mail*, 4 juillet 1986, p. 4; la déclaration sous serment de John Horace Rahr du 22 décembre 1988.

30. *Tracing of Illicit Funds: Money Laundering in Canada*, Solliciteur général du Canada, Ottawa, 1990, p. 284.

31. *Ibid.*, p. 304-305.

32. *Ibid.*, p. 304.

33. *Ibid.*, p. 281-282.

34. *National Drug Intelligence Estimate 1990*, RCMP Drug Enforcement Directorate, Ottawa, 1991, p. 68.

CHAPITRE 5
Les banques canadiennes dans les Caraïbes

1. Quelques informations concernant Lehder et Norman's Cay ont été tirées de : GUGLIOTTA, Guy et LEEN, Jeff, *Kings of Cocaine*, Simon and Schuster, New York, 1989 (traduit en français: *Les rois de la cocaïne*, Presses de la Cité, 1989); L'équipe d'enquête de *The Times of London*, «Paradise Lost», septembre 1985; KIRKPATRICK, Sidney et ABRAHAMS, Peter, *Turning the Tide*, Dutton, New York, juin 1991. D'autres informations ont été tirées du témoignage au procès de Lehder et d'interviews avec George Jung, son ancien associé.

2. *Report of the Commission of Inquiry*, Nassau, Bahamas, 14 décembre 1984, p. 207.

3. BLISS, Michael, *Northern Enterprise: Five Centuries of Canadian Business*, McClelland and Stewart, Toronto, 1987, p. 57-58.

4. *Ibid.*, p. 112-113.

5. *Ibid.*

6. *Ibid.*, p. 264.

7. KEELEY, Martin, «The Tax Haven That Jim Macdonald Built», *Canadian Business*, octobre 1979.

8. LOHR, Steve, «Money Washes Up», *The New York Times Magazine*, 29 mars 1992.

9. NAYLOR, R.T., *Hot Money and the Politics of Debt*, McClelland and

Stewart, Toronto, 1987, p. 300 (traduit en français: *Hot Money ou l'argent blanchi*, Québec-Amérique).

10. BLUM, Richard, *Offshore Haven Banks, Trusts and Companies: The Business of Crime in the Euromarket*, Praeger Publishers, New York, 1984, p. 3.

11. KIRKPATRICK, Sidney et ABRAHAMS, Peter, *Turning the Tide*, Dutton, New York, 1991, p. 8.

12. PYKE, George, «Angel for a Nymphet: Why Lou Chesler Owns Lolita», *Maclean's*, 14 juillet 1962.

13. WISMER, Catherine, *Sweethearts*, James Lorimer and Co., Toronto, 1980, p. 107-112.

14. MESSICK, Hank, *Lansky*, G.P. Putnam's Sons, New York, 1971, p. 229.

15. DUBRO, James, *Mob Rule: Inside the Canadian Mafia*, Macmillan, Toronto, 1985, p. 69.

16. HETZER, Barbara, «The Wealth That Leaves No Tracks», *Fortune*, 12 octobre 1987.

17. McCOY, Charles, «Halt in Drug Money Ends Bimini's Grand Party», *Wall Street Journal*, 5 mai 1988.

18. *Report of the Commission of Inquiry*, Nassau, Bahamas, 14 décembre 1984, p. 13.

19. DAMIANOS, Athena, «Loss of Tourism and Drug Money Add to Bahamas Economic Woes», *Financial Times of London*, 27 avril 1988.

20. McCOY, Charles, «Halt in Drug Money Ends Bimini's Grand Party», *Wall Street Journal*, 5 mai 1988.

21. Le témoignage de Leigh Ritch aux audiences du Subcommittee on Terrorism, Narcotics and International Operations, Washington D.C., 8 février 1988, p. 161.

22. «Dirty Laundry», à l'émission *The 5th estate* au réseau CBC, le 13 mai 1986.

23. «Crime and Secrecy: The Use of Offshore Banks and Companies», un rapport d'étude du U.S. Senate Permanent Subcommittee on Investigations, février 1983, p. 99.

24. *Tracing of Illicit Funds: Money Laundering in Canada*, ministère du Solliciteur général du Canada, Ottawa, 1990, p. 32.

25. MARSDEN, William, «Laundering «Narco-Dollars» in the Bahamas», *The Gazette*, Montréal, 26 janvier 1986.

26. ALEXANDER, Shana, *The Pizza Connection*, Weidenfeld and Nicolson, New York, 1988, p. 139.

27. MARSDEN, William, «Mafia Informer Describes Link Between Banks, Dirty Money», *The Gazette,* Montréal, 24 avril 1986.
28. RITCHIE, Cedric, «Banks Must Balance Two Basic but Conflicting Responsibilities», *Toronto Star*, 3 février 1986.
29. WALTER, Ingo, *The Secret Money Market*, Harper and Row, New York, 1990, p. 275.
30. RITCHIE, Cedric, «Banks Must Balance Two Basic but Conflicting Responsibilities», *Toronto Star*, 3 février 1986.
31. «Crime and Secrecy: The Use of Offshore Banks and Companies», un rapport d'étude du U.S. Senate Permanent Subcommittee on Investigations, 16 juillet 1985, p. 70.
32. RITCHIE, Cedric, «Banks Must Balance Two Basic but Conflicting Responsibilities», *Toronto Star*, 3 février 1986.
33. *Tracing of Illicit Funds: Money Laundering in Canada,* Solliciteur général du Canada, Ottawa, 1990, p. 32.
34. Le témoignage de Leigh Ritch aux audiences du U.S. Senate Subcommitte on Terrorism, Narcotics and International Operations, Washington D.C., 8 février 1988, p. 161.
35. «An Honor System without Honor», *The Economist*, 14 décembre 1991; «After Maxwell», *The Economist*, 9 novembre 1991.
36. «An Honor System without Honor», *The Economist*, 14 décembre 1991.
37. «Cleaning Up the Rupees», *The Economist*, 25 avril 1992.
38. LABATON, Stephen, «Sale of Unregistered Bonds by Pakistan Barred in the U.S.», *New York Times*, 6 mai 1992.

CHAPITRE 6
Les paradis fiscaux

1. L'accusation de Robert E. Graven, James F. Foley Jr., Gregory Long et Cherie Long, du U.S. District Court for the Middle District of Pennsylvania, 21 mars 1990.
2. «Drug Money Laundering, Banks and Foreign Policy», un rapport au Committe on Foreign Relations, United States Senate, février 1990, p. 26.
3. MADDOX, Bronwen, «Maxwell Recycled Seized Funds to Banks», *Financial Times of London*, 3 février 1992; MADDOX, Bronwen, RODGER, Ian et PRESTON, Robert, «Swiss Links in Maxwell Share Deals», *Financial Times of London*, 17 janvier 1992.
4. «Oh, My Brass Plate in the Sun», *The Economist*, 16 mars 1991.

5. Déclaration officielle émise le 7 mars 1991 par le gouvernement de Montserrat.

6. SUSKIND, Ron, «Second Invasion: Made Safe by Marines Grenada Now is Haven for Offshore Banks», *Wall Street Journal*, 29 octobre 1991.

7. BYRON, Christopher, «The Panama Connection», *New York Magazine*, 22 janvier 1990.

8. «Burying BCCI», *The Economist*, 30 novembre 1991.

9. LOHR, Steve, «Money Washes Up», *The New York Times Magazine*, 29 mars 1992.

10. BLUM, Richard, *Offshore Haven Banks, Trusts and Companies: The Business of Crime in the Euromarket*, Praeger Publishers, New York, 1984, p. 31-34.

11. *Ibid.*

12. «Crime and Secrecy: The Use of Offshore Banks and Companies», un rapport d'étude du U.S. Senate Permanent Subcommittee on Investigations, février 1983, p. 6.

13. *Ibid.*, p. 160

14. CRANE, David, *A Dictionary of Canadian Economics*, Hurtig Publishers, Edmonton, 1980, p. 333.

15. BECKER, Helmut et WURM, Felix J., eds., *Treaty Shopping*, Kluwer Law and Taxation Publishers, Deventer, 1990.

16. *Catalogue of Publications 1991*, International Bureau of Fiscal Documentation, Amsterdam, 1991, p. 43.

17. «The Stateless Corporation», *Business Week*, 14 mai 1990.

18. «Salting It Away», *The Economist*, 5 octobre 1991.

19. BLUM, Richard, *Offshore Haven Banks, Trusts and Companies: The Business of Crime in the Euromarket*, Praeger Publishers, New York, 1984, p. 8.

20. GALLAGHER, Rodney, «Survey of Offshore Finance Sectors in the Caribbean Dependent Territories», Coopers and Lybrand, Londres, 19 janvier 1990, p. 104.

21. *International Issues in Taxation: The Canadian Perspective*, Canadian Tax Foundation, Toronto, 1984, p. 118.

22. FINN, Edwin A., et POUSCHINE, Tatiana, «Luxembourg: Color It Green», *Forbes*, 20 avril 1987.

23. TREMBLAY, Miville, «Les profits que tire Montréal des Centres financiers internationaux sont marginaux», *La Presse*, 17 juillet 1991;

SIMON, Bernard, «A Tale of Two Tax Haven Cities», *The Financial Times of London*, 3 janvier 1991.

24. GALLAGHER, Rodney, «Survey of Offshore Finance Sectors in the Caribbean Dependent Territories», Coopers and Lybrand, Londres, 19 janvier 1990, p. 104.

25. «International Drug Money Laundering: Issues and Options for Congress», une session d'étude tenue par le Congressional Research Service, 21 juin 1990, p. 23.

26. SHAWCROSS, Tim et YOUNG, Martin, *Men of Honor: The Confessions of Tommaso Buscetta*, Collins, New York, 1987, p. 238.

27. «The High Roller», *Maclean's*, 17 décembre 1984.

28. MATHIAS, Philip, «Argentina: Who Gave What to Whom?», *The Financial Post*, 19 novembre 1977; HUTCHISON, Robert, «AECL Still Wonders Where Money Went», *The Financial Post*, 22 janvier 1977.

29. HOWARD, Ross, «AECL's Argentine Deal over Nuclear Reactors Netted Minister Millions», *Globe and Mail*, 14 juin 1985.

30. DOGGART, Caroline, *Tax Havens and Their Uses 1990*, The Economist Publications, Londres, 1990, p. 1.

31. WALTER, Ingo, *The Secret Money Market*, Harper and Row, New York, 1990, p. 186.

32. DOGGART, Caroline, *Tax Havens and Their Uses 1990*, The Economist Publications, Londres, 1990, p. 1.

33. WALTER, Ingo, *The Secret Money Market*, p. 186.

34. PARKER, John, *King of Fools*, St. Martin's Press, New York, 1988, p. 210-211.

35. «Irving's Taxing Battle», *Maclean's*, 3 août 1987.

36. «Irving Oil Ltd., Plaintiff, and Her Majesty The Queen, Defendant», *Canada Tax Cases*, Volume 1, H. Heward Stikeman Ed., De Boo Publishers, Toronto, 1988.

37. CRANE, David, *A Dictionary of Canadian Economics*, Hurtig Publishers, Edmonton, 1980, p. 343.

38. BREAN, Donald, *International Issues in Taxation: The Canadian Perspective*, Canadian Tax Foundation, Toronto, 1984, p. 118-119.

39. DODGE, David A., «A New and More Coherent Approach to Tax Avoidance», *Canadian Tax Journal*, janvier-février 1988.

40. STUDER, Margaret, «In Liechtenstein, Supersecrecy Policy Benefits the Banks», *Wall Street Journal*, 21 avril 1992.

41. «Drug Money Laundering, Banks and Foreign Policy», un rapport au

Committee on Foreign Relations, United States Senate, février 1990, p. 27-29.

42. BLUM, Richard, *Offshore Haven Banks, Trusts and Companies*, p. 3.

43. ROSEN, Eliot, «Treasury's Blunder in Paradise», *The New York Times*, 4 octobre 1987.

44. *Ibid.*

45. «Drug Money Laundering, Banks and Foreign Policy», un rapport au Committee on Foreign Relations, United States Senate, février 1990, p. 28-29.

CHAPITRE 7
Le pionnier canadien

1. GOMES, Dennis C., «Investigation into the Background of Alvin Ira Malnik», Audit Division, Nevada Gaming Control Board, 5 mars 1976, p. 13.

2. LACEY, Robert, *Little Man: Meyer Lansky and the Gangster Life*, Little, Brown and Co., Boston, 1991, p. 305-308 (traduit en français: *Le parrain des parrains: Meyer Lansky ou la vie d'un gangster*, Payot, 1992); GOMES, Dennis C., «Investigation into the Background of Alvin Ira Malnik».

3. *Ibid.*, p. 305.

4. Cette hypothèse est au coeur de: LACEY, Robert, *Little Man: Meyer Lansky and the Gangster Life*, Little, Brown and Co., Boston, 1991 (traduit en français: *Le parrain des parrains: Meyer Lansky ou la vie d'un gangster*, Payot, 1992).

5. COOK, James, «But Where Are the Dons' Yachts?», *Forbes 400*, 21 octobre 1991.

6. LACEY, Robert, *Little Man*, p. 302-332 (traduit en français: *Le parrain des parrains*).

7. GOMES, Dennis C., «Investigation into the Background of Alvin Ira Malnik»; LACEY, Robert, *Little Man* (Le parrain des parrains).

8. COOK, James, «But Where Are the Dons' Yachts?»

9. LACEY, Robert, *Little Man*, p. 306 (*Le parrain des parrains*).

10. PETACQUE, Art, «Jury Probes Mob's Banker», *Chicago Sun-Times*, 9 avril 1969.

11. *U.S. v. John Pullman*, Dossier no 3624, U.S. District Court, Grand Rapids, Michigan, National Archives, Chicago.

12. LACEY, Robert, *Little Man*, p. 305 (*Le parrain des parrains*).

13. MARRUS, Michael, *Mr. Sam: The Life and Times of Samuel Bronfman*, Viking, Toronto, 1991, p. 175-202.

14. Archives nationales du Canada, RG18, vol. 3547.

15. MARRUS, Michael, *Mr. Sam*, p. 202-206.

16. NEWMAN, Peter C., *Bronfman Dynasty: The Rothschilds of the New World*, McClelland and Stewart, Toronto, 1978, p. 130-131 (traduit en français: *La dynastie des Bronfman*, Éd. de l'homme, 1979).

17. Archives nationales du Canada, RG18, vol. 3547, p. 176.

18. DUBRO, James et ROWLAND, Robin, *Undercover: Cases of the RCMP's Most Secret Operative*, Octopus Books, Markham, 1991, p. 291-292.

19. Archives nationales du Canada, RG18, vol. 3547, p. 136-137.

20. *Ibid.*, p. 326.

21. *Ibid.*, p. 330.

22. *Ibid.*, p. 330-335.

23. «Perri and His Wife Sent Up for Trial», *Spectator*, Hamilton, 18 novembre 1927.

24. Le contre-interrogatoire de John Pullman dans *R. v. John Pullman*, 7 avril 1977, p. 263-264.

25. GOMES, Dennis C., «Investigation into the Background of Alvin Ira Malnik», p. 7.

26. SMITH, Sandy, «Mobsters in the Marketplace», *Life*, 8 septembre 1967.

27. GOMES, Dennis C., «Investigation into the Background of Alvin Ira Malnik», p. 7, 99-100; SMITH, Sandy, «Mobsters in the Marketplace»; GRUTZNER, Charles, «Ex-Bootlegger Manages Money in Swiss Banks for U.S. Mobs», *New York Times*, 2 mars 1969, p. 241; MESSICK, Hank, *Lansky*, Putnam, New York, 1971.

28. Les motifs de la décision rendue dans *R. v. Joseph Burnett and Burnac Corporation, formerly Ruthbern Holdings Ltd.*, par l'honorable juge E.P. Hartt, le 12 avril 1991, p. 40.

29. LACEY, Robert, *Little Man*, p. 307-308 (*Le parrain des parrains*); EISENBERG, Dennis, DAN, Uri et LANDAU, Eli, *Meyer Lansky: Mogul of the Mob*, Paddington Press, New York, 1979.

30. GOMES, Dennis C., «Investigation into the Background of Alvin Ira Malnik», p. 7.

31. Cité dans FAITH, Nicholas, *Safety in Numbers: The Mysterious World of Swiss Banking*, Hamish Hamilton, Londres, 1982.

32. L'interrogatoire de John Pullman dans *R. v. John Pullman*, le 16 mai 1977, p. 90.

33. *Ibid.*

34. EISENBERG, Dennis, DAN, Uri et LANDAU, Eli, *Meyer Lansky*, p. 273.

35. MOON, Peter, «The Success of Joseph Burnett», *Globe and mail*, 11 mai 1974.

36. GOMES, Dennis C., «Investigation into the Background of Alvin Ira Malnik», p. 7.

37. *Ibid.*, p. 7.

38. EISENBERG, Dennis, DAN, Uri et LANDAU, Eli, *Meyer Lansky*, p. 276; LACEY, Robert, *Little Man*, p. 306, 402 (*Le parrain des parrains*).

39. PENN, Stanley, «Man Who Feds Think Handles Mob Money is Caught in Canada», *Wall Street Journal*, 9 décembre 1975.

40. L'interrogatoire de John Pullman dans *R. v. John Pullman*, le 16 mai 1977, p. 87, 109.

41. GOMES, Dennis C., «Investigation into the Background of Alvin Ira Malnik», p. 12.

42. GOMES, Dennis C., «Investigation into the Background of Alvin Ira Malnik»; New Jersey Department of Law and Public Safety, «Report to the Casino Control Commissioner with Reference to the Casino Licence Application of Resorts International Hotel Inc.», Division of Gaming Enforcement, 4 décembre 1978; COOK, James et CARMICHAEL, Jane, «Casino Gambling: Changing Character or Changing Fronts», *Forbes*, 27 octobre 1990.

43. GOMES, Dennis C., «Investigation into the Background of Alvin Ira Malnik», p. 12-13.

44. MESSICK, Hank, *Lansky*, p. 266-267.

45. L'interrogatoire de John Pullman dans *R. v. John Pullman*, le 16 mai 1977, p. 85.

46. LACEY, Robert, *Little Man*, p. 305 (*Le parrain des parrains*).

47. GOMES, Dennis C., «Investigation into the Background of Alvin Ira Malnik», Audit Division, Nevada Gaming Control Board, 5 mars 1976, p. 6.

48. GRUTZNER, Charles, «Ex-Bootlegger Manages Money in Swiss Banks for U.S. Mobs», *New York Times*, 2 mars 1969.

49. EISENBERG, Dennis, DAN, Uri et LANDAU, Eli, *Meyer Lansky*, p. 277-281.

50. WISMER, Catherine, *Sweethearts*, James Lorimer, Toronto, 1980, p. 59-60.

51. Les motifs de la décision rendue dans *R. v. Joseph Burnett and Burnac Corporation, formerly Ruthbern Holdings Ltd.*, par l'honorable juge E.P. Hartt, le 12 avril 1991, p. 39.

52. MOON, Peter, «The Success of Joseph Burnett», *Globe and Mail*, 11 mai 1974.

53. L'interrogatoire de John Pullman dans *R. v. John Pullman*, le 16 mai 1977, p. 66.

54. WHITELAW, John, éd., *Bimonthly Reports*, Toronto, février 1978, p. 3.

55. Défense amendée dans *John Pullman, demandeur* c. *La Reine, défenderesse*, 21 juin 1977, p. 30.

56. *Ibid.*, p. 31-32.

57. Requête de John Pullman, demandeur, dans *John Pullman, demandeur* c. *La Reine, défenderesse*, Cour fédérale du Canada, 27 juin 1977.

CHAPITRE 8
Les banquiers du paradis

1. TOSCHES, Nick, *Power on Earth*, Arbor House, New York, 1986, p. 2.

2. GURWIN, Larry, *The Calvi Affair: Death of a Banker*, Macmillan, Londres, 1983, p. 10, 28, 36.

3. BLISS, Michael, *Northern Enterprise: Five Centuries of Canadian Business*, McClelland and Stewart, Toronto, 1987, p. 462.

4. HUTCHISON, Robert, «Sindona and the Canadian Connection», *The Financial Post*, 24 mai 1980.

5. TOSCHES, Nick, *Power on Earth*, p. 37-38.

6. HUTCHISON, Robert, «Sindona and the Canadian Connection».

7. MATHIAS, Philip, «Sindona: «No Involvement in the Pas»», *The Financial Post*, 7 août 1971.

8. TOSCHES, Nick, *Power on Earth*, p. 114.

9. *Ibid.*, p. 98.

10. *Interim Report on Organized Crime, Financial Institutions and Money Laundering*, President's Commission on Organized Crime, Washington D.C., 1984, p. 84.

11. BORDONI, Carlo, «Sindona e il suo clan» *Il Mondo*, 1er mars 1978. La déclaration entière de 158 pages que Bordoni a faite au juge

milanais Ovilio Urbisci a été reproduite dans trois éditions du magazine, les 15 février, 22 février et 1er mars 1978.

12. Commissione Parlamentare D'Inchiesta Sul Caso Sindona E Sulle Responsibilita Politiche Ed Amministrative Ad Esso Eventualmente Connesse, Rome, 24 mars 1982, p. 532.

13. *Ibid.*, p. 44-52.

14. SUGAR, Aubrey, «Seaway Dogfight May Have Chewed Up the Short Sellers», *The Financial Post*, 4 avril 1970.

15. HINDLE, Tim, *The Economist Pocket Banker*, Blackwell and The Economist, Londres, 1985.

16. «Fiduciari diversi posti in essere da Banca Privata Finanziaria e da Banca Unione, per addurre a Mofi ed a Romitex i fondi necessari a sottoscrivere l'aumento di capitale dell'Interlakes Canada Holding S.A. Luxembourg», Estratto della Relazioni del Commissario Liquidatori arr. Giogio Ambrosoli al Giudice Istruttore del Tribunale di Milano, p. 28-37.

17. *Ibid.*

18. Commissione Parlamentare D'Inschiesta Sul Caso Sindona E Sulle Responsibilita Politiche Ed Amministrative Ad Esso Eventualmente Connesse, Rome 24 mars 1982, p. 712.

19. HUTCHISON, Robert, «Sindona and the Canadian Connection», *The Financial Post*, 24 mai 1980.

20. MATHIAS, Philip, «Citizen Sindona», *The Financial Post*, 12 avril 1986.

21. *Ibid.*

22. Pièce no 1103.1 déposée en preuve à la commission d'enquête de Le Pas, le 5 mai 1972, archives provinciales du Manitoba, Winnipeg.

23. GURWIN, Larry, *The Calvi Affair: Death of a Banker*, Macmillan, Londres, 1983, p. 31.

24. MATHIAS, Philip, «Lugano, Surfacing Point for Canadian-bound Lire», *The Financial Post*, 8 juillet 1972, p. 101-106; HOY, Claire, *Bill Davis: A Biography*, Methuen, Toronto, 1985.

25. «Calvi Planned Move to Alberta, Son Says», *Globe and Mail*, 27 juillet 1987.

26. TOSCHES, Nick, *Power on Earth*, p. 119.

27. Déclaration assermentée de Allen Gerald Paisley, associé de Touche Ross and Co., déposée à la Cour du Banc de la Reine de l'Alberta, 1er mai 1987, p. 10.

28. GURWIN, Larry, *The Calvi Affair: Death of a Banker*, p. 55.

29. *Ibid.*, p. 20.
30. Déclaration assermentée de Allen Gerald Paisley, associé de Touche Ross and Co., déposée à la Cour du Banc de la Reine de l'Alberta, 1er mai 1987, p. 27.
31. *Ibid.*, p. 11-12.
32. *Ibid.*, p. 23-24.
33. *Ibid.*, p. 29-30.
34. Déclaration assermentée de Allen Gerald paisley, déposée à la Cour du Banc de la Reine de l'Alberta, 1er mai 1987.
35. *Ibid.*, p. 51-62.
36. *Ibid.*, p. 57.
37. *Ibid.*, p. 35.
38. Voir la dépêche de la Presse Canadienne émise le 25 avril 1988 par Gerry McNeil.
39. Contre-interrogatoire sur la déclaration assermentée de Allen Gerald Paisley, Cour du Banc de la Reine de l'Alberta, 17 juin 1987, p. 96.

CHAPITRE 9
Au service de la politique canadienne

1. Pour les informations sur cette affaire, je suis reconnaissant des talents du reporter du *Globe and Mail*, Richard Cleroux. Voir plus spécifiquement: CLEROUX, Richard, «Evidence offers Rare Glimpse at Montreal's Big Business-Political Links», *Globe and Mail*, 13 juin 1979; CLEROUX, Richard, «Giguère is Acquitted of Stealing from Fund», *Globe and Mail*, 21 juillet 1979.
2. CLEROUX, Richard, «Evidence offers Rare Glimpse at Montreal's Big Business-Political Links».
3. *Ibid.*
4. CLEROUX, Richard, «Giguère is Acquitted of Stealing from Fund», *Globe and Mail*, 21 juillet 1979.
5. VASTEL, Michel, *Trudeau, le Québécois: Mais la colombe avait des griffes de faucon*, Les Éditions de l'homme, Montréal, 1989, p. 206.
6. CLEROUX, Richard, «Giguère is Acquitted of Stealing from Fund».
7. *Ibid.*
8. BOURDON, Guy, «Le sénateur Giguère est acquitté», *Le Devoir*, 21 juillet 1979.
9. CLEROUX, «Giguère is Acquitted».
10. *Ibid.*
11. BOURDON, «Le sénateur Giguère».

12. PALTIEL, Khayyam Zev, *Political Party Financing in Canada*, McGraw-Hill Ryerson, Toronto, 1970, p. 3.

13. BLISS, Michael, *Northern Enterprise: Five Centuries of Canadian Business*, McClelland and Stewart, Toronto, 1987.

14. HOY, Claire, *Bill Davis, a Biography*, Methuen, Toronto, 1985, p. 85.

15. BLACK, Conrad, *Duplessis*, McClelland and Stewart, Toronto, 1977, p. 606 (traduit en français: *Duplessis*, *T.1: L'Ascension*, *T.2: Le pouvoir*, Éd. de l'homme, 1977).

16. SIMPSON, Jeffrey, *Spoils of Power: The Politics of Patronage*, Harper & Collins, Toronto, 1988, p. 135.

17. HANDELMAN, Stephen, «Soviets Secretly Paid Canada's Communists $2 million», *Toronto Star*, 14 mars 1992.

18. HOY, Claire, *Bill Davis, a Biography*, Methuen, Toronto, 1985, p. 101-106.

19. *Ibid.*, p. 123.

20. MacMULLEN, Ramsay, *Corruption and the Decline of Rome*, Yale University Press, New Haven, 1988, p. X (traduit en français: *Le déclin de Rome et la corruption du pouvoir*, Belles lettres, 1991).

21. SIMPSON, Jeffrey, *Spoils of Power*, p. 140.

22. WHITAKER, Reginald, *The Government Party: Organizing and Financing the Liberal party of Canada 1930-58*, University of Toronto Press, Toronto, 1977, p. 126.

23. BLISS, Michael, *Northern Enterprise*, p. 471.

24. MATHIAS, Philip, «How Widespread Are Political Kickbacks?», *The Financial Post*, 28 mai 1977.

25. MANTHORPE, Jonathan, *The Power and the Tories*, Macmillan, Toronto, 1974, p. 135.

26. *Dictionary of Canadian Biography, Volume 12: 1891 to 1900*, University of Toronto Press, Toronto, 1990, p. 677.

27. *Ibid.*

28. Voici comment était rédigée l'instruction relativement à ce sujet: «[The minister's] certificate that the same or any part thereof has been disbursed for the service of the country shall be a sufficient discharge and voucher for the payment of the same». *Proposed Amended Report of the Select Standing Committee of Public Accounts Relating to the Expenditure of Certain Secret Service Funds*, Ottawa, 12 avril 1877, p. 22.

29. *Proposed Amended Report of the Select Standing Committee of Public*

Accounts Relating to the Expenditure of Certain Secret Service Funds,
Ottawa, 12 avril 1877, p. 19-21.

30. WARD, Norman, *The Public Purse: A Study in Canadian Democracy,*
University of Toronto Press, Toronto, 1951, p. 64.

31. CROCKETT, W.A., « The Uses and Abuses of the Secret Service
Fund: The Political Dimension of Police Work in Canada 1864-
1877 », Thèse de M.A., Queen's University, 1982, p. 112.

32. *Proposed Amended Report of the Select Standing Committee of Public
Accounts Relating to the Expenditure of Certain Secret Service Funds,* 12
avril 1877, p. 23.

33. *Ibid.,* p. 24-25.

34. WARD, Norman, *The Public Purse,* p. 64.

35. *Ibid.*

36. CROCKETT, W.A., « The Uses and Abuses of the Secret Service
Fund: The Political Dimension of Police Work in Canada, 1864-
1877 », p. 128.

37. *Ibid.,* p. 129-130.

38. *Ibid.*

39. SCHULL, Joseph, *Laurier: The First Canadian,* Macmillan, Toronto,
1965, p. 223 (traduit en français: *Laurier,* Hurtubise HMH, 1968).

40. Étude sans titre et non datée du professeur Richard Clippingdale de
l'Université Carleton préparée au milieu des années 70 à la demande
de l'Honorable Robert Stanfield, alors chef du Parti conservateur
fédéral.

41. PALTIEL, Khayyam Zev, *Political Party Financing in Canada,* McGraw-
Hill Ryerson, Toronto, 1970, p. 4.

42. GRANATSTEIN, J.L., « Was King Really Bribed? Diaries Cast Doubt
on It », *Globe and Mail,* 18 janvier 1977.

43. SIMPSON, Jeffrey, *Spoils of Power,* p. 138.

44. WHITAKER, Reginald, *The Government Party: Organizing and
Financing the Liberal Party of Canada, 1930-58,* University of Toronto
Press, Toronto, 1977, p. 18.

45. *Ibid.,* p. 18-19.

46. Peter Larkin à Wilfrid Laurier McDougald, 28 février 1922, Archives
nationales du Canada, MG27, III, C24.

47. Peter Larkin à Wilfrid Laurier McDougald, 22 septembre 1927,
Archives nationales du Canada, MG27, III, C24.

48. WHITAKER, Reginald, *The Government Party,* p. 18.

49. REGEHR, T.D., *The Beauharnois Scandal: A Story of Canadian*

Entrepreneurship and Politics, University of Toronto Press, Toronto, 1990, p. 139.

50. *Ibid.*, p. 59-60.

51. *Ibid.*, p. 138-140.

52. PALTIEL, Khayyam Zev, *Political Party Financing in Canada*, p. 7.

53. GRANATSTEIN, J.L., «Was King Really Bribed?», *Globe and Mail*, 18 janvier 1977. Cet article fut suivi d'une lettre de Bernard Ostry à l'éditeur du *Globe and Mail* datée du 22 janvier, qui a entraîné une réponse de Granatstein le 26 janvier 1977.

54. THOMSON, Dale C., *Louis St-Laurent*, Macmillan, Toronto, 1967, p. 213-216.

55. SMITH, Denis, *Gentle Patriot: A Political Biography of Walter Gordon*, Hurtig, Edmonton, 1973, p. 28.

56. ENGLISH, John, *The Worldly Years: The Life of Lester Pearson, Volume II: 1949-1972*, Alfred A. Knopf Canada, Toronto, 1992, p. 66-67, 205-207.

57. Voir les dépêches de la Presse Canadienne des 6 et 7 septembre 1988.

58. DELACOURT, Susan, «Tories Giving PM Extra Expense Payments», *Globe and Mail*, 19 juillet 1991.

59. COX, Kevin, «Financial Sins Haunt N.S. Grits», *Globe and Mail*, 22 octobre 1990.

60. LeBLANC, Susan, «Political Stipends Not Something New», *Chronicle-Herald*, Halifax, 19 avril 1991.

61. COX, Kevin, «Financial Sins Haunt N.S. Grits», *Globe and Mail*, 22 octobre 1990.

62. WARD, Brian, «Grit Funds Ruled Exempt from New Conflict Act», *Chronicle-Herald*, Halifax, 28 décembre 1991.

63. UNDERHILL, Brian, «Tories Paid $588,059 to Buchanan», *Chronicle-Herald*, Halifax, 22 avril 1991.

64. «Sweet Sound of a Whistle», *Chronicle-Herald*, Halifax, 16 avril 1991.

65. SAWATSKY, John, *Mulroney: The Politics of Ambition*, Macfarlane, Walter & Ross, Toronto, 1991, p. 227 (traduit en français: *Mulroney: le pouvoir de l'ambition*, Libre expression, 1991).

66. MURPHY, Rae, CHODOS, Robert et AUF DER MAUR, Nick, *Brian Mulroney: The Boy from Baie-Comeau*, Lorimer, Toronto, 1984, p. 104.

67. McKENZIE, Robert, «Wagner Given Cash Before '72 Election, Former Aide Says», *Toronto Star*, 7 février 1976.

68. SAYWELL, John, éd., *Canadian Annuel Review of Politics and Public Affairs*, University of Toronto Press, Toronto, 1977, p. 151.

69. «The High Roller», *Maclean's*, 17 décembre 1984; McQUEEN, Rod, «Watch Out for Walter Wolf», *Canadian Business*, novembre 1984; HATTER, David, «Multimillionaire Wolf Linked to Mulroney Aides», *Gazette*, Montréal, 6 juillet 1984; MATAS, Robert, «Jetsetting Financier Hates to Take Risks, Values His Privacy», *Globe and Mail*, 7 février 1987.

70. SIMPSON, Jeffrey, *Spoils of Power*, p. 357-358.

CHAPITRE 10
Nicolae Ceausescu et la ruine de la Roumanie

1. Les notes biographiques sur Ceausescu ont été tirées de : BEHR, Edward, *Kiss the Hand You Cannot Bite*, Villard Books, New York, 1991 (traduit en français: *Baise la main que tu n'oses mordre: les Roumains et les Ceausescu, enquête sur une malédiction de l'histoire*, Laffont, 1991); SWEENEY, John, *The Life and Evil Times of Nicolae Ceausescu*, Hutchison, Londres, 1991; CULLEN, Robert, *Twilight of Empire*, The Atlantic Monthly Press, New york, 1991; CULLEN, Robert, «Down with the Tyrant», *The New Yorker*, 2 avril 1990; THUROW, Roger, «The Dictator Lied through His Teeth — and His Tusks», *Wall Street Journal*, 26 avril 1991.

2. «The Hole in the Map», *The Economist*, 12 août 1989.

3. DUTEIL, Mireille, «Mobutu: 2,5 milliards de dollars de moins», *Le Point*, 9 avril 1991.

4. OZANNE, Julian, «Mobutu's End Game», *Financial Times of London*, 5 septembre 1991.

5. PARMITER, Charles, «The Red Aristocrats», *Reader's Digest*, Montréal, octobre 1990.

6. BEHR, Edward, *Kiss the Hand You Cannot Bite*, p. 221-225 (traduit en français: *Baise la main que tu n'oses mordre*, Laffont, 1991).

7. «The Bad Couple», *The Economist*, 11 janvier 1992.

8. THUROW, Roger, «The Dictator Lied through His Teeth — and His Tusks».

9. DUMITRESCU, Sorin, «In the Hands of the Securitate», *The Unesco Courier*, Paris, août 1990.

10. Le texte qui suit est un résumé des vues éloquemment exprimées par Patricia ADAMS dans *Odious Debts*, Earthscan, Toronto, 1991.

11. *Ibid.*, p. 164.

12. *Ibid.*, p. 194.

13. «The Hole in the Map», *The Economist*, 12 août 1989.

14. *Ibid.*
15. PACEPA, Ion Mihai, *Red Horizons*, Random House, New York, 1987, p. 73 (traduit en français: *Horizons rouge*, Presses de la Cité, 1988).
16. *Ibid.*, p. 79.
17. MELMAN, Yossi et RAVIV, Dan, *The Imperfect Spies*, Sidgwick and Jackson, Londres, 1989, p. 251-253; et SZULC, Tad, *The Secret Alliance*, HarperCollins, Toronto, 1991, p. 277-279.
18. PATTERSON, Tony, «KoKo Scandal Net Closes», *The European*, 24-26 mai 1991; ELSON, John, «Anyone Want a Pariah?», *Time*, 1er juillet 1991.
19. «Bulgaria Probes Fake Companies Involving Communist-Era Police», *New York Times*, 15 janvier 1992.
20. «Enquête sur les armes secrètes de Saddam Hussein», *Le Nouvel Observateur*, 31 janvier 1991; «Give a Little, Take a Lot», *The Economist*, 30 mars 1991; FRIEDMAN, Alan, DONKIN, Richard et GRAHAM, George, «Saddam Linked to $1bn Share Stakes in European Companies», *Financial Times of London*, 25 mars 1991; BLEAKLEY, Fred, «Saddam Is Said to Have Assets Hidden in Over 40 Banks World-wide», *Wall Street Journal*, 25 mars 1991.
21. SEIB, Gerald et FIALKA, John, «How Saddam Hussein Survives Sanctions and Dissent for a Year», *Wall Street Journal*, 16 janvier 1992.
22. BACANU, Petre, *Romania Libera*, 8 novembre 1991.
23. McPHERSON, William, «Who «Won» Romania's Mysterious Revolution?», *The Washington Post*, 17 novembre 1991.

CHAPITRE 11
Il était une fois dans l'Est

1. FURHAM, Peter, «The Bulgarian Connection», *Forbes*, 17 avril 1989.
2. PENNANT-REA, Ruppert et EMMOTT, Bill, *The Pocket Economist*, Blackwell and The Economist, Londres, 1982, p. 197.
3. «Behind Democracy's Façade», *The Economist*, 18 avril 1992.
4. «Bulgaria Probes Fake Companies Involving Communist-Era Police», *New York Times*, 15 janvier 1992.
5. LLOYD, John, «Russian Commercial Banks under Attack», *Financial Times of London*, 28 septembre 1991.
6. COLITT, Leslie, «Hunt for Stasi Funds Stepped Up», *Financial Times of London*, 29 novembre 1991.
7. «The Lolly Factor», *The Economist*, 27 octobre 1990; PATTERSON,

Tony, «How the Missing Millions Have Rocked Gysi's Reformed Party», *The European*, 7 novembre 1990.

8. WALTER, Ingo, *Secret Money*, Harper and Row, New York, 1990, p. 128.

9. BOBINSKI, Christopher et CARNEGY, Hugh, «Poles Charged in Financial Scandal», *Financial Times of London*, 14 novembre 1991.

10. «Seeking Clean Capital», *The Economist*, 9 novembre 1991.

11. *Ibid.*

CHAPITRE 12
Panique sur la Riviera

1. DELSOL, Catherine et PUYALTE, Francis, «Baby Doc: «Je n'ai jamais détourné d'argent public»», *Le Figaro*, 6 mai 1988.

2. LE GENDRE, Bertrand, «La vie en or des Duvalier», *Le Monde*, 24-25 avril 1988; LIONET, Christian, «Le magot de Bébé Doc retrouvé à Londres», *Libération*, 20 juin 1988.

3. Cité dans ADAMS, Patricia, *Odious Debts*, Earthscan, Toronto, 1991, p. 167-179.

4. BROWN, Standford et DE BORCHGRAVE, Arnaud, «Anybody's Money Pours In», *Newsweek*, 15 juin 1959.

5. PACEPA, Ion Mihai, *Red Horizons*, Regnery Gateway, Washington D.C., 1987, p. 78 (traduit en français: *Horizons rouges*, Presses de la Cité, 1988).

6. FAITH, Nicholas, *Safety in Numbers*, Hamish Hamilton, Londres, 1982, p. 190-198.

7. TOMLINSON, Alan, «Manila and Haiti Get Dictators', Hidden Plunder», *The Times of London*, 25 novembre 1987.

8. TEMPEST, Rone, «Ex-Despots Can't Bank on the Swiss», *Los Angeles Times*, 3 janvier 1990.

9. «Booty of Dictators Usually Falls through the Cracks», *Wall Street Journal*, 2 décembre 1986.

10. ZIEGLER, Jean, *La Suisse lave plus blanc*, Éditions du Seuil, Paris, 1990, p. 13.

11. CODY, Edward, «Swiss Show More Readiness to Freeze Assets of Despots», *Washington Post*, 31 janvier 1990.

12. REVERIER, Jean-Loup, «Marcos: Un iceberg en or massif», *Le Point*, 8 avril 1991; ZIEGLER, Jean, *La Suisse lave plus blanc*, Éditions du Seuil, Paris, 1990; MACDONALD, Lawrence, «Philippines, with New Data, Acts Today to Get Marcos Funds Held in Swiss Bank»,

Wall Street Journal, 11 septembre 1991; MYDANS, Seth, «Hunt for Marcos' Billions Yields More Dead Ends Than Hard Cash», *New York Times*, 31 mars 1991.

13. CUENOD, Jean-Noël, «Près de 500 millions en attente», *La Tribune de Genève*, 4 juin 1991.

14. «The Iron Butterfly Flies Home», *The Economist*, 9 novembre 1991.

15. *Ibid.*

16. GILLARD, Michael, «The Great Haiti Heist», *The Observer*, 10 mai 1987.

17. «Booty of Dictators Usually Falls through the Cracks», *Wall Street Jounal*, 2 décembre 1986.

18. «A Million here, a Billion there...», *The Economist*, 10 novembre 1990.

19. CUMMINGS-BRUCE, Nicholas, «Marcos Baubles Buy Immunity in U.S. Courts», *Guardian Weekly*, 10 novembre 1991.

20. DULLFORCE, William, «Court Rejects Marcos Appeals on Assets», *Financial Times of London*, 28 décembre 1990.

21. GALANG, José, «Ramos Widens Lead in Manila Polls amid Fraud Claim», *Financial Times of London*, 19 mai 1992.

22. «Marcos Set to Launch Suit over Assets», *Globe and Mail*, 26 mai 1992.

23. TOMLINSON, Alan, «Manila and Haiti Get Dictators' Hidden Plunder», *The Times of London*, 25 novembre 1987.

24. GILLARD, Michael, «The Great Haiti Heist», *The Observer*, 10 mai 1987.

25. Émission de télévision *20/20* du 12 juin 1986 sur le réseau ABC.

26. HUGUES, Raymond, «Duvalier Millions «Must Stay Frozen»», *Financial Times of London*, 23-24 juillet 1988.

27. «Duvaliers Demand $16.8 Million», *Haiti-Observateur*, 12-19 août 1988.

28. DANNER, Mark, «Beyond the Mountains: Part 3», The New Yorker, 11 décembre 1989.

29. «Police Uncover Nothing of Value in Raid on Duvalier French Villa», *Globe and Mail*, 26 novembre 1988.

30. ««Baby Doc» Duvalier, Wife Divorced in Santo Domingo», *Jet*, 2 avril 1990; «Divorced for Life», *The New York Times*, 24 juin 1990; DANNEN, Fred, «Lifestyles Of The Rich and Infamous», *Vanity Fair*, avril 1992.

AUTORISATIONS

Des extraits des ouvrages suivants ont été utilisés après autorisation:

«After Maxwell», 9 novembre 1991. Copyright *The Economist*, Londres.

«Bank Failed to Penetrate Latino Jungle», 29 août 1991, par John Barham. Copyright *The Financial Times of London*.

«Behind Democracy's Façade», 18 avril 1992. Copyright *The Economist*, Londres.

Bill Davis, A Biography par Claire Hoy, Methuen, 1985. Copyright Claire Hoy.

«Burying BCCI», 30 novembre 1991. Copyright *The Economist*, Londres.

«Cash at Any Price», 9 mai 1992. Copyright *The Economist*, Londres.

«Citizen Sindona» par Philip Mathias, le 12 avril 1986. Copyright *The Financial Post*, Toronto.

Duplessis par Conrad Black, McClelland and Stewart, 1977. Copyright Conrad Black.

«Illicit Funds: Money Laundering in Canada». Copyright Solliciteur général du Canada, 1990. Reproduit avec la permission d'Approvisionnements et Services Canada, 1992.

International Issues in Taxation: The Canadian Perspective, Canadian Tax paper no 75, Canadian Tax Foundation, Toronto, 1984, p. 118-119. Reproduit avec la permission du Canadian Tax Foundation.

Little Man: Meyer Lansky and the Gangster Life par Robert Lacey. Copyright 1991, Little, Brown and Company, Boston.

«Lugano, Surfacing Point for Canadian-Bound Lire» par Philip Mathias, le 8 juillet 1972. Copyright *The Financial Post*, Toronto.

«The Market for Financial Secrecy» par Ingo Walter, le 8 août 1991. Copyright *The Financial Times of London*.

Mulroney: The Politics of Ambition par John Sawatsky, publié par Macfarlane Walter & Ross. Reproduit avec autorisation.

«A New and More Coherent Approach to Tax Avoidance» par David A. Dodge, dans *Canadian Tax Journal*, 1988, vol. 36, no 1, 1-22, à p. 3. Reproduit avec la permission du Canadian Tax Foundation.

Northern Enterprise: Five Centuries of Canadian Business par Michael Bliss. Copyright 1987, McClelland and Stewart.

Odious Debts par Patricia Adams. Copyright 1991, Earthscan Canada.

«Oh, My Brass Plate in the Sun», 16 mars 1991. Copyright *The Economist*, Londres.

The Power and the Tories par Jonathon Manthorpe, Macmillan Canada, 1974. Copyright Jonathon Manthorpe.

«Private Banking: Arrivists and Traditionalists», 24 juin 1989. Copyright *The Economist*, Londres.

«Russian Commercial Banks Under Attack» par John Lloyd, le 28 septembre 1991. Copyright *The Financial Times of London*.

Safety in Numbers: The Mysterious World of Swiss Banking par Nicholas Faith. Copyright 1982, Hamish Hamilton Ltd., Londres.

«Salting it Away», 5 octobre 1991. Copyright *The Economist*, Londres.

«Seeking Clean Capital», 9 novembre 1991. Copyright *The Financial Times of London*.

«Sindona and the Canadian Connection» par Robert Hutchison, le 24 mai 1980. Copyright *The Financial Post*, Toronto.

Spoils of Power par Jeffrey Simpson. Copyright 1988, HarperCollins.

INDEX

Achevé d'imprimer
en septembre 1994 sur les presses
des Ateliers Graphiques Marc Veilleux Inc.
Cap-Saint-Ignace, (Québec).